Zu diesem Buch

Kann ein Mensch wirklich acht Stunden am Tag liebevolle Zuwendung geben? Darf sich eine Familientherapeutin scheiden lassen? Wie fühlt sich ein Helfer, der am Abend von seiner Partnerin dieselben Klagen hört wie von seinen deprimierten Patientinnen tagsüber?

Wolfgang Schmidbauer entwickelt eine fesselnd zu lesende Typologie der Wechselwirkung zwischen Berufsarbeit und Privatleben bei Helfern. Neben die Frage nach der Lebensgeschichte und den innerseelischen Schwierigkeiten von Helfern tritt darin auch die Betrachtung der äußeren Bedingungen, unter denen Menschen in den helfenden Berufen arbeiten.

Wolfgang Schmidbauer, geboren 1941 in München, studierte Psychologie und promovierte 1968 über «Mythos und Psychologie». Tätigkeit als freier Schriftsteller in Deutschland und Italien. Ausbildung zum Psychoanalytiker. Gründung eines Instituts für Analytische Gruppendynamik. Gegenwärtig arbeitet Schmidbauer als Psychotherapeut und (Lehr-)Analytiker in einer Praxisgemeinschaft in München.

Er ist als Autor zahlreicher Bücher, unter anderem «Die hilflosen Helfer», «Alles oder nichts», «Die Ohnmacht des Helden», «Die Angst vor Nähe», «Du verstehst mich nicht!», bekannt geworden.

Wolfgang Schmidbauer

HELFEN ALS BERUF

Die Ware Nächstenliebe

Überarbeitete und
erweiterte Neuausgabe

Rowohlt

Veröffentlicht im Rowohlt Taschenbuch Verlag GmbH,
Reinbek bei Hamburg, Februar 1992
Copyright © 1983, 1992 by Rowohlt Verlag GmbH,
Reinbek bei Hamburg
Umschlaggestaltung Werner Rebhuhn
Satz Garamond (Linotronic 500)
Gesamtherstellung Clausen & Bosse, Leck
Printed in Germany
1280-ISBN 3 499 19157 1

INHALT

VORWORT

Ein Autor mag erwarten, daß seine Bücher bis zum Ende gelesen und so verstanden werden, wie er sie gemeint hat. Unter diesem Aspekt hat mir das Buch über die «hilflosen Helfer» neben der Freude an dem oft intensiven Interesse auch Kränkungen eingetragen. Nicht viel anders als orientalische Despoten, die erst einmal die Überbringer schlechter Nachrichten köpfen ließen, haben einige Rezensenten überlegt, was denn aus den jungen Sozialarbeitern werden solle, denen man schon im Erstsemester durch ein Buch über das Helfer-Syndrom jede Freude am Beruf und jedes unbefangene Engagement verderbe. Ein Monsignore und leitender Caritas-Angestellter in einer süddeutschen Diözese erhielt rauschenden Beifall, als er auf einer Tagung für Klinikpersonal sagte, er besitze das Buch, habe es aber nicht gelesen. Besonders beeindruckte mich jener Verwaltungsdirektor einer großen Klinik in Österreich, der mir nach einem Vortrag in Salzburg zum «Tag der Krankenschwester» zwischen Mozarts Dissonanz-Quartett und dem kalten Büfett entgegenhielt, er sei selbst kürzlich als Patient in seiner eigenen Klinik gelegen und habe keine Spur von einem Helfer-Syndrom bei seinen Pflegerinnen entdeckt. Irgendwo spricht mich ein stämmiger Sozialarbeiter an und sagt finster, ihm habe sein Beruf immer Spaß gemacht – ob ich das für nicht normal halte?

Man kann über ein Thema falsche Gedanken äußern; das ist in der Regel nicht schlimm. Man kann überhaupt keine Gedanken dazu äußern und damit sogar Professor werden, weil man es auf wissenschaftlich untadelige Weise getan hat. Aber einen Fehler sollte man nicht machen: über ein Thema nachdenken, über das man gar nicht nachdenken darf. Dann wird jeder Gedanke als zerstörerisch ausgelegt. Mir scheint, daß die Nächstenliebe ein solches Thema ist. Der Monsignore, der das Buch zwar erwirbt, es jedoch ungelesen wegstellt, drückt die Abwehr solcher Gedanken besonders anschaulich aus.

Die Beschäftigung mit den unbewußten Hintergründen menschlicher Hilfsbereitschaft ist nicht nur für die Konservativen ein Ärgernis. Auch manche «fortschrittlichen» Autoren gehen mit dieser Fragestellung um wie die von ihnen angegriffenen Psychiater mit ihren Patienten. Sie wird mit einem Etikett versehen («Psychologisierung» oder «Therapeutisierung») und abgeschoben.* Es scheint die abstrakten Linien großräumig geplanter gesellschaftlicher Veränderungen zu stören, daß es so etwas wie eine subjektive Problematik der Helfer tatsächlich gibt.

Nach wie vor glaube ich, daß die Unterscheidung zwischen «Helfen aus Abwehr»** und spontaner Hilfsbereitschaft sinnvoll ist. Unsere Altruismus-Verwalter sehen diese Unterscheidung nicht gerne, weil sie dazu neigen, ihre bürokratische Macht mit dem Wohl der Kranken und Klienten zu rechtfertigen. Diesem gegenüber muß das Wohl der beruflichen Helfer zurückstehen. Der zwanghaft an die Helfer-Position gebundene Berufstätige wird zum willigen Opfer einer Sozialbürokratie, die Machtinteressen durch das «von oben» definierte Kranken- und Klientenwohl rechtfertigt. Der Helfer, der in einem umfassenden Sinn selbst-bewußter wird, ist auch weniger bereit, sich in solche Zusammenhänge einzuordnen. Er läßt sich sein Engagement nicht mehr von seinen Vorgesetzten vorschreiben. Wenn diese deshalb mein Buch für ihre Interessen unangenehm finden, habe ich nichts dagegen.

Ärgerlich finde ich freilich, wenn sich ein durch solche Interessen bestimmtes Zerrbild meiner Absichten auch in den Köpfen der Betrof-

---

* Manfred Cramer gibt in seinem Handbuch-Artikel über «Professionelles Helfen und seine Krisen» dieser Schelte eine besonders originelle Wendung, indem er so tut, als zitiere er mich, während er tatsächlich seine eigenen Vorurteile zitiert: «So reduziert Schmidbauer – der Vater des Begriffs: Die Hilflosigkeit der Helfer – die Hilflosigkeit weitestgehend auf eine frühkindliche Fehlentwicklung und schreibt mit dieser Diagnose in seinen Lösungsangeboten die Probleme fort, indem er auf die Leitfigur des ‹richtigen Psychotherapeuten› setzt (Schmidbauer 1977).» – Ich weiß nicht, aus welchem Buch Cramer diese Leitfigur geholt hat, sicher aber nicht aus meinem. M. Cramer, in H. Keupp u. D. Rerrich (Herausgeber): Psychosoziale Praxis, München (Urban & Schwarzenberg) 1982, S. 204.

Ein jüngeres Beispiel in derselben Richtung (mit vorsichtigeren Formulierungen) bieten D. Enzmann und D. Kleiber, Helfer-Leiden, Heidelberg (Asanger) 1989, S. 16.

** Der Betroffene *muß* dann Helfer-Schützling-Beziehungen suchen und erhalten, weil er sonst unter einem Mangel an Gefühlsbeziehungen leidet.

fenen festsetzt. Diese nehmen dann an, daß das Nachdenken über die Motive der eigenen Hilfsbereitschaft und Nächstenliebe unweigerlich zu einer zerstörerischen Entlarvung führt. In den «hilflosen Helfern» habe ich mehrmals ausdrücklich gesagt, daß es gerade um die Wiederherstellung und Befreiung der spontanen, kreativen Hilfsbereitschaft geht, um die Trennung von einem zerstörerischen Ideal. Aber eine solche Trennung macht auch Angst – die Angst, alles zu verlieren, weil man alles behalten möchte. Immer wieder höre ich Fragen: Wie sieht denn das richtige Helfen, das Helfen ohne Helfer-Syndrom aus? Ich werde verlegen, wenn ich diese Frage beantworten soll. Denn ich bin überzeugt, daß sie besser offen bleibt, wie eine jener Wunden, die dann verhängnisvoll werden, wenn ein unkundiger Arzt es darauf anlegt, sie möglichst rasch mit scheinbar gesunder Haut zu bedecken.

Der Konflikt zwischen zweckrationaler Leistungsfähigkeit und spontaner Gefühlsreaktion, zwischen Technik und Natur bestimmt das Leben in den Industriegesellschaften. Wie er sich in den helfenden Berufen darstellt, versuche ich in diesem Buch zu zeigen. Obwohl ich meine Gedanken anhand der Arbeit über die hilflosen Helfer entwickle, ist es keine Fortsetzung davon, sondern untersucht einen neuen Aspekt: die Wechselwirkungen zwischen dem von der Gesellschaft angebotenen «sozialen» Beruf und den persönlichen Eigenschaften der Helfer. Der lebensgeschichtliche Gesichtspunkt wird so durch einen sozialpsychologischen ergänzt.

Mitbedingt durch die Produktionsweise eines Psychoanalytikers, der seine Freizeit zum Schreiben verwendet, vielleicht sogar Ausdruck meiner persönlichen Deformation durch die «freien Assoziationen», ist «Helfen als Beruf» eher assoziativ als systematisch verfaßt. Ich hoffe, daß sich auf diese Weise erreichen läßt, woran mir liegt: der subjektive Nachvollzug, der Anstoß, sich selbst Gedanken «gegen den Strich» der Schulweisheiten zu machen.

Einen solchen Gedanken «gegen den Strich» stellt auch der Untertitel dar. Die wahre und die Ware Nächstenliebe – das ist mehr als ein Wortspiel. Es geht um jene Grundsätze der bürgerlichen Gesellschaft, die etwas anderes sind als das Über-Ich des einzelnen. Therapeuten, die selbst Beobachtungen über die konkrete Ausprägung des christlichen Altruismus anstellen konnten, werden mir zustimmen, daß in der praktizierten «christlichen» Erziehung häufig Nächstenliebe auf dem Weg über den Selbsthaß erzeugt wird. Woran liegt das? Weshalb erinnern sich so wenige christliche Eltern in ihrer Erziehungspraxis an den Satz: «Liebe deinen Nächsten *wie dich selbst*»? Sie haben verlernt, sich selbst zu lieben. Sie wissen gar nicht, wie sie selber sind. Die Leistungsideale der Gesellschaft haben ihre Persönlichkeit kolonisiert. Nächstenliebe als Beruf, als bezahlte Dienstleistung, als Ware: hier droht stets die Gefahr, daß die Leistung – «Liebe deinen Nächsten» – die Erholung – «Liebe dich selbst» – auffrißt, bis endlich der Helfer nur noch eine funktionierende Dienstleistungsfassade aufrechterhält und alles ablehnt, was an kindlichen Gefühlen und Wünschen dahintersteckt. Wenn der Helfer nicht mehr schwach sein kann, braucht er die Schwachen draußen, braucht er Abhängige, Unmündige. Der Vollzug seiner eigentlichen, vornehmsten Aufgabe, sich selbst überflüssig zu machen, wird dann zur tödlichen Gefahr für sein Selbstgefühl, zu etwas, an das nicht einmal gedacht werden darf.

Das Gleichgewicht, welches in dem Satz: «Liebe deinen Nächsten wie dich selbst» angedeutet ist, geht durch die Professionalisierung der Nächstenliebe verloren. Gleichzeitig ist dieser Verlust eine Voraussetzung der Professionalisierung. Sie kann erst stattfinden, wenn die Menschen verlernt haben, Schwäche, Regression, Kindlichkeit, Emotionalität in ihrer tiefen und umfassenden Bedeutung für ihr Leben zu sehen und zu akzeptieren. Dann werden die Gesellschaften erfolgreicher nach außen, im Kampf gegen die Natur und gegen andere Gesellschaften. Aber sie werden unglücklicher nach innen und müssen Helfer erfinden, die dieses Unglück verwalten. Beheben können sie es nicht, weil sie ein Teil seiner Bedingungen und Folgen sind.

Es ist an der Zeit, den Kolonialismus der Experten in der Gesundheits- und Erziehungswissenschaft zu beenden. Der Arzt, der die Fragen des Patienten überhört, tut das auch, weil er nicht gewohnt ist, sich selbst in Frage zu stellen. Der Therapeut, der vorgibt zu wissen, was das Dunkel des Unbewußten seiner Patienten birgt, gleicht dem Kind, das im Keller singt, weil es dann weniger Angst hat. Die Komplexe und Archetypen, die wir entdecken, entlarven unser eigenes Bedürfnis nach Ordnung und Struktur. Wenn ich einige Helfer anregen kann, ihre Arbeit zu entkolonisieren – und einige Klienten, ihnen dabei zu helfen, dann hat das Buch seinen Zweck erreicht. Es ist nicht nur ein Machtgewinn, sondern auch eine schwer erträgliche Last, Kolonisator zu sein, immer überlegen und stark sein zu müssen. Schwäche und Angst wieder zuzulassen, heißt auch die Kluft zu den unterworfenen «Wilden» verkleinern. Der Mächtige muß nicht mehr so viel Angst haben, seine Überlegenheit zu verlieren. Der Ohnmächtige muß nicht so viel Angst vor dem Mächtigen haben.

Ich habe vielen Menschen zu danken, ohne deren Hilfe dieses Buch nicht zustande gekommen wäre, obwohl ich mich während der eigentlichen Schreibarbeit wie ein Einsiedlerkrebs hinter meine Schreibmaschine zu verkriechen pflege. Es sind vor allem die vielen Helfer, die mir in Gesprächen zu zweit oder in Selbsterfahrungsgruppen von sich erzählt haben, deren privates und professionelles Schicksal ich oft über Jahre hin verfolgen konnte. Es sind die Kliniken, Praxisgemeinschaften und Verbände, die mich für kürzere, oft aber auch jahrelange Beratungen, Supervisionen und selbsterfahrungsorientierte Gruppenarbeit eingeladen haben. Der Gesellschaft für analytische Gruppendynamik, dem Moreno-Institut in Stuttgart und seiner Geschäftsführerin Sarah Kirchknopf, WILL-Europa und der Münchner Arbeitsgemeinschaft für Psychoanalyse danke ich für die organisatorische Hilfe, ohne die ich keine so reichen Beobachtungsmöglichkeiten gehabt hätte. Seit ich die «hilflosen Helfer» schrieb, sind viele Menschen zu mir in Gruppen gekommen, um den Autor kennenzulernen. Nicht wenige waren enttäuscht, weil sie (wie es einer von ihnen formulierte) «nur einen Psychoanalytiker» fanden.

Vor allem aber möchte ich Gudrun Brockhaus danken. Ursprünglich wollten wir das Buch zusammen schreiben, haben diesen Plan aber aufgegeben. So ist der Text zwar meiner; die Gedanken aber sind oft unsere. In diesen Gesprächen habe ich nicht nur viel gelernt, sondern mich auch oft auf jene liebevolle Weise in Frage gestellt gefühlt, die ich brauche, um mich weiterzuentwickeln.

VORWORT
ZUR TASCHENBUCH-
AUSGABE

Die Revision eines fast zehn Jahre alten Textes regt an, über die eigene Situation und die gesellschaftlichen Veränderungen nachzudenken. Zwei der Themen von «Helfen als Beruf» haben sich inzwischen zu eigenen Büchern weiterentwickelt: «Die Angst vor Nähe», zwei Seiten und eine Zwischenüberschrift in Teil V, und «Die subjektive Krankheit – Kritik der Psychosomatik», worin Gedanken über «das objektive und das subjektive Wissen», ebenfalls in Teil V, weitergesponnen werden. Nachdem die deutsche Wiedervereinigung unsere Möglichkeiten so erweitert hat, zu erfahren, was jenseits der Mauer vorging, habe ich überrascht gehört, daß «Die hilflosen Helfer» in der früheren DDR viel gelesen und diskutiert wurden. Vielleicht gibt die Taschenbuchausgabe des zweiten «Helfer»-Bandes diesen Lesern, die auf die wenigen Exemplare in den Bibliotheken angewiesen waren, nun eine Möglichkeit, das Thema in aller Ruhe weiter zu verfolgen.

Ich habe in der Revision den Text gestrafft und die veraltete «Dokumentation» fortgelassen, dafür aber zwei längere Abschnitte eingearbeitet, die sich auf jenen gesellschaftlichen Bereich beziehen, in dem die Krise der helfenden Berufe derzeit besonders bedrohlich wird: auf die Kranken- und Altenpflege. Hier sind die ‹burnout›-Phänomene am deutlichsten. Hinter ihnen werden die Strukturprobleme unserer veralteten medizinischen und sozialen Einrichtungen sichtbar. In dem Gegensatz zwischen der bedrückenden Situation im Pflegebereich und den expansiven Geltungsansprüchen höher bezahlter und geräuschvoller auftretender Berufsgruppen spiegelt sich nicht nur der unbefriedigende Zustand der Gleichberechtigung von Mann und Frau, sondern auch die Verdrängung von Hinfälligkeit und Tod, die Verleugnung der Grenzen menschlicher Belastbarkeit, welche an vielen Orten vernünftige Lösungen unserer Umweltprobleme unmöglich machen. Die Spaltung in der hochtechnisierten «Risikogesellschaft» (U. Beck), die qualifizierte, durchsetzungsfähige, gutverdienende und arbeitssüchtige Individuen von ihrem Gegenbild trennt (vgl. Teil III), wirkt auch auf die helfenden Berufe. Sie teilt diese in zwei Lager, von denen das eine die technischen Hilfsmöglichkeiten im Scheinwerferlicht entwickelt, während das andere im Dunkeln jene pflegen (oder ruhigstellen) soll, die sich für solche Maßnahmen nicht mehr eignen. In Lainz bei Wien und in Wuppertal, wo die schlimmsten Symptome dieser Situation auftraten (die Tötung schwerkranker, alter Patienten durch das Pflegepersonal), konnten sich in den folgenden Prozessen die Beteiligten im erleuchteten Lager retten, während die Opfer-Täterinnen im dunklen Bereich nur solange ins öffentliche Scheinwerferlicht gerieten, bis sie überführt und verurteilt waren. Die Chefärzte, denen – mit ihren Privatpatienten beschäftigt – nichts aufgefallen war, die Gerontochirurgen, die ohne jedes Bedenken den nächsten achtzigjährigen Patienten operierten, obwohl der letzte in der Intensivstation aus unklaren Gründen so plötzlich verstorben war, wurden geschont. Vielleicht ist auch Kriminalität eine Frage des Chiaroscuro, des Helldunkel. Wer im Licht steht, ist allein schon deshalb unschuldig; wer im Dunkel seine Pflicht tut, macht sich in dem Augenblick schuldig, in dem er sichtbar werden läßt, was er doch im Verborgenen erledigen soll. In der Welt der modernen Medizin, in der sogar der Tod eine Lobby braucht («Gesellschaft für humanes Sterben»), muß man sich auf manches gefaßt machen, was einst nur als Gruselgeschichte am Kamin erzählt wurde.

Einer meiner Freunde, Universitätslehrer von Beruf und wegen seiner Herzlichkeit von den Studenten ebenso geschätzt wie wegen seines Wissens, hat mir einmal erzählt, eine seiner Diplomandinnen habe wegen «Helfen als Beruf» ihr Studium aufgeben wollen. Er sagte es etwas vorwurfsvoll, aber auch amüsiert, und schien drauf und dran, mich zu einer Art Noteinsatz in dieser Angelegenheit zu verpflichten. Die Vorbereitung der Taschenbuchausgabe hat diese Szene wieder heraufbeschworen. Liebe Unbekannte, möchte ich sagen, laß dich nicht verwirren: Wir sind doch nicht verantwortlich für die Struktur der Welt, in der wir leben, sondern nur für unsere Bewegungen darin, denen sich unweigerlich etwas von dieser Struktur mitteilt («es gibt kein richtiges Leben im falschen», sagte doch Adorno so schön plakativ). Unser Spielraum ist begrenzt, aber wir können ihn besser ausschöpfen, wenn wir uns genauer orientieren. Daß der Helfer-Beruf ein frag-würdiger

Beruf ist, scheint mir weder Schande noch Auszeichnung («Schriftsteller» ist schließlich nicht weniger fragwürdig). Ob die Aussage der Ermutigung dient, daß ich selbst nach zwanzig Jahren immer noch in diesem Beruf bin?

München, im Mai 1991   W.S.

TEIL I
DIE «NEUEN» HELFER

In diesem Teil verdeutliche ich an meiner Arbeit als Psychoanalytiker den Widerspruch zwischen Dienstleistung und Gefühlsbeziehung. Die psychotherapeutische Situation, Beispiel einer relativ neuartigen Helfer-Schützling-Beziehung, setzt beim Helfer wie beim Klienten Lernprozesse in Gang, die mehr emotionale Freiheit ermöglichen, aber auch eine stärkere Kontrolle bisher der Privat- und Intimsphäre überlassener Bereiche bedingen. Die Hilflosigkeit der Experten beginnt da, wo an sie Teile einer Selbstverantwortung abgetreten werden, die sie gerade aufbauen sollen. Andrerseits ist zu beachten, wo die Experten durch ihre Lebensgeschichte und ihre Tätigkeit so geformt werden, daß sie ihre Schützlinge von sich abhängig machen müssen. Ein erster Schritt zu einem genaueren Verständnis dieser Situation ist die Unterscheidung zwischen «alten» und «neuen» Helfern. Die berufliche Entwicklung der klassischen Helfer – etwa der Ärzte und Geistlichen – hat dazu geführt, daß die gefühlsbestimmten Kontakte zu ihren Schützlingen immer dürftiger wurden. Parallel dazu entstanden neue soziale Berufe, die gerade diese emotionale Beziehung zum Gegenstand einer insgesamt rational bestimmten Dienstleistung machen.

Helfer-Syndrom und Professionalisierung

> Machen wir einen Augenblick halt, um den Analytiker unserer aufrichtigen Anteilnahme zu versichern, daß er bei der Ausübung seiner Tätigkeit so schwere Anforderungen erfüllen soll. Es hat doch beinahe den Anschein, als wäre das Analysieren der dritte jener «unmöglichen» Berufe, in denen man des ungenügenden Erfolgs von vornherein sicher sein kann. Die beiden anderen, weit länger bekannten, sind das Erziehen und das Regieren.
> *S. Freud**

Zu den wenigen Dingen, die Sigmund Freud über den Beruf des Psychotherapeuten gesagt hat, gehört die Feststellung, daß es ein «unmöglicher» Beruf sei. Das heißt, daß in diesem Beruf Widersprüche eingeschlossen sind, die sich nicht auflösen lassen. Ich glaube, daß diese Widersprüche in anderen pädagogischen und medizinischen Berufen ebenso nachweisbar sind, doch sind sie für mich in der Psychotherapie am besten faßbar. Ich möchte ihnen von zwei Seiten nachgehen: der subjektiven (wie ich mich selbst und meine Kollegen in diesem Widerspruch erlebe) – und der objektiven (welche gesellschaftlichen Bedingungen diesen Widerspruch ausmachen).

Ich selbst bin erst spät zum professionellen Helfer geworden. Meine Tätigkeit nach dem Studium hatte einen anderen, handwerklichen Charakter. So nahm ich die Faszination des Helfens aus kritischer Distanz wahr. Ich erlag ihr endlich und sehne mich heute, nach fünfzehn Jahren vorwiegend psychotherapeutischer Tätigkeit, oft wieder zurück zu der größeren Freiheit, die ein «Handwerk» wie das des Schriftstellers mit sich bringt. So geht es vielen meiner Kollegen. Töpferkurse, ein Haus mit großem Garten auf dem Land, ein Reitpferd, ein eigenes Fotolabor

---

* Die endliche und die unendliche Analyse, GW XVI, S. 94.

oder eine Bienenzucht stehen hoch im Kurs. Fast alle sagen ständig, daß sie «weniger Therapie machen wollen».

Die Freiheit des Handwerks liegt darin, daß die Arbeit nicht unmittelbar eine Beziehung betrifft, in der beide – Helfer und Klient – voneinander abhängig sind. Die Schreibmaschine ist mir nicht böse, wenn ich sie in die Ecke stelle, weil mir heute nichts mehr einfällt. Der Klient läßt sich das nicht gefallen. Die Schulen der Psychotherapie sind sich weitgehend einig, daß gleichmäßige, freundliche Behandlung des Klienten durch den Therapeuten wünschenswert sei. Daneben gibt es eine ausgedehnte Diskussion darüber, in welcher Form und ob überhaupt der Therapeut auch «negative Gefühle» oder eine «feindselige Gegenübertragung» äußern dürfe. Daß er es unbegrenzt tun sollte, empfiehlt keines der professionellen Glaubensbekenntnisse. Ich fühle mich verpflichtet, für meine Klienten «da» zu sein, Müdigkeit und schlechte Laune möglichst zu unterdrücken, mich auf sie einzustellen. Wenn ich das nicht tue, muß ich es mir überlegen, d. h., ich muß meine Verweigerung der Therapeutenrolle zu einem Instrument einer letztlich doch therapeutischen Strategie machen.

Von dem französischen Analytiker Lacan wird erzählt, daß er es sich vorbehielt, Analysestunden bereits nach fünf Minuten abzubrechen und den Patienten nach Hause zu schicken, wenn er überzeugt war, daß heute nichts Wesentliches zustande käme. Ich habe mir diese Geschichte gemerkt, weil ich Lacan um sein Selbstbewußtsein beneide. Gleichzeitig finde ich seine Sicherheit sehr angreifbar, daß der Therapeut entscheiden kann, ob sich seine Anwesenheit für den Klienten lohnt oder nicht. Viele Therapeuten sind heute von der Notwendigkeit emotionaler Erfahrungen in der Therapie überzeugt, welche frühkindliche Versagungserlebnisse wiedergutmachen. Dabei wird zugestanden, daß diese korrigierenden Erlebnisse das Verlorene nicht wirklich ersetzen. In den Behandlungsberichten steht aber immer wieder zu lesen, daß bisher noch niemand dem Klienten ermöglicht hatte, seine wirklichen Gefühle zu erleben und zu äußern.

Diese familiäre Rolle setzt den Therapeuten einerseits größeren Anforderungen aus, andrerseits scheint sie ihm auch so viel zu bieten, daß die therapeutischen Theorien sich deutlich in Richtung auf mehr korrigierende emotionale Erfahrungen verändern (wenn man zum Beispiel die Positionen von Freud, Ferenczi, Janov und Miller vergleicht). Therapie kann im Rahmen einer ärztlichen oder psychologischen Praxis nur dann stattfinden, wenn sich die Beteiligten auf ein professionelles Verhältnis (einen Verkauf von Dienstleistungs-Zeit gegen bar oder gegen Leistungen der Krankenkasse) einigen. Sie soll andrerseits nur dann wirksam werden, wenn der Klient ein persönliches, intimes Vertrauensverhältnis zum Therapeuten findet. Fehlt diese persönliche Beziehung, so wird die Therapie wirkungslos bleiben. Was wir über positive Veränderungen wissen, läuft darauf hinaus, daß sich der Klient um so eher verändert, je mehr er sich gemocht fühlt und seinerseits den Therapeuten mag. Doch kann diese persönliche Beziehung nicht zustande kommen, wenn der Patient die Warenbeziehung verweigert, wenn er zum Beispiel seine Rechnungen nicht bezahlt oder seinen Krankenschein nicht abliefert, Termine nicht einhält oder zum Ende seiner Stunde nicht gehen will.

Mit dieser Situation umzugehen, erfordert für beide Beteiligten Lernprozesse und setzt Vermeidungsstrategien in Gang. So kenne ich Kollegen, die einem Patienten die bereitliegende Rechnung nicht in die Hand geben, sondern sie ihm per Brief ins Haus schicken. Ich selbst habe schon oft «vergessen», einem Patienten die Rechnung zu geben, wenn es ihm nach einer Stunde schlecht ging. Es hat mich Mühe gekostet, meine anfänglichen Schwierigkeiten zu überwinden, für eine so persönliche Beziehung Geld anzunehmen und Rechnungen auszuteilen. Andere Therapeuten bestehen darauf, daß jede Stunde zu Beginn bar bezahlt wird* – angeblich, um klare, analysierbare Verhältnisse zu schaffen.

Psychotherapeuten und Klienten sind sich heute vielfach in einer «Bauch nicht Kopf»-Ideologie einig. Diese Ideologie drückt deutlich aus, daß die Rationalisierungsfortschritte der Industriegesellschaft die Menschen schädigen. Es gibt Überanpassungen an die zweckmäßig-technische Welt, die bei dem Betroffenen Genußfähigkeit, Beziehungsmöglichkeiten und Lebensfreude ruinieren. Er muß zu seinen Gefühlen zurückfinden, oder er wird in Depression und psychosomatischen Lei-

---

* Das ist nur eine von mehreren Ähnlichkeiten im Verhalten von Psychotherapeuten und Prostituierten, vgl. W. Schmidbauer, Der Psychoanalytiker und das Irrationale, in H. P. Duerr (Hg.): Der Wissenschaftler und das Irrationale, Frankfurt/Main (Syndikat) 1981, II, S. 637.

den zugrunde gehen. Aber in der Therapie lernt er keineswegs, nach seinen Gefühlen zu leben, sondern eher, die Gefühle so zweckrational und instrumentell einzusetzen, wie es ihm der Therapeut vormacht. In den Therapie- und Selbsterfahrungsgruppen ist der häufigste Vorwurf, daß einer seine Emotionen nicht herausläßt, daß er so «kopfig» daherredet. Aber wenn ein Gruppenmitglied einmal wirklich selbstvergessen emotional reagiert, sind Angst und Schrecken groß.

Auf mich wirkt sich das so aus, daß ich erleichtert bin, wenn der Patient zu Beginn der Stunde oder der Gruppensitzung betroffen ist und heftige Emotionen ausdrückt. Tut er das nicht, so versuche ich diesen Widerstand zu bearbeiten. Gegen Ende der Sitzung hingegen bremse ich eher eine tiefere Regression. Dann fesseln mich Gefühlsausbrüche nicht mehr, sondern sie machen mich ärgerlich. Ich beherrsche diesen Ärger mit der Überlegung, daß der Klient eine Szene aus seiner Kindheit wiederholt, in der er für seine Gefühlsäußerungen bestraft wurde – eben weil er sie am falschen Ort oder zur falschen Zeit zeigte. (Vielleicht gab es gar keinen «richtigen» Ort.) Ich versuche dann, diese Szene nicht zu wiederholen, aber ich weiß nicht, ob mir das immer gelingt. Schließlich bin ich am Ende eines Arbeitstages ruhebedürftig (wie es die Eltern dieses Klienten möglicherweise ebenfalls waren), oder der nächste Klient steht schon im Flur. Dieser «nächste Klient» erlaubt eine subjektiv angenehmere Helfer-Abgrenzung als das Bedürfnis nach Freizeit. Ich habe mich gelegentlich dabei ertappt, daß ich ihn vorschützte, um einen zögernden Klienten zum Gehen zu bewegen.

Ich hoffe, daß ein Stück weit deutlich geworden ist, weshalb professionelle Helfer die Gefühlsfeindlichkeit der Industriegesellschaft nicht wirklich überschreiten. In der Therapie gibt es den «richtigen» und den «falschen» Ort für das gefühlsbestimmte Leben, genau wie in der technokratischen Arbeitswelt. In ihr sind ja ebenfalls der Emotionalität Nischen reserviert, zum Beispiel beim Verkauf, in den Ritualen der Angestellten und vor allem beim Konsumieren. Wir kaufen nicht Zigaretten und Kosmetika, sondern Lebensgefühle, heile Welten oder sogar Charakter («Players Profile»).

In der üblichen therapeutischen Sozialisation lernen Klient und Therapeut, es als «Widerstand» anzusehen, wenn ein Konflikt nicht in die therapeutische Situation eingebracht wird, weil sie zeitlich begrenzt ist. Weniger abhängige Klienten (beispielsweise Studenten in einem Selbsterfahrungs-Seminar) halten an diesem Widerstand fest. «Ich denke gar nicht daran, jetzt was zu erzählen, was mich wirklich trifft, und dann ist es zwölf Uhr, und wir hören einfach auf, und ich weiß nicht, wohin ich soll mit meinen Gefühlen.» In einer längeren Therapie entwickeln Klienten ein sicheres Zeitgefühl, und es wird immer einfacher, die Stunden pünktlich zu beenden.

Die Hilflosigkeit der Experten

«Ich leide an einem Helfer-Syndrom – ich weiß nicht, ob Sie wissen, was ich da meine, Herr Schmidbauer?» Ich glaube, ich kann darauf warten, bis der erste Patient mit dieser Selbstdiagnose in meiner Praxis erscheint. Der Urheber eines solchen Begriffs reagiert darauf mit gemischten Gefühlen. Es schmeichelt ihm, daß er etwas ausgedrückt hat, was anscheinend vielen plausibel erscheint. Gleichzeitig fragt er sich, ob er wirklich das aussagen wollte, was jetzt so populär geworden ist. Helfer-Syndrom heißt gewiß nicht, daß die Helfer «auch nur aus egoistischen Motiven» handeln, wie es oft verstanden wird. Es heißt auch nicht, daß Schwierigkeiten und Widersprüche in der psychosozialen und pädagogischen Versorgung durch eine Art Berufsneurose bedingt sind.

Wichtigster Inhalt des Helfer-Syndroms ist das Helfen als Abwehr anderer Beziehungsformen und Gefühle. Aus unbewußten Motiven ist für den «hilflosen Helfer» die Kontaktaufnahme mit einem bedürftigen Schützling zu einer Art Droge geworden. Daß ihn andere brauchen, wird zum Suchtmittel, auf das er nicht mehr verzichten kann.* Der Helfer-Beruf bietet die Möglichkeit, dieses Suchtmittel auf legale Weise zu erwerben. Die hohen Dosen, die sich der Helfer auf diese Weise verschaffen kann, führen zu einer Abstumpfung, die in der amerikanischen Sozialforschung als Ausbrennen (burnout) anschaulich beschrieben wird.** Der «ausgebrannte» Süchtige hat keinen Lustgewinn mehr, wenn er seine Droge nimmt. Aber der Entzug ist noch unerträg-

---

* Siehe dazu auch S. 43, wo dieser Vergleich noch einmal aufgegriffen wird.
** Vgl. C. Cherniss, Professional Burnout in Human Service Organisations, New York (Praeger) 1979.

licher, noch unangenehmer. Diesem Konflikt gleicht die Situation des hilflosen Helfers, der für andere dasein muß, aber gerade deswegen selbst verarmt und innerlich, hinter seiner Dienstleistungsfassade, immer bedürftiger und kümmerlicher wird.

Das Bild des hilflosen Helfers gewinnt ein Stück seiner Faszination aus der Entlarvung, dem exhibitionistischen Schock, welcher der Entblößung des sonst Verdeckten folgt. Der Psychotherapeut ist selber neurotisch, der Pfarrer gottlos, der Arzt krank. Hinter den Fassaden ist etwas ganz anderes – ein verwahrlostes Baby, ein Vampir, ein Süchtiger. Ziel meiner ersten Darstellung war es, auszudrücken, was mir in der Arbeit mit Angehörigen helfender Berufe als Gründe für ihre Depressionen, ihre Trauer, ihr Unglück und ihren Schmerz erschienen waren. Ich wollte die Betroffenen entlasten, sie dazu bewegen, sich dem Widerspruch zwischen omnipotenter Fassade und innerem, verwahrlostem Baby zu stellen. Ich wollte sie nicht in ihrer Selbstverleugnung bestätigen; ich wollte dem Kind hinter der Fassade etwas geben, aber die Fassade kritisieren. (Daher haben mir konservative Kritiker wie Christa Meves auch vorgeworfen, ich würde den Helfern Steine statt Brot geben.) Aber meine Analyse des Helfer-Syndroms ist sicher auch ein Ausdruck meiner eigenen gesellschaftlichen Position, die ich erst allmählich genauer wahrnahm. Psychotherapeuten sind hochspezialisierte und -reflektierte Helfer. Ihre Lösungsvorschläge gehen in diese Richtung: mehr Qualifizierung, mehr Professionalisierung – mehr Abhängigkeit von *ihren* beruflichen Kompetenzen. Wesentlich für den hilflosen Helfer ist häufig, daß er die Rolle des Gebenden, Mächtigen, Verstehenden überall spielen muß, in der Arbeit wie im Privatleben. In manchen Fällen gibt es gar kein Privatleben. Das Ideal der Selbstlosigkeit bestimmt das ganze Leben, wie in dem von manchen Gesundheitspolitikern immer noch beschworenen Bild der Ordenskrankenschwester, oder in dem von der Erbauungsliteratur sozialistischer Staaten angestimmten hohen Lied des Revolutionärs und Parteifunktionärs. Eine klare Formulierung der Trennung von Beruf und Privatleben ist sicherlich für die seelische Gesundheit vieler von ihren Institutionen ausgebeuteter Helfer wichtig.

Gleichzeitig ist aber die Entwicklung eines Arbeitnehmerbewußtseins in den Bereichen der medizinischen, psychologischen und pädagogischen Versorgung eine sehr zweischneidige Angelegenheit. Es gibt nämlich in vielen Bereichen keine Teilung der Bedürfnisse von Klienten, die der professionellen Arbeitsteilung entspricht. Immer da, wo die Helfer primär emotionale Bedürfnisse befriedigen sollen, ist die Versachlichung und Arbeitsteilung professioneller Hilfe in Gefahr, mit zunehmender Perfektionierung destruktiv zu werden. Der Klient gerät in die Rolle des Hasen zwischen den Igeln: Er hat keine Chance, zu finden, was er sucht, weil immer jemand anderer zuständig ist. In einem Krankenhaus führt zum Beispiel die Funktionspflege dazu, daß für jede einzelne Verrichtung eine andere Pflegekraft zuständig ist. Eine vertrauensvolle emotionale Beziehung kann unter diesen Umständen kaum zustande kommen. In einem «modernen» Kinderheim mit heilpädagogischer und psychologischer Fachabteilung, Schichtdienst und hoher Fluktuation der Erzieher kann es dazu kommen, daß ein elternloses Kind jährlich von zwanzig und mehr wechselnden Fachkräften betreut wird. Zu kaum einer kann es dann eine tiefere emotionale Bindung aufbauen.

Die Professionalisierung jener Dienstleistungen, die lange Zeit in den Familien autonom und ohne Verwissenschaftlichung geleistet wurden, bringt die Gefahr mit sich, daß sich die Betroffenen nichts mehr zutrauen und damit Selbstheilungskräfte verlieren, die durch die Hilfe der Spezialisten nicht ersetzt werden können. Ivan Illich hat darauf hingewiesen, daß das Martinshorn eines Ambulanzwagens die Bereitschaft zu gegenseitiger Hilfe in einem ganzen Stadtviertel zerstören kann. Seine Aussage über das Medizinsystem läßt sich durchaus auch auf die psychosoziale Versorgung übertragen. Ein professionelles, auf die Person des akademisch geschulten Fachmannes abgestelltes Vorgehen, das sich über bestimmte Grenzen hinaus entwickelt, macht aus drei Gründen die Übel schlimmer, die es zu bekämpfen vorgibt. Es erzeugt technische Schäden, die seine Wohltaten überwiegen; es begünstigt zerstörerische gesellschaftliche Verhältnisse und verschleiert ihre Bedeutung für das individuelle Leid; es behindert und entfernt die Betroffenen von ihren Möglichkeiten, ihr Leben zu gestalten, selbst zu gesunden und die krankmachenden Umweltfaktoren anzugehen.

Die gesellschaftliche Dimension des hilflosen Helfers, um die es mir hier geht, liegt darin, daß die Industriegesellschaft dazu neigt, Probleme, die durch ihre technische, profitbestimmte und zweckrationale Vorgehensweise entstehen, mit eben diesen Mitteln zu «lösen». Jede solche «Lösung» verschleiert das tiefere Problem und erschwert eine Veränderung. Im Bereich der psychosozialen Versorgung sieht das vor allem so aus, daß Experten produziert werden, die für systembedingte Störungen zuständig sind. Sie gewinnen ihre berufliche Rolle durch diese Störungen und schaffen so einen zusätzlichen, an Grundsätzen von Angebot und Nachfrage, Profit und Konkurrenz orientierten Wirtschafts-Bereich. In ihm werden mit der Hilfe bezahlter Dienstleistungen die Schäden verwaltet, welche Umweltzerstörung, Profitdenken und Wettbewerbszwänge anrichten.

Die Strategie der Professionalisierung beruht auf der Annahme, daß alle durch die Industrialisierung angerichteten emotionalen Probleme rational durch geeignete Experten gelöst werden können. Das ist ein Irrtum, der ständig dadurch verschleiert wird, daß es diesen Experten sehr gut möglich ist, immer neue *Erklärungen* dieser Probleme zu finden und immer neue Techniken des Umgangs mit ihnen zu propagieren. Weil diese Neuerungen den Experten wichtig sind, werden sie oft irrtümlich für hilfreich gehalten. So machen Pädagogik, Sozialarbeit und Psychotherapie ständig «Fortschritte». Diese gleichen oft den neuen Kleidern des Kaisers, haben mehr mit Mode zu tun als mit dem wissenschaftlichen Modell des Fortschritts.*

Da die seelische Gesundheit und damit das soziale Funktionieren des einzelnen nicht rational, sondern emotional bestimmt ist, enthält die Produktion von pädagogischen, psychotherapeutischen und medizinischen Spezialisten nach dem Modell der technisch so erfolgreichen Naturwissenschaft einen tiefen Widerspruch. Er ist so lange unlösbar, wie der Umgang mit dem spezialisierten Wissen von den Grundprinzipien bestimmt ist, die der Kapitalismus geboren und bisher nicht bewältigt hat: Verwertung der Natur, um den größtmöglichen Profit zu erzielen.

In den «hilflosen Helfern» ging es darum, zu zeigen, daß es neben der materiellen Ausbeutung auch eine psychologische gibt, die gerade in den helfenden Berufen eine große Rolle spielt. Eine narzißtische Ausbeutung der sozialen Umwelt durch die anerkannte Rolle des Helfers, die sicheren Abstand von den verletzenden, zerstörerischen Umgangsformen der profitgeprägten Wirtschaft verspricht, scheint heute an

---

* Die eifrige Rezeption des letztlich sehr vagen Begriffs vom «burnout» der Helfer hängt wohl damit zusammen.

Anziehungskraft zu gewinnen. Nicht mehr der Ingenieur oder der Anwalt, sondern der Arzt und Psychologe sind die begehrtesten Berufe.

Doch bietet ein Beruf allenfalls eine begrenzte narzißtische Befriedigung. Er wird keinesfalls ein narzißtisches Defizit, einen Mangel ausgleichen. Der angehende Psychologe oder Sozialarbeiter sucht einen Kompromiß. Er möchte aus dem konkurrenzbestimmten, rücksichtslosen Arbeitsleben aussteigen*, aber nicht auf die Vorteile eines qualifizierten, angesehenen Berufs verzichten. Das heißt auch, daß er in einer beruflichen Krise rasch daran denkt, ganz auszusteigen. Berufstätige im Wirtschaftsleben können in solchen Krisen immer noch daran denken, «partiell» auszusteigen, indem sie auf einen sozialen Beruf umschalten. Der Industriemanager, welcher Heilpraktiker wird (und in seiner Praxis alsbald wieder Spitzenumsätze erzielt) ist ein populärer Vertreter dieser Gruppe.

Ein Mediziner, der es zu einer hohen Position in der pharmazeutischen Industrie gebracht hatte, erzählte mir einmal, er habe immer davon geträumt, auszusteigen und sich als Landarzt niederzulassen. Ich habe aber noch nie beobachtet, daß ein Therapeut in einer persönlichen Krise daran denkt, seine Privatpraxis aufzugeben und sich einen Job in der Industrie zu suchen.

In unserer ethischen Überlieferung ist Nächstenliebe als Gefühlsausdruck gegenwärtig, nicht als Berufsbild. Ihre Professionalisierung bringt die Gefahr mit sich, daß wenige erledigen sollen, was den anderen abgenommen ist. Ein Stück Gefühlsausdruck mehr wird reglementiert und kontrolliert. Nächstenliebe als Beruf zieht jene Menschen an, die das Gefühl haben, zuwenig Liebe erhalten zu haben. Dieser Mangel macht empfindlich für den Mangel an liebevollen Beziehungen in der Industriegesellschaft selbst. Wenn aus diesen Motiven ein helfender Beruf gewählt wird, öffnet der Betroffene gerade jenen von den Zwängen der Warenproduktion bestimmten Vorgängen die Tür, welche er verwerfen und vermeiden will.

Als Psychotherapeut begegne ich diesen Widersprüchen immer wieder. Meine Arbeit hat mich zu einem deutlicheren Bewußtsein über die gesellschaftlichen Bedingungen jener Helfer-Nischen gezwungen, in denen ich anfänglich selbstbewußt und selbstvergessen zugleich gear-

---

* Die Gründe dieser Aussteiger-Bewegung sind auf S. 75 ff. ausführlicher dargestellt.

beitet habe. Heute konkurriere ich nicht mehr mit den «schlechten» Eltern meiner Klienten, sondern sehe sie ebenso als Opfer gesellschaftlicher Entwicklungen wie mich und meine eigene Arbeit. Ich unterwerfe mich keiner therapeutischen Theorie mehr, seit mir klarer wird, wie sehr sie alle von den Bedürfnissen der Helfer geprägt sind und ihre beruflichen Auffassungen rechtfertigen. Ich bin überzeugt, daß eine wirkliche Veränderung der zerstörerischen Vorgänge in den Industriegesellschaften Experten und Klienten gleichermaßen betreffen muß. Es gibt keine professionellen Helfer, welche die *ganze* Gesellschaft verbessern können, aber sehr viele, die sie weitertreiben auf ihrem unheilvollen Weg.

Solche Überlegungen sind sicher ein Privileg des Psychotherapeuten, der durch die Einfachheit seiner Mittel eher dazu in der Lage ist, Technik und Naturwissenschaft aus kritischer Distanz zu sehen. Viele nachdenkliche Menschen haben schon die Geschichte vom chinesischen Weisen nacherzählt, der es ablehnte, seinen Garten mit einer Maschine zu bewässern. Er fürchtete, die vervollkommnete technische Leistung würde ihn selbst, seine ganze Person anstecken, ihn maschinenmäßig funktionieren lassen. Ich bin überzeugt, daß diese Gefahr besteht. Wir drohen ihr heute zu erliegen. Das Anwachsen des Protests unter den Jugendlichen und des Protests der seelischen und «körperlichen» Krankheiten ist ein Ausdruck dieser Situation. Diese Gefahr, «maschinenmäßig» und damit innerlich tot zu werden, liegt nicht nur in der Anwendung äußerer Maschinen, sondern auch in der Verbindung des menschlichen Selbstgefühls mit einer rational definierten, abgegrenzten Berufstätigkeit. Der Helfer sucht dieser Gefahr zu entrinnen, indem er Mitmenschlichkeit zu seinem Beruf macht – aber damit gerät er in Gefahr, sein innerstes Wesen selbst zu instrumentalisieren.

Um diese Gefahren und den Umgang mit ihnen geht es in diesem Buch. Ich sehe es als Fortentwicklung meiner Arbeit über das Helfer-Syndrom an und möchte vor allem klarer zeigen, wie die verschiedenen Formen der Professionalisierung des Helfens die innere und äußere Situation der Helfer prägen. Ich will möglichst anschaulich bleiben und immer wieder versuchen, durch konkrete Beispiele die Wechselwirkung des persönlichen und des Berufs-Feldes so darzustellen, daß die einzelnen Einflüsse in ihrem Zusammenspiel durchschaubar werden.

Die «neuen» Helfer

Der Ausgangspunkt der Arbeiten zum Helfer-Syndrom war die persönliche Situation von Menschen aus den sozialen Berufen, die als Klienten von Selbsterfahrungsgruppen oder als Patienten in analytischer Psychotherapie mit sich selbst und ihrer Arbeit nicht zurechtkamen. Als grundlegende Charakterproblematik ergab sich der Konflikt zwischen einer starken, progressiven Fassade und unterdrückten «kindlichen» Bedürfnissen dahinter. Angst vor Offenheit und vor gegenseitigen Beziehungen, in denen jeder der Beteiligten einmal stark, einmal schwach sein kann, wurde deutlich. Indirekte Aggressionsäußerungen, Mißtrauen und starre Orientierung an Regeln trugen zu diesen persönlichen Schwierigkeiten der «hilflosen Helfer» bei.

Mein ursprüngliches Ziel war, diesen Menschen Einsichten in die emotionale Dynamik ihrer persönlichen Situation und Schritte zu einer verbesserten Psychohygiene in den helfenden Berufen anzubieten. Wo ich damit als Therapeut nicht weiterkam, dachte ich eher gewerkschaftlich: klare Trennung von Beruf und Privatleben, Organisationsformen wie Betriebs- und Personalräte, welche verhindern, daß mit der Über-Orientierung an Pflicht und Dienst der Helfer Schindluder getrieben wird. Ich zitiere als Erfolgsbericht eine Sozialarbeiterin, die sich früher ständig überfordern und von allen ihren Klienten bis tief in die Nacht hinein emotional ausbeuten ließ. Sobald sie in einer analytischen Selbsterfahrungsgruppe gelernt hatte, rechtzeitig nein zu sagen und sich abzugrenzen, fand sie wieder mehr Freude und Initiative für ihre Arbeit.

Aber ich erlebe auch Reaktionen auf das Buch, die mich unsicher machen. Meine Analyse des Helfer-Syndroms war gegen die Unklarheit gerichtet, die eine so «familiäre» Tätigkeit mit sich bringt. Im Haushalt ist jeder für jeden anderen mitverantwortlich. Es gibt einem kranken Kind gegenüber keine Möglichkeit, sich nach Dienstschluß von jeder Fürsorgepflicht zurückzuziehen. Die strenge Trennung von Arbeitszeit und Freizeit, die sich gewissermaßen als Konsequenz aus einer Auseinandersetzung mit dem eigenen Helfer-Syndrom ergeben könnte, wies in eine Richtung, die mir nicht so gut gefällt. Die psychosoziale Arbeit wird am Ende auch taylorisiert, durch Aufteilung in einzelne Maßnahmen scheinbar wirksamer gemacht, tatsächlich aber ihres emotionalen Gehalts mehr und mehr entleert.

Natürlich kann ich mich darauf zurückziehen, daß jene Helfer, die mit dem Argument: «Ich habe schließlich kein Helfer-Syndrom» um jeden Preis pünktlich nach Hause gehen wollen, mich eben nicht verstanden haben. Ich halte mehr von den Versuchen, die Trennung von Beruf und Privatleben, zum Beispiel in therapeutischen Wohngemeinschaften wieder durchlässiger zu machen. Das scheint mir im psychosozialen Bereich sinnvoller, als ihn immer mehr zu rationalisieren und Kinderheime oder Kliniken wie Industriebetriebe aufzuziehen. Einige meiner Überlegungen dazu habe ich 1980 in ein Nachwort zu den «hilflosen Helfern» aufgenommen, aber das Thema hat nicht aufgehört, mich zu beschäftigen.

Der Aspekt der Selbsterfahrung, von dem ich ausgegangen bin, enthält ja die Sorge um den «ganzen Menschen». Im sozialen Beruf ist die «Droge Arzt» (Lehrer, Sozialarbeiter, Psychotherapeut) vermutlich das wirksamste Instrument. Gleichzeitig ist es am wenigsten erforscht, eben weil dieser «ganze Mensch» auch das Gefühlsleben einbezieht. Er läßt sich nicht auf rationales Wissen und technische Fertigkeiten reduzieren. Untersuchungen, die sich wirklich auf diese Ebene begeben und sie nicht nur hilflos quantifizieren, fehlen bitter. Aber sie sind auch verdächtig, weil wir leicht Emotionalität und Irrationalität gleichsetzen. Wir müssen das wohl auch tun, solange die zweckmäßige Verwertung der Gefühle obenan steht. Eine Vernunft, die dem Leben mehr verpflichtet ist als dem Profit, wird auch offen sein für die Lebensäußerung der Gefühle und damit für diesen konkreten «ganzen Menschen».

Der «ganze Mensch» hängt sozialgeschichtlich mit dem «ganzen Haus» zusammen, also mit einer Lebenssituation, in der die produktivreproduktiven Einheiten überschaubar waren. In dieser Zeit brauchte man keine differenzierten sozialen Berufe. Die Großfamilie, die dörfliche Gemeinde, das Stadtviertel waren in Jahrzehnten zusammengewachsene Gemeinschaften. Die Gruppen reglementierten das Leben ihrer Mitglieder in einem für unser heutiges Bewußtsein wohl schwer erträglichen Ausmaß, aber sie boten auch Schutz und Hilfe in vielen jener Situationen, in denen sich heute ein leidendes, von fremden Nachbarn angefeindetes Individuum zu einem psychosozialen Fachmann begibt, um ihn um Hilfe zu bitten, oder aber von einer Ordnungsmacht (Polizei, Gesundheitsamt, Sozialamt) diesem Fachmann zugeführt wird.

Diese Entwicklungen sind als «Individualisierungsprozesse» in der Soziologie, in Gemeindepsychiatrie und Gemeindepsychologie bereits differenziert dargestellt. Was bedeuten sie für den Helfer? Der «soziale Beruf» war schon immer ein normativer Beruf. Der Zugang zu ihm setzte den Nachweis einer überdurchschnittlichen Fähigkeit voraus, Normen zu verstehen, sie zu erfüllen und sie weiterzugeben. Das gilt für die klassischen drei «großen» Professionen, den Arzt, den Pfarrer und den Rechtsanwalt, ebenso wie für ihre Institutionen: die Krankenhäuser, die Schulen und die Justizbehörden. Bis heute regeln die Angehörigen dieser drei Berufsgruppen das Zusammenleben in den entwickelten Gesellschaften. Wenn man die Umweltzerstörung und das zwischenmenschliche Chaos allenthalben betrachtet, kann man sie auch alle miteinander als hilflose Helfer ansprechen. Aber solche Rundumschläge bringen uns nicht viel weiter.

Die bürgerliche Gesellschaft hat in ihrer Entwicklung dieser Professionen auf die Rationalität gesetzt. Solange ihre Legitimation noch eine intakte Fassade hatte, die Naturausbeutung und der Kolonialismus noch nicht zum Himmel stanken, funktionierte dieses System leidlich. Es reichte aus, daß die Professionellen an die Fiktion ihres rationalen Expertentums glaubten und ihre Urteile über sich und die Welt danach ausrichteten. Der Arzt war für die Behandlung der körperlichen Krankheiten zuständig, der Pfarrer und Lehrer für moralische und intellektuelle Erziehung der Kinder, der Jurist für die sogenannte rechtsstaatliche Regelung des Zusammenlebens. Es gab Menschen, die durch die Löcher dieses Systems hindurchfielen und die Normen nicht erfüllten. Sie wurden erkannt, abgestempelt und entweder (falls es sich um Angehörige der Oberschicht handelte) der Pflege ihrer Familien bzw. bezahlter Diener überlassen oder in den Irrenanstalten und Zuchthäusern aus dem Verkehr gezogen. Ärzte, Pfarrer und Juristen lösten diese Probleme gemeinsam auf die vertraute, normativ-rationale Weise.

Diese allgemeinen Überlegungen sind notwendig, um die Veränderungen zu verstehen, die sich heute in den sozialen Berufen abspielen. Der Arzt, der einen Patienten mit Wahnvorstellungen als «Dementia praecox» bis an sein Lebensende in die Heilanstalt einweist, der Lehrer, welcher alle Schüler, die nicht aufmerksam zuhören, verprügelt oder aus dem Klassenzimmer schickt, der Pfarrer, welcher zerstrittene Eheleute mit Zitaten aus den Paulus-Briefen abfertigt – sie alle gehören heute der Vergangenheit an. Sie mögen sich als lebendige Fossilien noch gelegentlich in der Gegenwart finden, haben jedoch keinen wirklichen Rückhalt in der Gesellschaft für ihr schlicht normatives Vorgehen.

Warum muß denn der Arzt heute in eine Balintgruppe gehen, um zu erfahren, wie er als «ganzer Mensch» auf seine Patienten wirkt, nicht als medizinischer Techniker? Warum hat es der Lehrer nötig, seine Schüler zu motivieren? Warum soll der Pfarrer eine Ausbildung als Eheberater machen oder zumindest wissen, welche seiner Gemeindeangehörigen er in eine Beratungsstelle schicken muß? Warum gibt es eine ganze Palette von Berufen wie die Sozialarbeiter, Sozialpädagogen, Beschäftigungstherapeuten, Psychologen, Psychotherapeuten, Erziehungsberater, Familientherapeuten, die allesamt mehr oder weniger ausdrücklich zugestehen, daß die Beziehung zu ihren Klienten ein wichtiges, wenn nicht das wichtigste Instrument ihrer Arbeit sei?

Es gibt sicher mehr als nur einen Grund dafür. Ich will hier einige Gesichtspunkte zusammenstellen, sicher eine unvollständige Liste, die man auch systematischer fassen könnte:

1. Es wurden schlechthin zu viele «Unangepaßte», «Unaufmerksame», «Neurotiker», «Nervöse»; die Arbeits- und Lebensbedingungen (über)forderten das menschliche Nervensystem mehr und mehr (→ Punkt 4).

2. Mit steigendem Lebensstandard und wachsender industrieller Produktion konnte mehr Arbeitskraft abgestellt werden, um sich mit jenen Menschen zu beschäftigen, die einerseits die Normen nicht erfüllen konnten, andrerseits aber unter besonderer Hilfe vielleicht einmal doch nützliche, produktive Mitglieder der Gesellschaft zu werden versprachen.

3. Daß sich menschliches Leiden normativ so wenig vermindern ließ, störte in einer fortschrittsgläubigen «Macher»-Gesellschaft und erzwang neue Hilfsmaßnahmen.

4. Die dörflichen und städtischen Gemeinschaften wurden immer funktionsuntüchtiger, desgleichen die Kleinfamilien, welche durch die Forderungen der industriellen Produktionsweise gebildet worden waren. Störungen wogen schwerer und fielen in der Kleinfamilie mehr auf als in den Großfamilien.

5. Durch die wachsende Bedeutung der inländischen Nachfrage verwandelten sich die sittlichen Normen der kapitalistischen Gesellschaft

von der Mischung Sparsamkeit/Leistungserfüllung zu der Mischung Leistungssteigerung/sofortiger Konsum. Arbeiter und Angestellte wurden als Konsumenten aufgebaut. Damit steigerte sich auch die potentielle Nachfrage nach sozialen Dienstleistungen. Im Gegensatz zur zweckrationalen Arbeits- und Leistungswelt spielen in der Konsumwelt Gefühle und persönliche Beziehungen eine wichtige Rolle. Dieser bisher vernachlässigte menschliche Bereich mußte also entdeckt und erschlossen werden. (Daher auch die gegenseitige «Befruchtung» von klinischer und Werbe-Psychologie.)

Welchen Einfluß hatten diese Veränderungen auf die sozialen Berufe? Das maßlose Wachstum der wirtschaftlichen Produktion hatte dazu geführt, daß die Europäer große Erfolge in der Eroberung und Ausbeutung des Planeten hatten. Dahinter stand ein durch tönende nationalistische und kolonialistische Phrasen («Bürde des weißen Mannes») verdecktes schlechtes Gewissen. Der soziale Beruf stellt einen Kompromiß her. Er erlaubt es, an dem zweckrationalen Grundkonzept festzuhalten – schließlich ist es eine abgegrenzte, anerkannte Arbeit, die man leistet. – Zugleich wird das schlechte Gewissen beschwichtigt, das durch den Widerspruch der bürgerlichen Ideale (Glück, Freiheit und Gleichheit für alle Individuen) zur bürgerlichen Wirklichkeit entstehen mußte. Der soziale Beruf bietet eine sofortige alltagsnahe Lösung dieser Widersprüche an, ohne Gewalt und Umsturz, im Einklang mit der bürgerlich-christlichen Moral, ja selbst mit nationalem Empfinden.

Aber auch diese Formulierung ist sehr allgemein. Sie muß ergänzt werden. Der Helfer-Beruf hatte früher durchaus auch emotionale Bedürfnisse wahrgenommen und erfüllt. Durch die Entwicklung von Hierarchien* und später durch die bürgerliche Aufklärung verlor er diese Qualität weitgehend. Erst in den letzten Jahrzehnten gewinnt er sie zurück, wenn auch nur partiell, wie die ganze Zulassung von Emotionalität in der konsum-kapitalistischen Gesellschaft von Anfang an begrenzt und reglementiert ist.

Der «Sinn» des menschlichen Lebens liegt in den emotionalen Beziehungen. Er liegt, wie uns die trivialsten Dichter und die erhabensten Theoretiker des Bürgertums versichern, nicht im Gelderwerb, im Ge-

* Von einem Papst des Mittelalters stammt der dafür kennzeichnende Ausspruch, der Laie sei der geborene Feind des Klerikers.

winn von Macht und Ansehen, in genialen Leistungen. Die Bestätigung durch Leistung, durch Geld, durch Macht befriedigt uns nicht wirklich, wird gesagt. Das gelingt nur in der wechselseitigen Bestätigung von Freundschaft und Liebe. Ich glaube, daß diese Beobachtung richtig ist, aber auch, daß die Situation, in der sie angestellt wird, bereits die Konflikte einer individualisierten Gesellschaft ausdrückt. Es ist wie in der Liebe, wo Schwüre und Geständnisse oft *auch* bedeuten, daß die gegenseitigen Gefühle einen Teil ihrer Macht eingebüßt haben. Für den «Primitiven», der nur in Beziehungen, mit Beziehungen lebt, der nie seine Gefühle berechnend zurückstellen würde, um ein vorteilhaftes Geschäft zu machen oder – wie Tamino in der «Zauberflöte» – in den Kreis der Eingeweihten aufgenommen zu werden, wäre eine solche Theorie albern und überflüssig. Für den Bürger, der immer in Gefahr ist, den abstrakten und quantifizierbaren Wert des Geldes höher zu schätzen als die labilen, lebendigen Gefühle, sind solche Mahnungen erbaulich. Aber für den Helfer gewinnt die angebliche Gegensätzlichkeit von «Äußerlichkeit» (Macht, Geld) und «Innerlichkeit» (Beziehung, Gefühl) eine besondere Pointe.

Die berufliche Form einer emotionalen Beziehung ist anders als die Form dieser Beziehung im Alltag. Die Abhängigkeit ist nicht gegenseitig, wie etwa in einer Familie, in der «gute» Kinder den Eltern das Gefühl vermitteln, «gute» Eltern zu sein, oder in einer Ehe, wo sich beide Partner darin bestätigen, daß sie eine «gute» Ehe führen.

«Operation gelungen, Patient tot» ist das Gegenbild in den beruflichen Beziehungen. Der Partner in der beruflichen Beziehung ist austauschbar. Die Helfer gehen mit diesem unleugbaren Zustand unterschiedlich um. Manche von ihnen, bei denen der Zwang eine große Rolle spielt, äußern sich ganz unverblümt: «Es gibt noch viel Kränkere als Sie!» «Wenn Sie mit dieser Behandlung nicht einverstanden sind – ich habe eine lange Warteliste!» Andrerseits wird die subjektive Empfindung einer einzigartigen Beziehung immer dann bedeutungsvoll, wenn wirklich ein tieferes emotionales Engagement erwünscht ist, wie in den «neuen» Helferberufen – Psychologie, Sozialpädagogik, Sozialarbeit, Psychotherapie, Heilpädagogik. Öfters werden in diesen Berufen die Probleme der Austauschbarkeit so gehandhabt, daß sich Helfer und Schützling gegenseitig versichern, daß die berufliche Struktur ihres Kontaktes nur eine lästige Äußerlichkeit ist, solange eine wechselseitige narzißtische Bestätigung möglich bleibt. Erst wenn diese an ihre Grenzen gerät, werden wie in einem zerschlissenen Polstermöbel die harten Strukturen verletzend deutlich. Der Helfer hat immer die Möglichkeit, sich auf die «Operation gelungen»-Position zurückzuziehen. Er hat eine erlernte Technik der Gestaltung zwischenmenschlicher Beziehungen ausgeübt und ist an seinem ungünstigen Material gescheitert.

Der Träger einer Berufsrolle verfügt über eine äußere, gesellschaftliche Legitimation für sein Arbeitsfeld. Diese erhält er, weil er bestimmte Fertigkeiten nachweisen kann. Der Beruf verwandelt seinen Träger sozusagen in eine Gesellschaft mit beschränkter Haftung. Er muß in seiner Tätigkeit nur nachweisen, daß er sich nach den Regeln zum Beispiel der ärztlichen Kunst verhalten hat. Hat er das getan, ist ihm kein Versagen nachzuweisen. Der GmbH-Charakter der beruflichen Beziehungen tritt aber mit dem ganzheitlichen, im Augenblick der Hingabe einzigartigen Charakter emotionaler Beziehungen in einen schwer auflösbaren Widerspruch. Die technische Legitimation wird immer fragwürdiger, je deutlicher es gerade Aspekte des Alltagsverhaltens sind, die in der beruflichen Qualifikation eine Rolle spielen.

In den angesprochenen «intimen» Helfer-Berufen ist es geradezu ein Ausdruck der Qualifikation, daß die technischen Seiten der Berufsarbeit verschwinden. Ich erinnere mich an mehrere Situationen, wo während meiner Tätigkeit als Ausbildungsleiter an einem gruppendynamischen Institut die angehenden Gruppenleiter, die mit mir zusammenarbeiteten, wegen ihrer «professionellen» Haltung kritisiert wurden, während demgegenüber mein «natürliches» Verhalten in der Gruppe gelobt wurde. Dabei war ich weit eher ein professioneller Gruppenleiter als meine Mitarbeiter. Meine beruflichen Qualifikationen waren besser in eine alltagsnahe Fassade eingebaut als bei den Anfängern, die es noch nötig hatten, sich selbst als «analytische Leiter» zu beweisen.

Ich glaube, die Teilnehmer an solchen Situationen sind sich selten bewußt, für welche paradoxe gesellschaftliche Situation sie stehen. Üblich ist es doch schließlich, daß ein Professioneller, der seine rollenspezifischen Techniken gelernt hat, diese auch zeigen darf und gerade wegen seiner Vollkommenheit in ihrer Beherrschung aufgesucht und gelobt wird. Was geschieht denn da, wo es für den Erfolg der beruflichen Interaktion wesentlich ist, daß der Arzt nicht nur als Medizintechniker, der Lehrer nicht nur als pädagogischer Experte, der Sozialarbeiter nicht nur als Verwalter behördlicher Hilfsmaßnahmen auftritt? Was heißt es, wenn der Psychotherapeut eine ideale Verkörperung zwischenmenschlicher Beziehungsqualitäten ohne technische Verfremdung gerade zu seiner therapeutischen Technik macht?

1. Diese Veränderungen des klassischen GmbH-Charakters beruflicher Beziehungen sind da notwendig, wo gesellschaftlich ein Beziehungs- und Intimitätsdefizit besteht. Einige Helfer-Theorien beziehen das in ihre Theoriebildung* ein, andere gehen einfach vom Bedürfnis der Klienten aus oder legitimieren sich in statistischen Untersuchungen über die Effektivität zum Beispiel von «Echtheit».

2. Klassisch-normative Maßnahmen sind in vielen Fällen von seelischen Störungen oder Erziehungsschwierigkeiten bzw. sozial störendem Verhalten unwirtschaftlich und wirkungslos. Mehr versprechen Formen der Nacherziehung, Betreuung und Psychotherapie, in denen die spezifischen Beziehungsdefizite der Kindheit oder der Gegenwart ausgeglichen werden. Dabei wird die *Wirksamkeit* von Psychotherapie, Sozialarbeit oder Eheberatung immer wieder bestritten. Sicher ist jedoch, daß eine *Nachfrage* besteht, d. h., daß die Tätigkeit dieser Helfer als subjektiv erleichternd und deshalb nötig empfunden wird.

3. Die Entleerung des «ganzen Hauses» und die Entwertung aller «nichtgelernten» Tätigkeiten in der entwickelten Gesellschaft führen dazu, daß Kinder oder klagende, problembeladene Erwachsene nicht mehr auf ein selbstverständliches Interesse rechnen können, das ihnen «einfach so» zuteil wird. Die technische Vorstellung, daß man zum «richtigen» Fachmann, nicht zum «ungelernten Pfuscher» gehen muß, um Lösungen zu erhalten, wird wegen ihrer gesamtgesellschaftlichen Dominanz auch auf die intimen Arbeitsfelder übertragen. Umgekehrt wird dem «Reden über ein Problem» auch ein höherer sozialer Rang zugebilligt, wenn einer der Beteiligten ein akademisch ausgebildeter Spezialist ist, keine Hausfrau.

4. Die Professionalisierung der Intimität führt dazu, daß sekundäre Natürlichkeit höher geschätzt wird als primäre. Wenn ein ausgebildeter Psychologe in ruhigem Alltagston ein verständnisvolles Gespräch mit einer durch die Geburt von Zwillingen völlig überlasteten Hausfrau führt, drückt er eine hohe Qualifikation aus. Er verzichtet darauf, seine

---

* Th. Bauriedl, Beziehungsanalyse, Frankfurt / Main (Suhrkamp) 1980.

Fachsprache und seine Ausbildung «heraushängen zu lassen», aber er *hat* sie. Eine Nachbarin, welche dasselbe Gespräch führt, könnte darin keine ähnlichen Qualitäten beweisen. Die Natürlichkeit und Alltagsnähe des ausgebildeten Helfers ist deshalb wertvoll, weil er durch eine intensive Entfremdung und Alltagsferne hindurchgegangen ist, wie auch ein Stück Mondgestein wertvoller ist als ein chemisch gleiches Stück Erdgestein. So gesehen, hat der professionelle Intim-Helfer einen Schritt zur Lösung des von Kleist im «Marionettentheater» angesprochenen Problems bereits hinter sich gebracht. Er kann sich dem Paradies wieder nähern, weil er den weiten Weg durch die Entfremdung hindurch zurückgelegt hat und es sich jetzt wieder erlauben kann, naiv natürlich zu werden.

5. Der Verlust des «ganzen Hauses» führte dazu, daß eine Sehnsucht nach dieser alten Intimität entstand, die leistungsunabhängige Geborgenheit zu geben verspricht. Die alleingelassenen, durch das Leistungs- und Konsumstreben der Erwachsenen enttäuschten Kinder müssen sich, ob sie wollen oder nicht, mit den Bewältigungsmitteln dieser Eltern identifizieren. Sie wählen also einen spezialisierten und differenzierten helfenden Beruf, um alles «ganz anders» zu machen als ihre Eltern. Dieser Beruf legitimiert die Suche nach einem paradiesisch-intimen Alltag, indem er sie mit den Mitteln der Leistungsgesellschaft absichert. Die Sozialarbeiterin, die Obdachlose und Landstreicher betreut, der frühere Geistliche, der als Suchtkrankentherapeut arbeitet, der Lehrer, welcher eine familientherapeutische Zusatzausbildung absolviert, sind lebendige Beispiele für diesen Zusammenhang.

6. Die konservative Ideologie versucht, auf Teile dieser Situation dadurch zu reagieren, daß sie die Prozesse der Frauenemanzipation und der steigenden Zahl von Ehescheidungen moralisierend aufgreift. Dieses Verhalten ist ähnlich sinnvoll wie das Vorgehen des Arztes, der einem Fieberkranken moralische Vorhaltungen macht und als Lösung vorschlägt, doch das Fieberthermometer zu zerbrechen. Es besteht ein anderer Zusammenhang zwischen der Auflösung des «ganzes Hauses», der Frauenemanzipation und der wachsenden Bedeutung der helfenden Berufe. Industrialisierung, Verstädterung und die Entwicklung der beweglichen Kleinfamilie hatten die wirtschaftliche, soziale und emotionale Bedeutung der Frau zunächst vermindert. Ihr Streben aus diesen Einschränkungen heraus war eine Folge dieser Situation. Viele soziale

Berufe professionalisieren einzelne Seiten der Rolle der «Hausmutter» im ganzen Haus: Erziehung, Beratung in den emotionalen Lebensfragen, Gesprächsbereitschaft, «Sorge», wie sie Otto F. Kernberg in seiner Arbeit über die Borderline-Störungen als zentrales Merkmal des Psychotherapeuten beschreibt.*

Das Bild des «Helfer-Syndroms» verbindet die beiden Pole: die hochentwickelte, differenzierte, in den arbeitsteiligen Strukturen der Industriegesellschaft funktionstüchtige Fassade des Helfers und die vernachlässigten, kindlichen Wünsche hinter dieser Fassade. Eine solche Verbindungslinie ist biographisch. Der Helfer identifiziert sich mit einer idealisierten Elternrolle aus dem Erleben eines Mangels an Schutz und Fürsorge für die Schwächen des Kindes: «Weil mich keiner pflegt(e), werde ich Krankenschwester!»

Ein Stück des gesellschaftlichen Hintergrunds dieser individuellen Entwicklung ist deutlicher geworden. Die Gesellschaft verwandelt das undifferenzierte «Material» des Kindes in den potentiellen Helfer, indem sie ihm ein Stück kindliche Geborgenheit, Nähe und Wärme nimmt. Als «Lösung» bietet sie Prestige, ein erhöhtes Maß an emotionaler Kontrolle der Umwelt und eine vermeintlich sichere, «technisch» abgestützte Form der emotionalen Beziehungen an.

* O. F. Kernberg, Borderline-Störungen und pathologischer Narzißmus, Frankfurt / Main (Suhrkamp) 1980.

TEIL II
ARBEIT IN
DER INTIMSPHÄRE

Wenn eine wachsende Gruppe von Berufstätigen innerhalb von Lebensbereichen arbeitet, die früher der Intimsphäre zugerechnet wurden, ergeben sich auch neuartige Probleme für alle Beteiligten. Der Beruf mit seinen besonderen Techniken und Wertvorstellungen greift auf das Privatleben über. Umgekehrt können emotionale Bedürfnisse, die andere Berufstätige nur in ihrer «Freizeit» befriedigen können, in den neuen Helfer-Berufen durchaus auch während der «Arbeitszeit» befriedigt werden. In diesem Teil versuche ich, typische Formen der Verarbeitung dieses Widerspruchs zu zeigen: Das «Opfer des Berufs», bei dem die intimitätsnahe Tätigkeit eine Erfüllung aller privaten Bedürfnisse vorgaukelt und das Erwachen oft spät und bitter ist. Der «Spalter», der zwanghaft versucht, zwischen seiner Arbeits- und Freizeit zu trennen, der die emotionale Befriedigung im Beruf verleugnet oder in seiner Privatsphäre zu einem anspruchsvollen Baby wird. Der «Perfektionist», der die Beziehungs-Ideale seiner Berufsarbeit in seinem Privatleben zu verwirklichen sucht. Der «Pirat», der sein Berufsfeld und seine Berufsrolle benützt, um seine verarmte Intimsphäre besser auszustatten. Abschließend verdeutliche ich an einigen Beispielen, wie Helfer durch die einseitige Ausbildung ihrer Beziehungskompetenzen Schwierigkeiten untereinander und mit den Einrichtungen haben, in denen sie tätig sind.

Helfen als Droge

Kein Ding ist ohne Gift
Paracelsus

Der Vergleich einer bestimmten Berufsarbeit mit einer Droge ist nur scheinbar provokativ. Der «workaholic», der süchtig an seine Tätigkeit gebunden ist, wird bald – anfangs wohl noch in Anführungszeichen – Eingang in Lehrbücher der klinischen Psychologie finden. Der Fixer, der in die Entzugsklinik geht, aber in den raffiniertesten Verstecken noch Stoff mitnimmt, unterscheidet sich nicht sehr von dem arbeitssüchtigen Prokuristen, der heimlich Akten in sein Urlaubsgepäck steckt. Beide wollen auf ihr Rauschgift verzichten. Aber sie haben Angst vor dem, was eintreten wird, wenn sie es wirklich tun. Ihr unmittelbares Vertrauen in das Leben, in ihren Körper, in ihre Gefühlsvorgänge ist ihnen verlorengegangen. Das Suchtmittel ermöglicht eine Ersatz-Identität. Es ist ein Mittel, zu ordnen, in der Hand und unter Kontrolle zu behalten, was sonst unkontrolliert und bedrohlich wäre. Mir fehlt etwas. Wenn ich süchtig bin, *weiß ich genau*, was mir fehlt. Die Sucht ist eine subjektive Lösung des Sinnproblems in der Wohlstandsgesellschaft. Sie ist keine gute Lösung. Meist überwiegt auf lange Sicht ihr Schaden den Nutzen. Aber manchmal scheint mir, daß wir gar keine bessere haben. Dabei sind die «erfolgreichen» Arbeitssüchtigen («ich arbeite täglich 14 bis 18 Stunden... Ich wüßt net, was i mit Freizeit anfang. I fühl mi da echt deplaziert»*) sicherlich gefährlicher als die von den Psychiatern behandelten Süchtigen. Ihre rastlose Tätigkeit, die Anhäufung von Macht, Kapital und Profit sind eine der Quellen der

* Der Stern, Nr. 17 / 1982, S. 129 (über Wienerwald-Chef Jahn).

Umweltzerstörung; ihre Angst vor Verlust und ihre Unfähigkeit, zu trauern und Angst zu ertragen, eine Vollzugshilfe der wachsenden Friedlosigkeit.

Die Parallele zwischen dem Helfer-Syndrom und süchtigem Verhalten kann verdeutlichen, was mit diesem Begriff gemeint ist. Für viele, die sich mit den hilflosen Helfern befassen, ist es schwierig, zwischen der spontanen, emotionalen Hilfsbereitschaft und dem Helfen «aus Abwehr» zu unterscheiden. Sie fürchten etwa, daß die innere Auseinandersetzung mit dem Helfen dazu führen könnte, daß sie herzlos werden und gar nicht mehr hinsehen, wenn sie Hilfsbedürftigkeit wahrnehmen. Sie verlangen immer wieder Vorschläge und Regeln, wie denn «richtiges» Helfen aussehen solle. Ich finde hier eine Dreiteilung nützlich:

1. Spontanes Helfen von der Art des «barmherzigen Samariters», der den Verletzten nicht liegen läßt, sondern ihn aus Mitleid aufnimmt. Er hat dafür keine Theorie, keinen Beruf (während Jesus in seinem Gleichnis ausdrücklich sagt, daß die beiden Judäer, die vorübergingen, religiöse Ämter bekleideten).

2. Helfen als rational gesteuerte, geplante Interaktion mit Tauschwertcharakter: Ich helfe dir, deine Ernte einzubringen, und du hilfst mir, meine Ernte einzubringen. Oder: Ich suche einen krisenfesten Beruf – Ärzte / Krankenschwestern werden immer gebraucht. Und es ist angenehmer, auf diese Weise Geld zu verdienen, als hinter dem Schreibtisch oder am Fließband.

3. Helfen als Suche nach narzißtischer Befriedigung – nach Geltung, Macht, Ansehen, nach emotionaler Nähe bei gleichzeitig erhaltener Kontrollmöglichkeit.

In einer von Konkurrenz bestimmten Gesellschaft darf die spontane, unkontrollierte Hilfsbereitschaft nicht bestehen bleiben. Der Sinn der Leistungsgesellschaft liegt darin, andere zu übertreffen, um selbst nicht unterzugehen. Das heißt, es ist im Grunde kein Platz für Nähe, Wärme und Liebe als praktische *gesellschaftliche* Werte. Um so höher werden sie in der Ideologie geschätzt. Diese verweist die spontane, emotionale Hilfsbereitschaft in die «Intimsphäre». In ihr, in den Familien, den «privaten» Liebesbeziehungen sollen die von der Konkurrenz geschlagenen Wunden wieder heilen.

Die Identität des Helfers in einer solchen Gesellschaft kann nur problematisch sein. Es wäre ein Wunder, wenn sich nicht persönliche Konflikte im seelischen Innenraum der einzelnen Helfer finden ließen, welche mit diesen gesellschaftlichen Widersprüchen verknüpft werden können. «Normal» im Sinne dessen, was eine visionär faßbare, «menschliche» Gesellschaft von den Helfern verlangt und ihnen bietet, wäre etwas anderes als das Helfer-Syndrom. Dieses versucht ja den Bruch zwischen öffentlicher Erbarmungslosigkeit und privater Wärme, der mitten durch jeden Helfer hindurchgeht, durch die Ausbildung einer scheinbar perfekten Dienst-Fassade zu verdecken.

Die Produktion von Abhängigkeit

Wesentlich für das Helfer-Syndrom ist, daß Helfer-Schützling-Beziehungen hergestellt werden *müssen*, d. h. ein innerer Zwang zu ihnen vorliegt. Eine Frau, die gerade allein ist und einen Partner sucht, lernt auf einem Fest mehrere Männer kennen. Einer reizt sie vielleicht sexuell, ein anderer gefällt ihr, weil sie sich gut mit ihm unterhalten kann, ein dritter wirkt hilfsbedürftig auf sie. Dieser Letzte nimmt ihre Aufmerksamkeit völlig gefangen. Ihn bringt sie am Ende nach Hause, tröstet ihn, bindet sich an ihn.

«Ich hatte von ihm das Gefühl, daß er mich braucht», wird diese Frau später ihrem Analytiker sagen, den sie wegen ihrer immer wieder scheiternden Beziehungen aufgesucht hat. Warum ist es für sie ein höherer Wert, «gebraucht» zu werden, als selbst zu «brauchen»? Warum nimmt sie den Partner, der bereit ist, sich von ihr abhängig zu machen, der sie mehr braucht als sie ihn? Wenn sich solche Ereignisse in einem Leben so häufen, daß die Betroffenen sich mit ihrem Analytiker darauf einigen können, daß hier nicht der blinde Zufall wirkt, können wir nach einer Ursache suchen. Wie meistens bei menschlichem Verhalten lassen sich mehrere finden, die zusammenwirken:

1. Gewählt und geliebt zu werden von jemandem, der mich braucht, heißt auch, daß ich mich nicht auf meine eigenen Gefühle verlassen muß. Die Gefühle sind «draußen», in der besser kontrollierbaren Außenwelt, auf die ich meine rationalen, zielgerichteten Kompetenzen anwenden kann. Ich bin nicht an meinen inneren Wünschen und Be-

dürfnissen orientiert. Schließlich habe ich im Lauf meiner Erziehung und Berufsausbildung immer wieder erfahren, daß auf sie kein Verlaß ist, daß sie mein schlechterer Teil sind.

2. Wenn ich mich dem zuwende, der mich braucht, muß ich mich nicht mit meiner eigenen Abhängigkeit auseinandersetzen. Peinigende Gefühle, wie Eifersucht und Verlustangst, werden eher den anderen, den Schützling treffen, und nicht den Helfer.

3. Die Kontrolle von Beziehungen, welche der Helfer zu seinem Beruf macht, setzt Mechanismen der Industriegesellschaft in die Intimsphäre hinein fort. Das heißt, daß von der Berufsarbeit eine ständige Verführung ausgeht, die eigene Intimsphäre zu kolonisieren.

In der Arbeitswelt ist es oft eine Voraussetzung für Erfolg, daß Abhängigkeiten hergestellt werden. Die Konsumgesellschaft beruht darauf, daß wir uns schmutzig fühlen, wenn wir uns nicht jeden Tag mit durchschnittlich 150 Liter warmem Wasser und einer entsprechenden Menge Seife behandeln, daß wir hilflos sind, wenn es keinen elektrischen Strom gibt, oder abgeschnitten, wenn das Telefon ausfällt. Die Vermarktungs- und Werbespezialisten legen es darauf an, «Produkttreue» zu schaffen, Abhängigkeit von bestimmten Waren. Ähnlich ist es mit dem Angebot spezialisierter Dienstleistungen: Wir sind abhängig von Juristen, Steuerberatern, Ärzten, Lehrern, Handwerkern usw.

Die klassische, der männlichen Arbeits- und Konkurrenzfähigkeit dienende Rollenverteilung in der bürgerlichen Gesellschaft sieht so aus: «Der Mann muß hinaus ins feindliche Leben ――― Und drinnen waltet die züchtige Hausfrau.»* Das heißt, daß der Mann Äußerungen von Schwäche und Abhängigkeit «draußen» im feindlichen Leben unterdrücken muß. Er hebt sie auf für daheim, wo sie im geschützten Familien-Raum von der Frau versorgt werden, die auf die Behandlung eben der männlichen «Schwächen» hin erzogen worden ist. Der Volksmund («Männer sind wehleidiger als Frauen») und die Literatur («Nora oder Ein Puppenheim») haben diese Situation beschrieben. Sie wird durch die Betonung von Intimität und Beziehung in vielen Helfer-Berufen durcheinandergebracht. Auf einmal gibt es in der traditionell zweckrationalen, «feindlichen» Arbeitswelt Intimräume, die mit den Familien konkurrieren. Es ist wie mit dem Kochen: In der bürgerlichen

* Friedrich Schiller, «Das Lied von der Glocke».

Familie kann die Frau kochen; der Mann ißt und beurteilt das Gekochte. Freilich, wenn beide besonders gut essen gehen wollen, suchen sie ein Restaurant auf, in dessen Küche – vor allem wenn sie berühmt ist – mit großer Wahrscheinlichkeit ein Mann Töpfe und Gewürze handhabt.

Die von Zweckrationalität geprägten Individualisierungsprozesse der Moderne fordern, daß das gesellschaftliche Leben kontrolliert verlaufen muß und wenig Raum für Gefühlsausdruck, für menschliche Nähe und Wärme bietet. Gleichzeitig werden die materiellen Grundbedürfnisse nach Nahrung und Kleidung, die sonst nach dem Motto «erst kommt das Fressen, dann die Moral» für die menschliche Zufriedenheit sehr wesentlich sind, mit hoher Sicherheit erfüllt. Erst in dieser Situation können menschliche Beziehungen als Wert entdeckt werden. Diese Entdeckung drückt bereits ihren Mangel, ihre Verweisung in eine intime Sphäre aus. So gesehen, liegt das eigentliche Problem darin, daß wir überhaupt etwas tun müssen, um unsere Beziehungen zu gewinnen und zu pflegen. Es ist für den Menschen, sicher im Widerspruch zu seiner «Natur», gesellschaftlich möglich geworden, sich seiner emotionalen Beziehungen zu entäußern. Oft überfordert ihn die Entscheidung, entweder seine intimen Beziehungen oder seinen Erfolg in der «öffentlichen» Gesellschaft zu fördern.

Wir haben bereits erwähnt, daß die Helfer-Rolle hier einen Ausweg anbietet. Sie ermöglicht es scheinbar, materiellen Erfolg und eine soziale Karriere einzuheimsen, gleichzeitig aber auch einen sicheren Zugang zu Wärme und Nähe zu gewinnen. Wärme und Nähe sind wegen ihrer öffentlichen Verknappung in der bürgerlichen Gesellschaft zu einer Droge geworden – einem angenehmen Reiz, der das Überleben in dieser kalten Welt erleichtert. (Darin liegt wohl auch ein Teil der Bedeutung des Christentums für diese Gesellschaften.) Aber die Beschaffung dieser Droge ist schwierig, wenn man viel von ihr braucht. Der Stoff ist verfälscht, gepanscht, enthält unwirksame oder sogar schädliche Bestandteile. Endlich führt die regelmäßige Benützung zur Gefahr von Sucht und Abhängigkeit beim Helfer, der doch auszog, um gerade diese Abhängigkeit nach außen zu verlagern, sie immer nur bei anderen zu finden.

Berufsarbeit und Privatleben:
Formen der Wechselwirkung

Zur spezifischen Situation von «neuen» Helfern scheint es zu gehören, daß sie zwischen Beruf und Privatleben schlecht trennen können. Dieser Konflikt enthält eine Chance, aber auch eine Gefahr: Einerseits verspricht er, die Entfremdung aufzuheben, welche eben diese Trennung ausdrückt. Andrerseits droht er, auch noch das Privatleben zu entfremden, das sich bisher als Intimsphäre einer solchen Verwertung entzog.

Wie sehen solche Schwierigkeiten und Störungen aus? Ich will hier vier Formen kurz skizzieren, denen sich Helfer zuordnen lassen, die ich in der analytischen Praxis und in der Arbeit mit Menschen aus sozialen Berufen (in Balintgruppen, Team-Selbsterfahrungen usw.) kennengelernt habe:

1. Das «Opfer des Berufs», bei dem die berufliche Identität das Privatleben völlig auszehrt.

2. Der «Spalter», der sich in seinen persönlichen Beziehungen ganz anders verhält als in seinen beruflichen.

3. Der «Perfektionist», bei dem das Streben nach Leistung auf spontane, emotionale Qualitäten übertragen wird.

4. Der «Pirat», der die beruflichen Möglichkeiten, Beziehungen herzustellen und zu kontrollieren, für seine privaten Belange nützt.

Opfer des Berufs

Das Opfer des Berufs gibt sich mit Haut und Haaren der beruflichen Rolle hin. Es bleibt kein Raum für eine Sphäre, in der nichtberufliche Überlegungen eine wesentliche Rolle spielen. Die Lektüre beschränkt sich auf Fachbücher, der Kontakt auf Kollegen. Wenn es überhaupt längerdauernde emotionale Beziehungen gibt, stehen sie vollständig unter dem Diktat der Berufsrolle. Diese Umgangsform mit dem Beruf greift die Tradition der «Berufung» auf. Ferdinand Sauerbruch, selbst «mit Leib und Seele Chirurg», forderte das Opfer des Privatlebens von seinen Assistenten: Wer sich mit einer anderen Dame als mit der Chirurgie verlobte, wurde entlassen. Solche Eingriffe in das Privatleben von außen wären heute als private Willkür undenkbar. Als soziale Einrichtung haben sie sich zum Beispiel bei den Krankenpflegeorden (Diakone, Diakonissen, Barmherzige Schwestern usw.) bis heute erhalten, ebenso im priesterlichen Zölibat. Tatsächlich hat die Forderung nach völliger Hingabe an den Beruf einen religiösen Charakter. Sie widerspricht der bürgerlichen Forderung nach allseitiger «Bildung» der Person und nach einer Trennung zwischen Beruf und Privatleben, öffentlicher und intimer Sphäre.

Daher ist auch die Rolle des Helfers, der zum Opfer seines Berufes wird, um so problematischer, je weniger sie in den religiösen Traditionen ruht. Diese grenzen dieses Opfer gewissermaßen aus der bürgerlichen Alltagswelt aus, binden es an eine höhere, spirituelle, jenseitige Welt an. Die nicht durch solche religiösen Gesichtspunkte gerechtfertigte Opferung der Intimität, des persönlichen Glücks wird zu einer schweren Last. Hier erhält der Helfer als Gegengabe nur den beruflichen Erfolg. Dieser wird ihn häufig auf die Dauer nicht zufriedenstellen. Andrerseits entpuppt sich die Berufsrolle, wenn sie längere Zeit so gelebt wird, als schwer überwindbares Hindernis einer Veränderung.

Doris, eine bald vierzigjährige Krankenschwester, leitet mit Umsicht und Energie den Pflegedienst in einer ländlichen Klinik. Sie ist eine schöne, durchaus «weltlich» wirkende Frau, der keiner die Depressionen und Ängste anmerken würde, die sie veranlaßt haben, psychotherapeutische Hilfe zu suchen. «Mein Leben ist völlig eingefahren. Es ist, als ob ich alle Zahnräder so geschliffen hätte, daß sie ineinandergreifen, und immer nur etwas passieren kann, das mit Arbeit zu tun hat, oder etwas ganz Oberflächliches. Man redet über die Arbeit oder über neue Ideen dazu, und vielleicht darüber, wohin man in Urlaub fährt. Im Beruf habe ich eine ganz gute Identität, aber ich fühle mich wie gefesselt. Und es ist lächerlich: Wenn ich neben einem Mann sitze, den ich mag, dann muß ich mir ein Programm machen, was ich rede, damit er nicht enttäuscht ist, daß ich neben ihm sitze und keine andere. Wenn ich irgendwo zu Besuch bin und möchte gern telefonieren oder ein Glas Wasser oder aufs Klo, so selbstverständliche Kleinigkeiten, dann sitze ich eine Stunde da und quäle mich und bringe nicht die Kraft auf zu sagen, was ich möchte. In der Arbeit ist es den anderen auch schon aufgefallen, daß ich mir Kleinigkeiten, wie einen Teelöffel, selber hole, auch wenn grade jemand in die Küche geht und ihn mir mitbringen könnte.»

Doris leidet darunter, daß ihr Tag vollgepackt ist mit Terminen, Organisieren, Besprechungen. Aber sie findet keinen Ausweg. Sie spürt unklar und dunkel, daß ihr etwas fehlt, und gesteht sich im Lauf der Gespräche mit dem Therapeuten allmählich ein, daß es eine intime, körperliche Beziehung zu einem Mann ist, die sie noch nie hatte. «Ich hab immer gedacht, ich hab ja im Beruf genug mit Menschen zu tun, das reicht mir.» Ihre Angst, Wünsche zu äußern, eine erotische Beziehung überhaupt zu erträumen, scheint auszudrücken, daß sie diese Teile ihrer Weiblichkeit als schwach und damit schlecht empfindet.

Für diese Entwicklung gibt es auch lebensgeschichtliche Gründe. Doris ist als Nachzüglerin während des Krieges geboren worden. Sie hat sich immer als Außenseiterin in ihrer Familie gefühlt, als jemand, der besonders viel tun muß, um akzeptiert zu werden, und doch immer etwas merkwürdig angesehen wird. Sie mochte ihren Vater lieber als die Mutter, die immer den mangelnden beruflichen Ehrgeiz und Erfolg des Vaters kritisierte. Als der Vater starb und sie bitterlich weinte, sagte ihr die Mutter auf dem Weg vom Begräbnis nach Hause: «Wein doch nicht so, er war ja gar nicht dein Vater.» So erfuhr sie, was sie schon immer geahnt hatte: Sie war «dieses Kind», von dem die Nachbarn munkelten, sie war die Schande der Mutter, in einer außerehelichen Beziehung während des Krieges gezeugt. Gerade deshalb bemühte sie sich so, die Forderungen der Mutter zu erfüllen – sie machte jene Karriere, die ihr Vater nicht gemacht hatte, und suchte doch in diesem beruflichen Erfolg auch die Befriedigung ihrer unerfüllten Wünsche nach Geborgenheit. Die Berufswahl drückt diese Suche ebenso aus wie die Angst, das Gesuchte wirklich zu finden. Die Erfahrungen mit den sogenannten «schizoiden» Abwehrformen in der Psychotherapie sprechen dafür, daß nur ein gewissermaßen «mittleres» Bedürfnis nach Geborgenheit lebensgeschichtlich erfüllt wird. Wer sich wegen eines großen Mangels an Geborgenheit sehr viel davon wünscht, scheint zugleich Ängste vor diesem Bedürfnis zu entwickeln. Vielleicht scheut er die Preisgabe, die Abhängigkeit, den Verlust der eigenen inzwischen als Notbehelf zurechtgezimmerten Identität («ich komme auch allein zurecht»). Der Helfer-Beruf bietet Geborgenheit auf indirekte, gegenabhängige Weise: Sie wird anderen geschenkt, die Gefahr der Abhängigkeit kann vermieden werden, und doch wird ein Stück des eigenen Mangels in der Gabe an den anderen teilweise mitbeseitigt.

Das auf diese Weise erreichte innere Gleichgewicht der «Opfer des

Berufs» wird freilich dann gestört, wenn die berufliche Identität stagniert. Doris kam in die Behandlung, weil sie alles erreicht hatte, was sie beruflich erreichen konnte: Sie war tüchtig, erfolgreich, beliebt, hatte eine Spitzenposition. Vorher konnte sie die innere Unzufriedenheit, die ihre Karriere begleitete, darauf zurückführen, daß sie eben jene Zusatzausbildung noch nicht abgeschlossen, diese Leiterposition noch nicht erreicht hatte. Jetzt, im Alter von fast vierzig Jahren, wurde ihr deutlich, daß ihre Unerfülltheit nicht auf Mängel in der beruflichen Entwicklung zurückzuführen war, sondern andere Ursachen haben mußte. Gleichzeitig war ihr deutlich, daß es jetzt sehr viel mühevoller war, etwas zu verändern. Eine erotische Beziehung aufzubauen, gar eigene Kinder zu haben – um solche Wünsche zu erfüllen, so dachte sie, hätte sie zehn Jahre früher anfangen müssen. Aber damals glaubte sie ja noch an den Beruf und erwartete, daß er sie einmal ganz zufrieden machen würde.

Vielleicht kann dieses Beispiel verdeutlichen, was mit «Helfen als Droge» gemeint ist. Die durch weitgehenden Sexualverzicht, Ehe- oder Kinderlosigkeit bedingten Einschränkungen werden so lange betäubt, bis die entsprechenden Wünsche gar nicht mehr erfüllt werden können und der Beruf wirklich der einzige Lebensinhalt ist. Das «Opfer des Berufs» ist buchstäblich der Verlockung zum Opfer gefallen, die vom Beruf ausgeht, dem Versprechen, das er nicht einhalten kann. Er wirkt wie ein schmerzstillendes Mittel, unter dessen scheinbar wohltätiger Wirkung eine Grundstörung bestehen bleiben und sich entfalten kann, die sonst vielleicht schon viel früher die Selbsthilfekräfte des Betroffenen angestoßen und entfaltet hätte.

Ich bin mir bewußt, daß es leicht möglich ist, solche Überlegungen mißzuverstehen. Ich maße mir nicht an, allgemeine Gesetze aufzustellen, wonach es «richtig» ist, eine zölibatäre Karriere in einem sozialen Beruf aufzugeben und dafür mehr persönliches Glück einzutauschen. Dieses Glück kann ebenso trügerisch sein wie die beruflichen Befriedigungen; wer auf Kinder und Sexualität verzichtet, erspart sich gewiß viele Konflikte in seinem Leben. Mir scheint keine Aussage darüber möglich, was nun für alle Menschen gut oder nicht gut ist. Aber ich finde es sehr wichtig, möglichst offen über solche versteckten psychischen Gefahren der sozialen Berufe nachzudenken und sie so gut es geht zu verstehen.

Spalter

Der «Spalter» trennt scharf zwischen Beruf und Privatleben. Er kann den Beruf als Job ansehen, der ihm sein Auskommen sichert, oder als Profession, die ihm einen sinnerfüllten Platz in der Gesellschaft gibt, oder als beides – jedenfalls trennt er seine private Existenz von seiner beruflichen Rolle so deutlich wie möglich ab. Er versucht, einen Bereich zu haben, der «niemanden etwas angeht», und ihn auch zu behalten. In diesem Bereich spielen seine beruflichen Qualifikationen keine Rolle. Er ist stolz darauf, wie gut er abschalten kann, wie wenig man ihm den Arzt, den Pfarrer, den Lehrer anmerkt.

Es gibt soziale Klischees, die sich auf die Angehörigen dieses Typs anwenden lassen: die Rollenverteilung Untertan / Haustyrann etwa – «Dienst ist Dienst, und Schnaps ist Schnaps». Die Familie erfüllt für den Spalter ihre tradierte Aufgabe in der bürgerlichen Gesellschaft. Sie bietet einen Gegenraum, eine heile Welt, die von den Forderungen der Arbeitswelt entlastet und den Mangel an Geborgenheit in der ganzen Gesellschaft ausgleicht. Der Preis dafür ist aber oft hoch.

Nora kam wegen schwerer Depressionen und Arbeitsstörungen in die Psychotherapie. Sie empfand das Leben als eine sinnlose Last, fühlte sich unfähig zu emotionalen Beziehungen, zweifelte an ihrem Beruf (sie war Lehrerin) und konnte sich nicht entschließen, ihr Abschlußexamen zu machen. Sie stammte aus einer Arztfamilie in einer Kleinstadt, die sich nach außen hin untadelig darstellte. Für die Kinder war das Leben in dieser Familie eine schwere Belastung. Der Vater, nach außen ein energischer, tüchtiger Arzt, war privat völlig unfähig, sich gegen seinen alten Vater durchzusetzen, in dessen Praxis er arbeitete und von dessen Launen er abhing. Die Mutter kam aus einer Familie, die von ihren Schwiegereltern als unstandesgemäß abgelehnt wurde, und hatte hinter der Fassade der Großfamilie die Rolle eines unbezahlten Dienstmädchens, so daß Nora zwangsläufig später große Schwierigkeiten hatte, ein festes weibliches Selbstgefühl zu entwickeln. Dabei wurden die Außenanforderungen an die Arztfamilie ständig dazu benützt, die inneren Konflikte zuzudecken. Die Patienten gingen immer vor. Die Kinder litten darunter, daß ihre Ansprüche anscheinend nicht zählten, während jedes Telefonat eines Kranken wichtig war.

Diese Beschreibung enthält einige Merkmale der Spaltung, zeigt aber auch Züge der «Opfer des Berufs»-Rolle beim Vater. Ich möchte auch nicht den Anschein erwecken, daß es sich bei meiner Einteilung um klar abgrenzbare Typen handelt – eher um thematische Schwerpunkte im Umgang mit der Helfer-Rolle. Was in Noras Geschichte für die Spaltung typisch scheint, ist die Trennung zwischen «starker Arzt» in der Außenwelt, «schwacher Sohn» in der Familienwelt. Bei der Mutter war es «Arztfrau» in der Außenwelt, «Dienstmädchen» in der Familienwelt. Die Mutter starb später an einem Krebs, der nach Noras Ansicht vom Vater lange Zeit übersehen worden war. Ob diese Vermutung richtig ist oder nicht – es paßt gut zu dieser Spaltung, daß der Arzt bei jeder seiner Patientinnen eher an eine solche Diagnose gedacht hätte als bei seiner eigenen Frau.

Die Wahl einer «niedrigen», nicht «standesgemäßen» Partnerin drückt die Abspaltung und Entwertung sexueller Wünsche aus. Freud hat die Einteilung der Frauen in verehrungswürdige «Heilige» und sexuell befriedigende «Huren» beschrieben. Ein Arzt, der an einer Therapiegruppe teilnahm, sprach von seinem «Hang zum Küchenpersonal». Die auf dem Weg zur medizinischen Qualifikation aus der Person ausgeschlossenen Gefühle von «Schwäche», Abhängigkeit, Intimitätsbedürfnis, Geborgenheit können nur gegenüber einem «niedrigen» Partner geäußert werden. Dadurch bleiben sie auch abgespalten. Der Helfer kann dann im intimen Raum seine eigenen «Schwächen» gegenüber einer nichtidealisierten Partnerin ausleben, während er sich in seinen Schützlingen im Außenraum als ideale Gestalt spiegelt. Die Partnerin übernimmt Kärrnerdienste, regelt die Finanzen, führt den Haushalt. Sie gewinnt beträchtliche, aber verborgene Macht, während sie nach außen eher hilflos und schwach auftritt. In einem Fall arbeitete eine Ärztin als Sprechstundenhilfe in der Praxis ihres Mannes und regelte seine Geldangelegenheiten. Die Ehe zerbrach, als sie aus ihrer dienenden Rolle heraustrat und nach eigenständiger beruflicher Geltung verlangte. In einem anderen Fall erschreckte und peinigte ein Arzt seine Frau mit Berichten aus der Selbsterfahrungsgruppe, an der er teilnahm. Er warf ihr vor, sie wolle sich nicht entwickeln, nicht auseinandersetzen. Endlich konnte sie sich dazu durchringen, mit ihm zusammen in eine Gruppe zu gehen. Jetzt stellte sich heraus, daß sie die Führung übernahm und er trotz seiner «größeren Gruppenerfahrung» hilflos verstummte. Es wurde auch deutlich, wie stark dieser beruflich erfolgreiche Mann, der Vater zweier heranwachsender Kinder, selbst in kindlich-symbiotischer Abhängigkeit lebte. Er «durfte» sich beispielsweise keinen tragbaren Stereo-Cassettenrecorder kaufen, weil seine Frau solches elektronische Spielzeug für eine lächerliche Verschwendung hielt.

Ein anderes Beispiel, wiederum aus einer Selbsterfahrungsgruppe für Paare: Der Ehemann, ein Facharzt für Nervenheilkunde, tritt zunächst als ruhiger, starker Partner einer unsicheren und anlehnungsbedürftigen Frau auf, die Angst hat, aus dem Schutz des Haushalts, den sie zehn Jahre lang führte, wieder in das Berufsleben zurückzukehren. Nach einiger Zeit kehrt sich das Bild fast um: Der Nervenarzt muß sich vorwerfen lassen, daß ihm zu Hause ständig die Nerven durchgehen, daß er die Beherrschung verliert, die Kinder anbrüllt, wenn sie fernsehen oder Comic-Hefte lesen. Seine Frau macht ihm sogar den geschliffenen und wegen seiner starren Helfer-Identifizierung auch treffenden Vorwurf, von einem normalen Menschen könne man ja derart verständnislose und unpädagogische Reaktionen auf die Kinder noch verstehen – aber von einem Psychiater! Der eine Sohn habe schon richtig Angst vor dem Vater, wo der doch geschult sei, mit Ängsten umzugehen.

Jeder Helfer ist in Gefahr, daß die von ihm geforderte Berufsrolle, in der er seine Gefühle überwachen und die emotionale Schwäche seiner Klienten in irgendeiner Form «bewältigen» muß, ihn selbst angreift. Der Zwang, kindliche Bedürfnisse zu unterdrücken, Jähzorn und Rückzugswünsche zu kontrollieren, eine progressive, «starke» Haltung aufrechtzuerhalten, gefährdet sein inneres Gleichgewicht. Beim «Opfer des Berufs» frißt die progressive Identifizierung im Lauf des Berufslebens nahezu alle regressiven Erlebnisweisen auf. Sie werden verdrängt und können sich nur noch indirekt, zum Beispiel als psychosomatische Symptome äußern. Beim «Spalter» werden die regressiven Bedürfnisse in der oben beschriebenen Weise ausgegrenzt und in der Entsorgungsanlage der Intimsphäre verarbeitet. Die Strategie des Spalters scheint auf den ersten Blick günstiger als die des Berufs-Opfers. Aber das gilt nur dann, wenn die Spaltung nicht so radikal ist, daß für die Intimsphäre wirklich nur noch die Bedürfnisse eines Babys im Körper eines Erwachsenen übrigbleiben. Die hinter einer progressiven, kontrollierten Helfer-Fassade abgeschnittenen, ihrer Entwicklungsmöglichkeiten beraubten Regressionen können so weit gehen, daß der

Helfer vom Spalter-Typus seinen Familienangehörigen unzumutbare Opfer abverlangt. Beruflich daraufhin orientiert, die Schwächen seiner Klienten zu erspüren und mit ihnen umzugehen, versagt er in dieser Hinsicht bei seinen Angehörigen völlig. Ja, er erwartet, daß *sie* sich um völlige Einfühlung in *ihn* bemühen. Sie müssen sich jede Laune, jede Aggression, jeden passiven Rückzug gefallen lassen. Die «hausarbeits-nahe» berufliche Arbeit führt dazu, daß der Familie und der Intim-sphäre Elemente entzogen werden, die zu einem befriedigenden Privat-leben unentbehrlich sind.

Der Spalter schüttet gewissermaßen das Kind mit dem Bade aus. Er weist – womöglich sogar mit dem Hinweis auf seine berufliche Rolle – alle Ansprüche in der Intimsphäre zurück und möchte nur nehmen, nehmen, nehmen. Aus dem starken Helfer ist ein anspruchliches Baby geworden, das oft seine Wünsche nicht unmittelbar äußert, sondern nur durch seinen beleidigten Rückzug signalisiert, daß sie wieder ein-mal nicht erfüllt worden sind.

Rudolf ist ein Beispiel für die Zwei-Generationen-Seite dieses Pro-blems. Er kommt aus einer Arztfamilie. Der Vater hatte immer wieder Verhältnisse mit anderen Frauen; die Mutter benützte dann ihren ein-zigen Sohn, um sich bei ihm Trost und Unterstützung zu holen, die sie bei ihrem Mann nicht fand. Wenn der Vater dann zu ihr zurückkehrte, verlor Rudolf von einem Tag auf den anderen die besondere Rolle, die er so erhalten hatte. Rudolf suchte psychotherapeutische Hilfe, weil er die Selbsterfahrung einer Therapie für einen Zusatztitel brauchte. Erst im Lauf der Arbeit stellte sich heraus, daß er sein Privatleben immer als unbefriedigend und chaotisch erlebt hatte und zur Zeit gerade dabei war, sich von seiner zweiten Frau zu trennen. In der Therapiegruppe, an der er teilnahm, wurde er oft wegen seiner kalten, fast grausamen Art angegriffen, über seine Beziehungen zu Frauen zu sprechen. Er verhielt sich wie ein quengeliges, forderndes und doch nie zufriedenes Kind. An jeder Partnerin hatte er etwas auszusetzen – seine erste Frau hatte einen zu kleinen Busen und war sexuell nicht anziehend genug; seine zweite war sexuell abweisend und verdarb ihm damit den Urlaub, seine gegen-wärtige Freundin konnte sich von ihrem Mann nicht trennen, auf den er eifersüchtig war, während er sich selber keine Aussage darüber zumu-ten ließ, ob er eine feste Beziehung wolle.

Sein Umgang mit intimen Beziehungen läßt sich mit dem Vorgehen eines Autofahrers vergleichen, der nach Geräusch einparkt. Rudolf versuchte, soviel für sich herauszuholen, wie er nur kriegen konnte. Auf Absagen und Kritik war er dabei immer gefaßt, aber er gab erst auf, wenn er wirklich auf Widerstand stieß. Sein Verhalten drückte aus, daß er ohnedies mit einer feindlichen, ablehnenden Haltung rechnete. Früher oder später würde es doch Schwierigkeiten geben – darum mußte er immer den eigenen Einsatz kontrollieren. Er war dabei durchaus selbstkritisch und schonte sich nicht, solange er der aktive Teil sein konnte, der andere verletzte, selbst einsteckte, aber der Gefahr aus dem Weg ging, ohnmächtig Liebesverlust ertragen zu müssen, wie er es als Kind hatte erleben müssen. Einer der ersten Erfolge der Gruppentherapie war, daß Rudolf besser allein sein konnte und weniger hektisch eine Liebschaft an die andere reihte. Das drückte aus, daß er mehr Geborgenheit in sich selbst und in Beziehungen erlebte, die nicht an die unmittelbare Gegenwart des bedürfnisbefriedigenden Menschen gebunden waren. Aber seine zynische Art, seine vergebliche Suche nach der «richtigen» Frau zu schildern, erregte immer wieder den Zorn der Gruppenmitglieder.

Diese Skizze über Rudolf zeigt die Vielfalt der Einflüsse, welche die persönliche und soziale Problematik der helfenden Berufe bestimmen. Die Vorgeschichte, die familiäre Situation, die Berufswahl, die persönlichen Deformationen durch das Medizinstudium, welche die aus der Kindheitsgeschichte verständliche Angst vor «weicheren» Gefühlen (zum Beispiel Bindung im Gegensatz zu phallischer Sexualität) noch verstärkten, die gegenwärtige Berufsrolle mit ihren Fixierungen an Stärke und Kontrolle in der Arbeitszeit, sie alle tragen zur Ausbildung und zum Fortbestehen der persönlichen Schwierigkeiten bei. Rudolf nimmt seine Partnerbeziehungen auf einer Teil-Objektstufe auf. Die menschliche Ganzheit der Bezugsperson wird in einzelne, austauschbare Partialbefriedigungen zerlegt. Dieses Verhalten ist für den «Spalter» charakteristisch. Nur wenn er seine intimen Beziehungen auf diese (für das Berufsleben kennzeichnende) Art lebt, kann er die beschriebene Aufteilung wirklich vollziehen. Er bietet seinen Intimpartnern nur ein abgegrenztes Stück von sich selber an und beansprucht diese auch nur partiell. Doch macht es sicher für die Erlebnisqualität dieser Partial-Beziehungen einen Unterschied, ob und wie sie im Beruf immer wieder als gültig, ja als einzig möglich bestätigt werden. Im Fall von

Rudolf kommt noch eine Pointe dazu: Seine Mutter, mit der er sonst nichts zu tun haben will und die er emotional ablehnt, macht ihm immer noch die Kassenabrechnung. Sie ist in dieser Teilfunktion eben «praktisch».

Perfektionist

Der Perfektionist sucht die verlorene Ganzheit, mit deren Mangel sich der Spalter abgefunden hat, auf einem anderen Weg zu gewinnen als das Opfer des Berufs. Für ihn ist der Beruf ein Schritt näher zu einem Beziehungs-Ideal, das auch im Privatleben – und dort vielleicht mit noch größerem Ehrgeiz – angestrebt werden muß. Während beim Opfer des Berufs die scheinbar Intimitäts-Bedürfnisse erfüllende Arbeitssituation dazu führt, daß das Privatleben verkümmert und an Auszehrung einzugehen droht, sind es beim Perfektionisten eher qualitative Einflüsse, die sein Privatleben bedrohen. Er wird nicht so sehr durch das Wuchern der Berufsrolle beeinträchtigt wie durch die Übertragung beruflicher Vollkommenheitsansprüche auf seine intimen Beziehungen. Wesentlich für die berufliche Identität des Helfers ist, daß er seine Fertigkeit, die ihn legitimiert, korrekt angewendet hat. Nur dann kann er eine Interaktion zufrieden abschließen. Wenn nun diese Fertigkeit Qualitäten einschließt wie zum Beispiel die, warme, herzliche emotionale Beziehungen zu knüpfen und aufrechtzuerhalten, dann liegt es nahe, entsprechende Leistungsurteile auch dem Verhalten in den privaten, intimen Beziehungen zugrunde zu legen.

Diese perfektionistischen Umgangsformen mit dem eigenen Gefühlsleben lassen sich oft auch in Selbsterfahrungsgruppen beobachten. Sie führen zu mitunter paradoxen Situationen, wie bei jener Psychologin, die seufzt: «Jetzt habe ich es immer noch nicht geschafft, mich wirklich anzunehmen!» In der psychoanalytischen Ausdrucksweise: Jeder Versuch einer Befreiung vom Über-Ich kann wiederum in den Dienst des Über-Ich gestellt werden. Der Psycho-Perfektionist kritisiert sich heute unbarmherzig dafür, daß er immer noch nicht spontan, emotional, authentisch genug ist, daß er es immer noch nicht schafft, seine Wut herauszulassen, seine Gefühle auszudrücken, sich selbst zu verwirklichen. An die Stelle des von allen Gefühlsregungen gereinigten, zu schrankenloser Anpassung fähigen rationalen Leistungs-Selbst tritt ein emotional bestimmtes «wahres Selbst». Dieses unterdrückt dann nicht nur die Freude am Nachdenken, Erklären, an der kritischen Distanz zu den Dingen (man darf ja nicht kopfig sein, kein mind-fucking machen), sondern auch die weniger psycho-standesgemäßen Gefühle wie Neid, Eifersucht, Verlustängste, Langeweile. Mit diesem Perfektionsideal im Nacken wird der Betroffene zu einem Dauerkunden der Vervollkommnungsangebote, die auf dem Psycho-Markt grenzenloses «emotionales Wachstum» versprechen.

Ich habe in letzter Zeit immer häufiger Helfer kennengelernt, die sehr selbstkritisch über ihr Helfer-Syndrom sprechen und sich von ihm ironisch distanzieren können. Sie achten auf die seelische Hygiene in diesem Beruf. Aber das Gewicht, das sie auf ihr Privatleben legen, bringt ihnen neue Schwierigkeiten. Es scheint für sie außerordentlich schwer, Trennungen und Enttäuschungen in ihren intimen Beziehungen zu verarbeiten. Diese Verarbeitung wird dadurch so problembeladen, daß diese Helfer sich selbst immer wieder sagen, sie wüßten doch eigentlich schon längst, was da gelaufen sei. Sie hätten vielleicht dies oder das anders machen können, aber das hätten sie eben nicht gebracht. Und es sei doch furchtbar dumm und schwach von ihnen, daß sie so hartnäckig und wider besseres Wissen an derart frustrierenden Beziehungen festhalten würden. Dennoch könnten sie es nicht lassen, immer noch auf die erneute Zuwendung eines Partners zu hoffen, der ihnen doch offensichtlich längst den Rücken gekehrt habe und mit dem sie, genauer überlegt, eigentlich auch gar nicht die Liebesbeziehung haben wollten, von der sie zwanghaft immer wieder träumen müßten.

In den Fällen, die ich genauer verfolgen konnte, handelte es sich um Trennungen von einem Liebespartner, welche nicht verarbeitet wurden. Der perfektionistische Helfer spaltete sich gewissermaßen auf. Er gab nach einiger Zeit äußerlich vor, «drüber weg» zu sein, und versuchte, auch ohne wirkliche innere Beteiligung, neue Beziehungen anzuknüpfen. Hinter dieser scheinbaren Bewältigung wucherten die alten Sehnsüchte weiter, blockierten alles, was in den neuen Beziehungen hätte geschehen können.

Der Betrachter gewinnt den Eindruck, die Betroffenen können es sich selbst nicht verzeihen, daß sie nicht in der Lage waren, ihre intimen Beziehungen so zu gestalten, wie es das professionell verfeinerte Ideal vorschreibt. Der «gewöhnliche» Mensch kann ja verlassen werden, sich in einen Partner verlieben, mit dem er dann doch nicht zurechtkommt – aber ein Psychologe, ein Therapeut, ein Theologe müßte doch anders mit solchen Problemen umgehen können! Natürlich werden solche Perfektionsansprüche auch von außen sehr verstärkt. Der Klatsch in der Helfer-Szene hakt sich mit besonderer Vorliebe an Ereignissen fest, an denen sich das Thema der hilflosen Helfer auf ein boshaftes «Bock als Gärtner» reduziert. («Er macht Partnertherapie und ist selber zweimal geschieden!»)

«Pastors Kinder – Müllers Vieh / gedeihen selten oder nie» – dieses Sprichwort drückt nicht nur aus, daß Überfütterung (mit moralischen Idealen oder mit Getreideabfällen) nicht guttut. Der Privilegierte muß in der bürgerlichen Gesellschaft mit Neid rechnen. Ein solches Privileg ist auch eine Berufsrolle, die verspricht, mit Belastungen besser zurechtzukommen, unter denen wir alle zu leiden haben. Würden wir dieses Leid offen und gegenseitig teilen, bestünde die Gefahr, daß sich die verfestigten Rollen und die in ihnen kristallisierte Macht auflösen. So richtet sich der Anspruch des Helfers, mit Angst, Trauer, Depression, scheiternden Beziehungen, Krankheit und Tod «besser» umgehen zu können als seine Schützlinge, gegen ihn selbst. Wenn sich ein Pilot scheiden läßt, wird seine Luftfahrtgesellschaft nicht denken, daß er kein Flugzeug mehr bedienen kann. Wenn sich ein namhafter Partnerschafts- und Familientherapeut von seiner Frau trennt, heißt es rasch, daß doch mit seiner Therapie irgend etwas nicht stimmen kann. «Man» hat das ja schon immer geahnt.

Doch mit diesem äußeren Druck mag der Helfer noch eher zurechtkommen als mit seinem inneren Ideal. Er kann sich sagen, daß beispielsweise nicht die Tatsache der Scheidung, sondern der Umgang mit ihr entscheidend ist, und auf diese Weise ein Stück seines Vorsprungs zu retten versuchen. Aber gerade dem Perfektionisten ist diese Haltung nicht möglich. Auch wenn er nicht von außen angegriffen und in Frage gestellt wird, zweifelt er doch zutiefst an sich selbst, wenn er Ängste, Abhängigkeiten, Unvollkommenheiten nicht überwinden kann, so wie es seinem professionell ausgestalteten Menschenbild entspricht. Als Beispiel zitiere ich aus einem Brief einer Psychologin, die ich aus einer Selbsterfahrungsgruppe kannte. Ihr Freund hatte sich viele Monate vorher von ihr getrennt, was sie äußerlich «akzeptierte». Wie es in ihr aussah, deutet sie auch in ihrem Text nur an – es wurde ein halbes Jahr später auf eine bittere, alle ihre Bekannten und Freunde zutiefst verwirrende Weise klar, als sie sich nach einem letzten, vergeblichen Kontaktversuch mit ihrem verlorenen Freund tötete.

«Lieber Wolfgang, es ist schon einige Zeit vergangen, seit ich Deinen Brief erhalten habe. Um es salomonisch auszudrücken, ich hatte keine Zeit und hatte doch Zeit zu antworten. Doch bevor ich das näher erklären möchte, möchte ich Dir sagen, daß ich mich *sehr* über den Brief gefreut habe.

Mein ‹Schweigen› hatte andere Gründe. Ich habe mich in den letzten Wochen einigermaßen miserabel gefühlt, ich habe den Konflikt, in dem ich lebe, so intensiv erlebt, daß es mir gar nicht mehr möglich war, zur Außenwelt wirklichen Kontakt aufzunehmen, und wie Du sicher an meinem unklaren Sprachstil erkennen kannst, gelingt es mir auch heute noch nicht so recht, nur habe ich mir vorgenommen, einen Anfang zu machen. Ich habe in den letzten Wochen immer wieder versucht, mein Verhalten und Erleben stärker von der Ratio lenken zu lassen, ich kann gleich hinzufügen, ich bin gründlich gescheitert, und je mehr ich gescheitert bin, desto mehr habe ich es versucht.

Ich bin in meiner Erkenntnis inzwischen da gelandet, daß ich die Diskrepanz zwischen Ratio und Emotio annehmen kann, daß ich mich daranmachen muß, nach einer Lösung zu suchen, daß ich diese Lösung aber nicht erzwingen kann. Was mich immer noch bedrückt ist, daß ich für mich noch keinen akzeptablen Lösungsweg gefunden habe. Ich habe es mit ‹blindem Aktionismus› versucht, so in etwa wie wir Verhaltenstherapeuten es unseren Klienten raten. Die große Prämisse da besteht darin, daß man es tunlichst vermeiden muß, sein Gehirn einzuschalten, oder etwa das Verhalten zu reflektieren. Mein nächster Versuch bestand darin, in Klausur zu gehen. Vielleicht habe ich das falsch angefangen, aber das hatte noch viel fatalere Folgen. Während der Aktionismus dazu geführt hatte, daß ich mich irgendwie flach und schablonenhaft gefühlt habe, hat meine Selbstbesinnung dazu geführt, daß ich meine gesamte Existenz in Frage gestellt habe, daß mir mein Dasein ziel- und sinnlos vorkam. Ich habe meine Arbeit als entsetzliche Last empfunden, keinen Sinn mehr darin erkennen können, von anderen Sinnhaftigkeiten ganz zu schweigen. Ich überlege gerade, wo ich mich mit meinem momentanen Zustand plazieren würde, ich glaube, ich kann keine Antwort darauf geben. Und während ich am Ende dieses Blattes bin, muß ich daran denken, mit welchem Recht ich dazu komme, Dich mit meinen Schwierigkeiten zu belabern. Auch hier sieht die Bilanz negativ aus. Ich wollte Dich so gerne mal in München besuchen, doch ich fühle mich augenblicklich wie gelähmt, daß ich meine Anwesenheit als Zumutung für jeden ‹normalen› Menschen empfinde...»

Franziska arbeitete die ganze Zeit, während es in ihr so aussah, weiterhin als Therapeutin. Sie empfand das zwar als schwere Last. Aber sie war überzeugt, daß sie sich ihren Patienten eher zumuten konnte, als selbst Hilfe bei ihren Freunden oder einem Therapeuten zu suchen. Schließlich war sie *selber* Therapeutin. In ihrem Brief wird deutlich, wie sehr sie das Scheitern einer Beziehung als *ihr* persönliches Versagen aufnimmt, als Entwertung ihrer ganzen Person. Die Tatsache, daß sie beruflich mit der Behandlung solcher Schwierigkeiten zu tun hat, führt dazu, daß sie sich abschließt. Sie muß es selber schaffen. Der Kontakt zur Außenwelt bricht weitgehend zusammen. Der Konflikt wird hinter die Helfer-Fassade verlegt, als innerer Widerstreit zwischen Verstand und Gefühl, als Gegenstand verzweifelter Selbst-Rezepturen, die nicht halten, was von ihnen erwartet wird. Als ich nach der Nachricht von Franziskas Selbstmord diesen Brief wieder las, fragte ich mich, ob ich nicht die Zeichen hätte richtig deuten können, die Gefahr wirklich erkennen, in der sie schwebte. Aber sie hatte mich einige Wochen später angerufen und mir gesagt, es gehe ihr jetzt besser, sie habe endgültig Schluß gemacht und ihren Freund gebeten, sie nicht mehr anzurufen. Diese Telefongespräche seien das einzige gewesen, was die Bindung noch aufrechterhielt. So vergaß ich den Brief und erfuhr erst später, daß die Berichte über ihre Fortschritte in der Trennung nur ein Ausdruck ihrer Angst waren, den vermeintlich an sie gerichteten Forderungen ihrer Freunde nicht gerecht zu werden. Hinter dieser scheinbaren Ablösung konnte sich der mörderische Anspruch, die verlorene Beziehung doch wieder herzustellen, ungehemmt entfalten.

Hier läßt sich einwenden, daß viele Merkmale dieser Situation die depressive Verarbeitung allgemein beweisen: Objektverlust, Wendung der Aggression nach innen, Selbsttötung in dem Augenblick, in dem sich der Schleier der depressiven Hemmung etwas hebt. Die Depression ist allgemein *die* psychische Störung der helfenden Berufe, der Menschen, die unter einer großen Normen- und Ideallast die Industriegesellschaft am Funktionieren halten. Deshalb glaube ich, daß man auch hier dem Beruf als besonderem Einfluß auf die seelische und soziale Situation Aufmerksamkeit schenken muß. Vielleicht war es bei Franziska sogar noch ihre besondere Rolle als Verhaltenstherapeutin, auf die sie bisher so stolz gewesen war, die mit dazu beitrug, daß sie ihr inneres Leiden bis zum bitteren Ende verschleierte. Es gibt kein wirkliches Expertentum der Hilfe oder Erleichterung in Affekten, wie sie allen Menschen gemeinsam sind. Angst und Wut, Schmerz und Trauer müssen immer wieder durchlitten werden, wie neu: alles, was den ganzen Menschen ergreift, ihn ganz erfüllt, widerspricht der Bewältigung durch einen Fachmann.

Wenn ich wirklich traurig bin und mich diesem Gefühl hingebe, dann lösche ich damit auch meine Möglichkeiten aus, gleichzeitig als Experte dieses Gefühl zu bewältigen. «Bewältigung» ist in unserer Gesellschaft als technische Herrschaft vorgeformt, und es ist sehr schwierig, sich von diesem Modell zu lösen, wie ja auch Franziskas Brief sehr deutlich zeigt. Tatsächlich kann der Experte – wenn er wirklich «gut» ist – genausoviel wie der liebevolle Freund: Er kann seine Überzeugung vermitteln, daß die Trauer irgendwann aufhören wird, wenn sie erst einmal zugelassen wurde. Leider haben die Experten nur sehr selten diese Möglichkeit. Oft halten sie nicht einmal die Begegnung mit solchen ganz von einem düsteren Gefühl erfüllten Menschen aus, weichen ihnen aus oder gehen die Situation technisch mit Psychopharmaka an.

In einem anderen Beruf hätten zwei Einflüsse Franziska ihre Situation erleichtert. Sie hätte sich aufteilen können in einen privat schwer angeschlagenen, beruflich aber trotzdem intakten Menschen. Und sie hätte ihre berufliche Kompetenz nicht damit in Frage gestellt, daß sie ihre leidvollen Gefühle nicht «bewältigen», über die Trennung nicht hinwegkommen konnte. Der intimitätsnahe und nach dem perfektionistischen Modell gehandhabte Beruf verstellte ihr diese Erleichterungen. Sie quälte sich unaufhörlich damit, daß sie selbst mit etwas nicht fertig wurde, was sie gegenüber ihren Klienten als verhaltenstherapeutisch angehbare Störung definierte. Es wird hier deutlich, wie das in der Szene der «neuen» Helfer vielzitierte Wort von der «Droge Arzt», von «ich selbst bin mein Instrument» auch sehr dunkle Seiten hat. Die Gefährdung des Selbstgefühls durch Krisen, mit denen man doch als Profi «besser umgehen müßte», durch unklare Beziehungen, «die man doch längst geklärt haben müßte», ist eine davon. Eine andere ist die, daß es sehr schwierig wird, die Arbeit eines solchen Helfers zu kritisieren. Er fühlt sich sehr rasch als ganze Person abgelehnt, eben weil seine Arbeit diesen ganzheitlich-intimen Charakter hat.

Noch eine andere Beobachtung möchte ich hier kurz erwähnen. Mir scheint, daß Menschen, die in den sozialen Beruf hinein aufsteigen, am meisten von dem beschriebenen Perfektionismus betroffen sind. Bei allen drei Fällen, die ich genauer kennenlernen konnte, handelte es sich um Psychologen oder Lehrer, die diesen Beruf als erste Akademiker ihrer Familie ausübten. In der analytischen Arbeit mit solchen Klienten habe ich gelegentlich den Eindruck, daß für sie die Arbeit in der Intimsphäre eine Bedeutung gewinnt, die sie bei Klienten aus bürgerlichen Familien nicht hat (diese sind eher «Spalter» oder «Piraten»; Unter- und Untermittelschichtkinder sind häufiger «Opfer des Berufs» und «Perfektionisten»). Je mehr an emotionalen Umgangsformen geopfert wurde, desto dringender ist später das Bedürfnis nach Ersatz. Der akademische Helfer aus einer Unterschicht-Familie muß geradezu sein nicht standesgemäßes Repertoire an sozialen Umgangsformen durch professionelle Bruchstücke ergänzen. Die professionellen Mittel, eine Beziehung zu gestalten, werden die einzigen, mit denen er sich in der neuen sozialen Welt behaupten kann.

Pirat

Der letzte Reaktionstypus «Pirat» läßt sich dadurch kennzeichnen, daß er in der Gegenrichtung zum Perfektionisten vorgeht. Während dieser Teile der beruflichen Rolle als belastende Ideale in sein Privatleben aufnimmt, nützt der Pirat die beruflichen Möglichkeiten, um sein Privatleben auszufüllen. Das häufigste und auffälligste Beispiel ist die sexuelle Beziehung zwischen dem Helfer und seinem Schützling. Aber es gibt sehr viel mehr Möglichkeiten des Piratentums. Die seelische Nähe, welche die «neuen» Helfer herstellen, verlockt in vielen Richtungen, daß der Helfer Interessen befriedigt, die über den ursprünglichen Vertrag hinausgehen. Der Pirat unterdrückt seine eigenen kindlichen Bedürfnisse im Beruf weniger als die anderen Helfer. Er kann Kompromisse finden, die er gerade durch die Entwicklung der intimitäts- und beziehungsbetonten Helfer-Theorien rechtfertigt.

Der Helfer wird in mancher Hinsicht verwöhnt. Beziehungen werden ihm viel leichter gemacht als dem Durchschnittsmenschen. Oft stehen Beobachter, die Qualifikationen in einem helfenden Beruf ähnlich sehen wie die eines Handwerkers oder Ingenieurs, ratlos vor zwei Psychotherapeuten, die einen erbitterten Ehekrieg führen. Sie verfolgen verwirrt die Auseinandersetzungen in psychosozialen Teams oder psychotherapeutischen Kliniken. Sie hätten erwartet, daß die Beziehungs-Profis ihre Konflikte besser lösen als Durchschnittsmenschen, stellen nun aber fest, daß sie im Gegenteil besonders unfähig scheinen, miteinander umzugehen – empfindlich wie kleine Kinder, starrköpfig wie verbitterte Greise.

Ich erinnere mich, wie ich als Student fassungslos über die Berichte einer älteren Kollegin war, die ihre psychoanalytische Ausbildung machte. Die Therapeuten schienen sich nicht nur genauso autoritär, mißtrauisch, ehrgeizig und untereinander rivalisierend aufzuführen wie die Verlagsangestellten, deren Arbeitswelt ich kannte. Sie trieben es eigentlich noch schlimmer. Später schrieb ich das meinen überhöhten Erwartungen zu. Ich bezog gewissermaßen die Spalter-Position: Der Therapeut ist in seinem Beruf daran orientiert, einfühlende Beziehungsarbeit zu leisten. Um das zu können, braucht er den entsprechenden Vertrag mit einem Klienten. Außerhalb dieses Vertrages wird er sich auch nicht «besser», einfühlender, mehr am Menschen orientiert verhalten, als es in unserer Konkurrenzwelt sonst üblich ist.

Heute sehe ich nach meinen eigenen Erfahrungen mit analytischen Lehrinstituten eine andere Gefahr. Der Therapeut geht ständig einfühlend mit Regressionen um, d. h. mit einem «Sichgehenlassen», das er für seine Zwecke nützt. Er ermöglicht seinen Klienten die Rückkehr in unbeschwertere, weniger eingeengte Welten der Phantasie, damit sie aus ihnen neue Impulse für die Bewältigung ihrer Gegenwart schöpfen. In dieser Arbeit ist der Therapeut nicht regressiv, sondern vernünftig, erwachsen, «progressiv». Aber wenn er diese seine andere Hälfte, den regressiven Klienten, nicht mehr vor sich hat, gerät er in Gefahr, dessen Rolle selbst zu übernehmen. Wenn er niemand anderen gehen lassen kann, läßt er sich selbst gehen.

Die Möglichkeit, in seinem Beruf die Rolle einer einfühlenden Mutter zu spielen, führt den Helfer dazu, daß er entsprechende Erwartungen auch auf Teile seiner Umwelt richtet, die dazu Anlaß geben – ein Lehrinstitut etwa, oder die Leitung einer Helfer-Institution. In seiner Erwartung enttäuscht, wird der Helfer dann zum gekränkten Kind, das nur noch um sich schlagen oder sich vollständig zurückziehen kann. Während andere Berufstätige ständig damit konfrontiert sind, daß die Welt unseren Allmachtswünschen feindlich gesonnen ist, stimuliert seine berufliche Situation im Therapeuten immer wieder Allmachtsgefühle. Er erlebt, wie ein anderer Mensch ganz auf ihn bezogen ist, wie er die wichtigste Person in dessen Leben wird, der erste und einzige, der ihn versteht, ihm entgegenkommt. Und so fängt der Therapeut auch an, unbewußt eben diesen Anspruch an die Welt zu richten.

Der Pirat auf seinem Schiff, über sich den Himmel, unter sich das Meer, um sich die grenzenlose Freiheit, alles zu nehmen, was sich anbietet, ist ein Bild für diesen Hintergrund. Wissenschaftlich oder literarisch sublimiert drückt sich die Allmachtsphantasie der Therapeuten darin aus, daß sie oft dazu neigen, aus ihrem Blickwinkel die Menschheitsgeschichte und -zukunft neu zu fassen – von «Totem und Tabu» bis zu «Am Anfang war Erziehung», vom «Gotteskomplex» bis zum «Urschrei». Ein anderer Ausdruck davon ist, daß der Therapeut eine neue, einzigartige Flagge hißt und davonsegelt, um die Weltmeere der therapiebedürftigen Menschheit zu erobern.

Wer genauer hinschaut, entdeckt oft, daß die neue «Schule» der Psychotherapie eher durch die Plünderung alter Ideen als durch eigenständige Kreativität bestimmt ist. Tatsächlich handelt es sich meist mehr um eine soziale als um eine theoretische Neuerung. Die besondere Empfindlichkeit, die sich an Therapeuten beobachten läßt und durch ihre spezifischen professionellen Deformationen bedingt ist, kann ein Therapeut unter anderem auch dadurch bewältigen, daß er einen Kreis von Schülern um sich sammelt, mit denen er auch außerhalb seiner Arbeit mit Klienten die spezifische Form dieser Beziehungsarbeit beibehalten, ja erweitern kann. So findet er einerseits viel Bewunderung und wenig Widerspruch. Die Kränkungen, welche wütend abgewehrt werden, kommen von der bösen Außenwelt, den neidischen Kollegen usw. Andrerseits spielt der verehrte Therapeut, der Gründer einer neuen «Schule», oft innerhalb dieses schützenden Kreises eine sehr unkontrollierte, regressive Rolle. Er verhält sich wirklich wie ein Piratenhäuptling, ein größenwahnsinniger Tyrann, der launisch Gnade und Ungnade verteilt und gelegentlich dem Cäsarenwahnsinn nahe scheint. Natürlich wird er nicht «wirklich» wahnsinnig. Er kann sich, wenn es sein muß, zusammennehmen und sehr angepaßt auftreten. Doch beschränkt sich dieses Verhalten oft auf die Vertretung nach außen und die Arbeit mit Patienten, während gerade das Verhalten gegenüber der dem Piratenkapitän unterstellten Mannschaft willkürlich

und launisch ist. Er ist Richter und Henker, Gesetzgeber und Staatsanwalt in einem.* Seine Gnade entscheidet über Gedeih und Verderb der
Schüler, deren Verselbständigung als bedrohlich erlebt und bekämpft
wird. Auch die privaten Beziehungen der Schüler werden von solchen
Piratenkapitänen mißtrauisch verfolgt. Sie bedrohen den Anspruch,
nicht nur in der umgrenzten Therapiesituation, sondern im ganzen Leben des Klienten als allmächtige Gestalt anwesend zu sein. Eigentlich hat
eine Partnerschaft nur dann noch eine Chance, wenn auch der bisher
Außenstehende sich in die Piratenmannschaft einreiht; sonst muß er
über die Klinge springen. Ferdinand Sauerbruch rechtfertigte diese Haltung gegenüber seinen Assistenten mit dem Hinweis darauf, daß die
Chirurgie eine eifersüchtige Geliebte sei. Psychotherapeutische Gurus
verwenden ihr tief in den Menschen eingreifendes Vokabular, um drohende Konkurrenten auszuschalten. In einem Fall benützte ein Therapeut wiederholt Formulierungen wie «diese Frau ist doch viel zu primi-
tiv für Sie», um einen Patienten davon abzuhalten, sich von ihm in andere
Beziehungen hinein zu entfernen. Solche Formen der Piraterie sind ver-
deckter als der unmittelbare, sexuelle Kontakt zwischen Therapeut und
Patient. Die angestrebte Befriedigung liegt auf einer narzißtischen Ebene.

Daher sind die kleinen Piraten, die sich aus ihren Therapien mit
Sexualpartnern oder Babysittern versorgen, sozial oft auffälliger als
die großen Piratenkapitäne, die ganze Institute, wissenschaftliche Gesellschaften oder internationale Erleuchtungskonzerne aufbauen. Es
ist wie bei der Wirtschaftskriminalität, wo die Polizei eine Sekretärin
verhaftet, die sich an der Portokasse vergangen hat, und dem Chef
seinen geschickt organisierten Millionenbetrug nicht nachweisen kann.
Psychodynamisch interessant ist noch, daß ein solcher Piratenkapitän,
den ich früher kannte, besonders unbarmherzig mit sexuellen «Verfehlungen» seiner Schüler gegenüber Patienten umging. So könnte man
auch erwarten, daß der Wirtschaftsverbrecher «großen Stils» besonders wütend wird, wenn seine Sekretärin die Portokasse plündert. Man
erinnert sich an Brechts Satz: «Was ist ein Bankeinbruch gegen die
Eröffnung einer Bank.» Deutlich wird auch, daß der Narzißmus gesellschaftlich besser verwertbar ist als die Sexualität. Diese ist nur dem

* «Was sechshundert Stunden Lehranalyse sind, bestimme ich», sagte mir einmal
der Gründer einer neuen «Schule» der Psychotherapie.

Schein nach, vor allem als Inhalt des Narzißmus, «befreit», dahinter aber, in ihrer Kraft, gleich zu machen, Kontrolle zu besiegen, Triebhaftigkeit durchzusetzen, mehr denn je unterdrückt.

Der Therapeut, welcher die Beziehungen seiner Patienten außerhalb der Therapie entwertet und versucht, die einzige positive Gestalt im Leben seiner Schützlinge zu werden, kann subjektiv überzeugt sein, daß sein Verhalten notwendig und nützlich ist. Seine Piraterie hängt vermutlich mit einem Grundgefühl zusammen, daß ihn sowieso niemand akzeptiert, dem er nicht mit solcher Übermacht entgegentritt. Hier spielt nicht nur das Thema des «abgelehnten Kindes» hinter der Helfer-Fassade eine Rolle, sondern auch die Frage, inwieweit die späteren sozialen Beziehungen eine Sicherheit ermöglicht haben, auch ohne die Instrumente der Professionalität akzeptiert zu werden und sich selbst akzeptieren zu dürfen.

Aus dieser Unsicherheit kann sich ein unbewußtes Zusammenspiel zwischen Helfer und Schützling ergeben. Beide können diesen beruflichen Rahmen einer Beziehung nicht mehr verlassen: der Pirat, weil er sich in Beziehungen nicht mehr sicher fühlt, in denen er nicht die kontrollierenden, manipulierenden Mittel seiner Professionalität einsetzt; der Schützling, weil er sich einer Beziehung nicht mehr gewachsen fühlt, in der er sich keinem überlegenen Fachmann anvertrauen kann. So gesehen ist auch der Pirat ein «Opfer des Berufs». Er verschleiert das, indem er seinen Beruf so auslegt, daß er seine intimsten und privatesten Befriedigungen daraus bezieht. Seine Schützlinge sind Schüler, Freunde, Sexualpartner, Geldgeber in einem; er fährt mit ihnen in die Ferien, nimmt sie in seinen Haushalt auf, teilt Essen und Bett mit ihnen. Obwohl die professionelle Ethik solche Vermengungen untersagt, kommen sie öfter vor, als sie bekannt werden. Sie werden nur sehr selten nach außen als Versuch einer Aufhebung der Trennung von Beruf und Privatleben begründet (was heißen würde, daß der Pirat sich quasi durch einen Kaperbrief eine öffentliche Legitimation verschafft). Meist ist es so, daß die intimitätsnahe Arbeit Verführungen anbietet, die nicht zurückgewiesen werden. Das läßt sich sogar als besonderes berufliches Engagement rationalisieren. Piraten sind wohl um so gefährlicher, je weniger Selbstkritik sie haben und je weniger sie sich mit anderen Helfern offen über diese Schwierigkeiten austauschen können. Zwei Beispiele:

Eine Erzieherin wird eingestellt, um in einer Außenstelle zwei Jugendliche zu betreuen, die vielleicht acht Jahre jünger sind als sie. Sie fühlt sich in dem kleinen Ort einsam und isoliert. Die Klienten sind ihre einzige Ansprache. Bald entwickelt sich ein sexuelles Verhältnis zu dem besten Freund eines der beiden Jugendlichen. In der Wohngemeinschaft geht alles drunter und drüber. Sie wagt jedoch nicht, mit den Kollegen zu sprechen, weil einer ihrer Klienten auf Bewährung Straferlaß hat. Wenn sie versucht, sich gegen die Jugendlichen durchzusetzen, wird sie mit Schlägen und einem Schlachtermesser bedroht. Dennoch bewahrt sie Stillschweigen, bis einer der Jugendlichen die ganze Situation an seinen Vater verrät und dieser die Heimleitung verständigt. Sie wird entlassen.

Ein Psychotherapeut verliebt sich in eine Patientin. Er beginnt ein sexuelles Verhältnis mit ihr, führt aber die Behandlung weiter und rechnet auch die abgeleisteten Stunden gegenüber der Krankenkasse ab. Die Situation wird chaotisch, weil die Patientin verheiratet ist und in einer bestimmten Phase der «Therapie» ihrem Mann von ihrer Beziehung zu dem Therapeuten erzählt. Nach dieser Krise wird die sexuelle Beziehung beendet, die Analyse jedoch weitergeführt. In der Balintgruppe, in der dieser Fall besprochen wird, erzählen auch andere Therapeuten von solchen Situationen. Die meisten sind allerdings der Ansicht, es sei zu schwierig, eine solche Beziehung zu klären, es überfordere Therapeut und Patient. Einer erzählt, er habe in einer solchen Situation die Behandlung abgebrochen, die Patientin an einen Kollegen abgegeben und die Beziehung als Freundschaft weitergeführt. Ein anderer berichtet, er habe einmal nach Abschluß einer Therapie ein sexuelles Verhältnis mit einer Patientin begonnen, sei aber unfähig gewesen, mit den fortbestehenden Erwartungen und seinem eigenen schlechten Gewissen zurechtzukommen. Auffällig ist, daß in dieser Gruppe von «neuen» Helfern kein Mitglied moralisierend mit diesem Problem umgeht. Es heißt eher: «Das hätte ich mir nicht zugetraut» oder «Bist du dir auch klar, wie gefährlich das ist, wenn die Ärztekammer was davon erfährt?»

Die Überforderung des Helfers

Während in Wirtschaft (und Technik) der einzelne Berufstätige immer wieder lernen muß, Grenzen hinzunehmen, die er nicht überschreiten kann – beispielsweise Profit- oder Karriereinteressen, die den seinen zuwiderlaufen –, leben die (neuen) Helfer in einer widersprüchlichen Situation. In ihrer Arbeit müssen sie immer wieder über die sonst im zweckrationalen Wirtschaftsleben üblichen, rationalen Grenzen hinausgehen. Sie sollen beispielsweise einen Klienten, der einen Mangel an Zeit, Geld oder Interesse vorgibt, sich in der von dem Helfer gewünschten Weise zu verhalten, «motivieren». Sie halten differenzierte Instrumente in der Hand, seine Einwände als «Widerstand» zu analysieren, wenn beispielsweise der Patient des Analytikers eine Deutung nicht annehmen will. Wer gewohnt ist, auf diese Weise zu überzeugen, wird es nicht leicht haben, in seinen nicht auf Klienten gerichteten Beziehungen auf einmal die üblichen Grenzen zu akzeptieren. Wenn die Frau eines Ingenieurs Kopfschmerzen hat oder ihr das Essen anbrennt, hat sie Kopfschmerzen, und das Essen ist angebrannt. Wenn der Ehemann einer Psychotherapeutin Magenschmerzen hat oder den Kotflügel seines Autos demoliert, «bedeuten» diese Dinge etwas. Vielleicht ist es dem Mann recht so; dann ergibt sich ein für beide interessantes Gespräch. Möglicherweise behagt es ihm aber gar nicht, sein körperliches Befinden oder seine alltäglichen Fehlleistungen zu analysieren. Dann droht die berufliche Kompetenz der Therapeutin zum Störfaktor in der Beziehung zu werden. Es wird davon abhängen, wie stark das gegenseitige Vertrauen ist, ob solche beruflichen Intimitätskompetenzen mehr schaden als nützen. Da die Verführung durch Macht ohnehin stark ist, wird es dem Helfer schwerfallen, seine Mittel, Beziehungen zu kontrollieren, dann aufzugeben, wenn ihm die Beziehung als solche besonders wichtig ist, nämlich in seinen Freundschaften und Liebesbeziehungen oder in Konflikten mit Arbeitskollegen, Untergebenen wie Vorgesetzten.

Gleichzeitig formt ihn seine Berufsarbeit in einer Weise, daß ihm dieser Verzicht auch immer schwerer wird. Er hat nicht nur die Macht (oder bildet sie sich ein), Beziehungen auch dann noch zu beeinflussen, wenn eine zweckrationale Grenze deutlich wird, sondern er ist auch nicht geübt, die für eine solche Grenzziehung notwendigen Versagungen zu ertragen. Er wird es beispielsweise sehr schmerzlich empfinden, wenn sich ein Gesprächspartner entzieht. Für den «wirtschaftlich» geschulten Berufsarbeiter ist diese Situation eindeutig. Er hat sie oft erlebt, er kann mit ihr umgehen. Seine Ware ist im Augenblick nicht verkäuflich, kein Interesse, kein Angebot, also nimmt er sie zurück, geht anderswohin oder wartet auf eine günstigere Gelegenheit. Für den Intimitätsarbeiter ist dieser Rückzug ein Ausdruck für persönliches Versagen. Er wird versuchen, den Menschen, der ihm da entweicht, zu verfolgen. Er wird zum Beispiel lieber einen Streit einleiten, eine heftige Zurückweisung provozieren, als eine schlichte Absage hinnehmen. Er findet sehr viel mehr Gründe und Hintergründe, warum eine Beziehung nicht so weitergeht, wie er es will – und damit auch mehr Anlässe zu Vorwürfen und zu Kritik. Vernunft wird Unsinn, Wohltat Plage, wenn Beziehungsinstrumente, die ein therapeutisches Bündnis voraussetzen, angewendet werden, um sachlich begründete Differenzen auszutragen.

In einer psychotherapeutischen Klinik, in der Krankenschwestern, Ärzte und Psychologen gegenüber den Klienten als gleichberechtigte Therapeuten zusammenarbeiten, aber unterschiedlich nach dem Krankenhaustarif bezahlt werden, ergeben sich immer wieder Konflikte wie dieser: Der Arzt in einem Team, an selbständiges Arbeiten gewöhnt, entscheidet persönlich über Fragen, die nach dem Behandlungskonzept gemeinsam im Team entschieden werden. Er hat eine laxere Auffassung von seinem Dienst, geht etwas früher, kommt etwas später – schließlich muß er noch eine Weiterbildung in Psychotherapie machen. Eine Krankenschwester greift ihn heftig an, kritisiert seine mangelnde Bereitschaft zur Teamarbeit, seine Gleichgültigkeit gegen Abmachungen. Der Arzt findet diese Reaktion unangemessen und fängt an, die Krankenschwester auf ihre neurotischen Konflikte, ihre Mutterproblematik und ihre paranoiden Tendenzen anzusprechen. Diese wehrt sich mit völliger Kontaktverweigerung; beide Mitarbeiter denken daran, ihre Arbeitsverhältnisse zu lösen. Es läge auf den ersten Blick nahe, diesen Konflikt dem angehenden Psychotherapeuten anzulasten, der nicht zwischen der Arbeit mit Klienten und der Teamarbeit trennen kann. Doch ist auch die Krankenschwester beteiligt. Sie hat den Arzt zunächst überschätzt, ihn geradezu als ideale Bezugsperson aufgebaut. Ihre Wut über die realen Schwierigkeiten in der Zusammenarbeit ist deshalb besonders heftig, weil sie sich nicht nur die durchschnittliche Leistung wie von «ihresgleichen» erwartet hatte, sondern erheblich mehr.

Der Helfer gewöhnt sich daran, mehr Macht und Kontrolle in Beziehungen auszuüben als der durchschnittliche Berufstätige. Er bezahlt dafür möglicherweise mit einer wachsenden Unfähigkeit, Grenzen und Versagungen zu verarbeiten, auf die er in seinen privaten oder nichtklientenbezogenen beruflichen Beziehungen stößt. Am Thema des «Perfektionisten» haben wir zu zeigen versucht, wie privates Scheitern auch die «berufliche» Seite der Person in einen Strudel von Zweifel und Depression reißen kann. Doch die Verwöhnung, die durch berufliche Erfolgserlebnisse hinsichtlich der eigenen Beziehungskompetenz eintritt, greift über diese Problematik hinaus. Sie bedingt, daß die Intimitätshelfer als Arbeitskräfte schwierig zu «führen» sind und schnell resignieren. Die Mischung aus Anspruchlichkeit und beleidigtem Rückzug, die schon angesprochen wurde, ist für Pflegedienstleiter, Heimleiter oder Stellenleiter ein ständiges Problem. Sie stöhnen darüber, wie schwer es sei, solchen Menschen ein angemessenes Verständnis für die Funktionsweise bürokratischer Systeme zu verschaffen. Gleichzeitig gewinnen die wenigen, karriereorientierten Intimitätshelfer eine große Macht aus der Tatsache, daß ihre Mitarbeiter in dieser Hinsicht so unbedarft sind.

In einer Supervisionsgruppe berichtet eine Therapeutin von ihrer Resignation über den Leiter der Einrichtung. Er werde es immer so machen wie gehabt. Wenn es darauf ankomme, sich auseinanderzusetzen, ziehe er sich zurück. Heute sei er auch nicht gekommen. Und wenn er den größten Mist mache, sie könnte ihm eigentlich nicht böse sein. Wenn sie ihn sehe, tue er ihr leid, und sie spüre den Impuls, ihm zu helfen. Sie sage sich dann zwar, er verdiene fünfmal soviel wie sie. Wenn die Klinik geschlossen werde, sei er fein heraus; sie aber könne wieder als Sozialarbeiterin eine neue Stelle suchen. Aber das ändere nichts daran, daß sie keine Wut empfinde, sondern eher den Impuls, ihm zu helfen.

Die anderen Mitglieder klagen ebenfalls über den (heute fehlenden) Leiter. Er sei unzuverlässig, vage, rede sich immer heraus und übe doch große Macht aus, weil er nach außen als Chef auftrete und auch mit der Verwaltung verhandle. Er ändere die Regelung, nach der neue Mitarbeiter eingestellt werden, nach seinem Belieben. Bisher sollten die Teams, welche jeweils eine Gruppe betreuen, die Vorauswahl treffen. Der Leiter mußte dann nur noch zustimmen und den Verwaltungsapparat in Gang setzen. Jetzt hat er das geändert. Keiner weiß so recht, ob er zugestimmt hat oder nicht. Jedenfalls sollen jetzt alle zusammen abstimmen. Es fällt das Wort vom «pseudodemokratischen Absolutismus». «Er macht ja doch, was er will.»

Mir wird deutlich, daß es für einen «neuen» Helfer näherliegt, institutionelle Mechanismen, unter denen er leidet, wie in der Therapie zu deuten, statt gegen sie zu kämpfen. Es ist, als ob die Therapeuten an die Eltern-Kind-Interaktionen gebunden sind, die in ihrer Arbeit eine so große Rolle spielen. Entweder sind sie die enttäuschten, verbitterten, aber unmündigen Kinder, die von einem schlaffen Vater ungenügend versorgt werden. Oder sie sind die großen, starken Mütter, die sich auch noch um die Probleme ihres armen Chefs kümmern müssen. Die innerbetrieblichen Einflußmöglichkeiten, das Interesse an der Institution, an Verteilung und Kontrolle der Macht in ihr treten in den Hintergrund. Statt dessen soll die Person des Chefs geändert werden. An diese Hoffnung halten sich frisch eingestiegene Mitarbeiter noch («wenn er mich jetzt, nach dem Urlaub, immer noch nicht richtig unterstützt und verhindert, daß die S. ihre Konkurrenz mit mir auf dem Rücken der Patienten austrägt, dann gehe ich!») Ältere resignieren («sei du erst mal vier Jahre hier!»). Man kann nur versuchen, sein Schäfchen heimlich aufs Trokkene zu bringen («er kann doch eine Urlaubssperre verhängen, wenn er die Neueinstellung lange genug verzögert, da sage ich lieber nichts!»)

Besonders deutlich werden diese Schwierigkeiten dann, wenn Helfer im Rahmen einer Einrichtung – zum Beispiel als Erzieher mit einer Kindergruppe im Heim oder als therapeutisches Team in einer Klinik für verhaltensgestörte Jugendliche – *gleichzeitig* klientenorientierte und mitarbeiterorientierte Beziehungen aufrechterhalten sollen. Viele Helfer neigen hier zu der Illusion, daß die Beziehungen zu den Mitarbeitern «einfach so» funktionieren müssen, und richten ihre ganze Aufmerksamkeit auf die professionellen Kontakte zu den Klienten. Sie gehen davon aus, daß Einfühlung, Verständnis und Harmonie mit den Kollegen ihr selbstverständliches Recht sind. Nur gegenüber den Klienten sind sie bereit, etwas dafür zu tun. Wenn nun wegen der mangelnden Aufmerksamkeit für das Team und der Scheuklappen gegenüber allem außerhalb der Helfer-Schützling-Beziehungen Kritik und Ärger aufkommen, wird die Situation sehr schwierig. Der so belastete Helfer fängt an, sich an seine Klienten zu klammern. Er neigt dazu, sie oder zumindest ihre Fortschritte zu idealisieren. Seine Kollegen, die bemerken, daß er auf anderen Wegen unzugänglich geworden ist, schlagen nun auch den Weg über die Kinder / Klienten ein, um mit ihm in Kontakt zu kommen oder ihren Ärger über die Kontaktverweigerung auszudrücken. Was alle in der Theorie fürchten, wird in der Praxis unausweichlich: Der Konflikt läuft über die Schützlinge. Diese finden sich in der Situation, die denen von Kindern in einem zerstrittenen Elternhaus gleicht. Sie verlieren das Vertrauen in Beständigkeit und Geborgenheit, gewinnen aber Möglichkeiten, sich dadurch durchzusetzen und ihre Beziehungsfähigkeit zu üben, daß sie die Erzieher / Therapeuten gegeneinander ausspielen.

Ein Sozialpädagoge mit soziotherapeutischer Zusatzausbildung tritt in einem Team eines Erziehungsheimes seine erste Stelle an. Er beschäftigt sich intensiv mit seinen jugendlichen Klienten und ist überzeugt, er müsse mit ihnen so umgehen, wie er es selbst in seiner therapeutischen Ausbildung als hilfreich empfunden habe. Daher hält er auch die strengen Regeln, was Taschengeld, Ausgang, Entgegennahme von Briefen usw. für die Klienten angeht, für entbehrliches Beiwerk, das seine Therapie eher stört. Nötiger sei es, daß der Therapeut verständnisvoll auftrete und die Klienten auch eigene Erfahrungen mit Regelverletzungen machen lasse. Diese Haltung wird in dem vierköpfigen Mitarbeiterteam heftig kritisiert. Die bereits länger in der Einrichtung tätigen Pädagogen werfen ihm vor, daß er die Einheit des Teams in Frage stelle, sich von den Klienten hereinlegen lasse und versuche, sich auf Kosten der anderen Mitarbeiter, die auf Regelerfüllung streng achten, beliebt zu machen. Der neue Therapeut fühlt sich völlig verkannt und mißachtet. Er beharrt darauf, daß viele der Heimregeln therapeutisch nicht gerechtfertigt seien, und äußert den Verdacht, daß die übrigen Mitarbeiter unreflektierte Macht- und Unterdrückungsbedürfnisse gegenüber den Klienten ausleben. Bald ist der einzige Ort, wo er sich in der Einrichtung noch wohl fühlt, die Therapiesituation mit den Klienten. Hier erlebt er Fortschritte, während sich die Beziehung zu den Teamkollegen auf Minustemperaturen abkühlt. Versuche anderer Mitarbeiter der Institution, die verfahrene Situation zu ändern, bleiben ohne dauerhaften Erfolg. Endlich erfährt der Sozialpädagoge, daß sein Arbeitsverhältnis nicht über die Probezeit hinaus verlängert wird. Er ist davon völlig überrascht und niedergeschlagen. Er hatte «einfach nicht daran gedacht», daß er auf Probe angestellt war. Die anderen Mitglieder des Teams hatten sich gegen eine weitere Zusammenarbeit entschieden.

Wer mit Helfern zusammenarbeitet, muß immer mit einer Verwirrung der Beziehungen rechnen. Es geht nicht «nur», wie im Wirtschaftsleben, um Leistung und Konkurrenz und um die daraus erwachsenden Hindernisse für Kontakt und Vertrauen. Sondern es gehen gleichzeitig noch Elemente aus der Helfer-Schützling-Beziehung in die Zusammenarbeit ein. Der Mit-Helfer kann zum idealisierten Über-Helfer gemacht werden, an den klientenähnliche Erwartungen gerichtet werden. Oder er wird umgekehrt zu einem dritten, vierten, fünften Klienten, der noch neben den anderen, regulären Klienten betreut werden muß. Die Tatsache, daß diese Beziehungen in einem institutionellen, durch bestimmte Normen geregelten Rahmen stattfinden, macht die Angelegenheit noch schwieriger.

In einer verhaltenstherapeutischen Klinik freunden sich zwei Psychologinnen an. Rasch entsteht ein sehr enges Verhältnis. Sie sprechen bis tief in die Nacht hinein miteinander, suchen Halt aneinander – jeder von ihnen lebt zur Zeit ohne feste Beziehung. Nach einigen Wochen verändert sich das Verhältnis abrupt: Sigrid zieht sich völlig von Erika zurück und fängt an, deren Arbeit zu kritisieren. Erika beklagt sich über diesen Rückzug. Sie wirft Sigrid vor, daß sie den Klienten Angst mache und die Basis der Zusammenarbeit in Frage stelle. Beide wirken wie ein zerstrittenes Ehepaar, sie können dem anderen nicht mehr zuhören, seine Position nicht verstehen und auf ihn antworten, sondern verteidigen sich mit immer neuen Vorwürfen. Die Supervisionsgruppe ist zunächst hilflos, weil sich die heftigen Abneigungen überhaupt nicht mit den zunächst vorgebrachten, banalen Anlässen verknüpfen lassen. Erst als sich Erika in die Enge gedrängt sieht, erzählt sie mehr von ihrer Geschichte mit Sigrid. Sie sei mit ihr an einem Abend bis zum nächsten Morgen zusammengesessen, und Sigrid habe ihr eine lesbische Beziehung angeboten. Aber sie habe sich nicht darauf eingelassen, und seither verfolge Sigrid sie mit ihrer Abneigung. Sigrid protestiert energisch. Sie habe keine lesbische Beziehung gewollt. Sie habe Angst bekommen, daß Erika zuviel von ihr fordern könne, als diese ihr erzählt habe, daß sie keinen Menschen außer ihr habe und sich selber nicht leiden könne. Allmählich wird deutlich, daß Sigrid und Erika vor den Trümmern einer Beziehung stehen, in der zwei einsame Therapeutinnen größtmögliche Nähe gesucht haben. Auf dem halben Weg sind sie, vor ihrem eigenen Wunsch erschreckt, stehengeblieben. Jede hatte gehofft, Geborgenheit und Nähe zu finden, und mußte dann vor diesen Wünschen der anderen die Flucht ergreifen. Übrig bleibt die Konkurrenz um die Rolle der anerkannten Therapeutin, nachdem sich die Sehnsucht nach der Rolle des von einer idealen Mutter versorgten Babys als unerfüllbar erwies. Aus dieser enttäuschten Sehnsucht heraus blieb Sigrid und Erika gar nichts anderes mehr übrig, als sich gegenseitig auch in ihrem beruflichen Alltag radikal in Frage zu stellen und zu entwerten. Das führte dazu, daß Erika zu Sigrid sagte: «Du machst allen Klienten Angst», und Sigrid zu Erika: «Mit allen anderen kann ich zusammenarbeiten, nur mit dir nicht.» Erika versuchte, durch die diagnostische Etikettierung – «lesbische Beziehung» – gegenüber ihren eigenen Hingabewünschen Distanz zu gewinnen; Sigrid, indem sie mit einemmal alle institutionellen Regeln der Zusammenarbeit kleinlich auslegte und Erikas Maßnahmen vor den Patienten kritisierte. Beide erwogen, die Klinik zu verlassen.

In einem profitorientierten Betrieb sind die Kriterien klar, an die sich die einzelnen Mitarbeiter zu halten haben: Wer mehr Produktivität, mehr Absatz, weniger Unkosten ermöglicht, wird sich durchsetzen. In einer Helfer-Institution ist diese Klarheit teilweise aufgehoben. Die erbrachte Dienstleistung läßt sich nicht eindeutig mit zweckrationalen, profitorientierten Erwägungen fassen. Die Helfer sind auf ihre eigenen, professionellen Maßstäbe angewiesen, die sich erheblich unterscheiden, ja widersprechen können. Ein Psychologe, der in einem sozialpsychiatrischen Dienst arbeitet, wird sich eine gute Leistung zubilligen, wenn er einen verwirrten Patienten möglichst lange in dessen Familie halten kann. Ein in einer Nervenklinik tätiger Psychiater wird dieses Vorgehen für einen Kunstfehler halten und darauf bestehen, daß der Kranke möglichst bald in stationäre Behandlung übernommen und mit Medikamenten behandelt wird. Beide vertreten die Interessen ihrer Berufsgruppe und ihrer Institution mit fachlichen Argumenten. Sie sprechen vorgeblich im Interesse ihrer Patienten.

Die «Kälte», welche ein Wirtschaftsleben bestimmt, in dem beispielsweise langjährige Arbeit in einem Betrieb kaum je einen Mitarbeiter vor Kündigung schützt, wird in den Helfer-Institutionen oft verschleiert. Sie sind weniger «dynamisch» als Industriebetriebe und lassen sich eher mit Behörden vergleichen, in denen es ja ebenfalls um soziale Dienstleistungen im weitesten Sinn geht. Ein Beamter muß erst die sprichwörtlichen silbernen Löffel stehlen, ehe er entlassen werden kann. Die Behörden bewerkstelligen durch enge Karrieregrenzen und Erschwerung des Zugangs jene Selbstbeschränkung, die in kapitalistischen Betrieben durch den Zwang, Profit zu machen, geleistet wird. Das hat zur Folge, daß in den Helfer-Berufen die formale Qualifikation mehr und mehr zu einem Fetisch wird, zum Schaden von Kreativität, Menschennähe und Selbsthilfemöglichkeiten. Da seine Intimitätsnähe den Helfer verführt, sich emotional mit dem Klienten zu verbünden, muß er durch zwanghafte Professionalisierung und Einbindung in Bürokratien kontrolliert werden.

Für die Beziehungen der Helfer untereinander hat das oft verwirrende Folgen. Sie sind selten in dem klaren Konkurrenzverhältnis, in dem ähnlich qualifizierte mittlere oder höhere Angestellte eines Betriebes zueinander stehen. Sie erwarten voneinander mehr Zuwendung, Nähe und Wärme. Ihre berufliche Rolle und ihre Leistungsfähigkeit wird auch in den kollegialen Beziehungen getestet. Wie soll der Kollege, zu dem man keinen Kontakt findet, Kontakt zu den Klienten finden? Man kann es ihm nicht wirklich zutrauen. Oder, in dem oben erwähnten Beispiel: Wie sollen die Klienten vor der Kollegin, die einem Angst macht, nicht auch Angst haben?

Wenn ich gegenüber den Klienten stark und kontrolliert sein muß – kann ich da nicht wenigstens von meinen Kollegen versorgt werden wie ein Klient? Wenn ich schon so viel für meine Klienten tun muß – wieso tun meine Kollegen nicht mehr für mich? Daraus ergibt sich die in Helfer-Teams häufige, unbewußte Konkurrenz um die Baby-Rolle. Sie wird indirekt ausgetragen. Weil es Ängste vor Schwäche und Abhängigkeit auslöst, offen über solche Verwöhnungs- und passiven Liebeswünsche zu reden, wird die mangelnde Zuwendung, Einfühlung, Verständnis- und Rücksichtsbereitschaft der anderen kritisiert. Damit bleibt die starke Fassade erhalten; freilich können die so verschlüsselt geäußerten Wünsche auch kaum mehr befriedigt werden. Es ist wie bei dem Klischee vom Ehestreit in der kleinbürgerlichen Familie:

Der Mann kommt nach Hause. Er fühlt sich von seiner Arbeit überfordert, möchte jetzt nur mehr getröstet und geschont werden. Diese regressiven Bedürfnisse kann er aber nicht ausdrücken, weil sie nicht zu seinem Rollenverständnis passen. So äußert er sie indirekt: er will «nur seine Ruhe».

Die Frau fühlt sich von der Isolation im Haushalt und den ständigen Zuwendungswünschen der Kinder überfordert. Der Mann soll sie bestätigen, soll sie von der Kinderarbeit teilweise entlasten und soll nicht so tun, als ob er – dem ja die Berufswelt offensteht, die ihr fehlt – es schlechter hätte als sie.

Jeder von beiden spürt, daß ihm etwas Entscheidendes fehlt, daß er/sie unvollständig und chronisch enttäuscht ist. Keiner kann sehen, daß die zweckrationale, industrielle Produktionsweise mit ihren Spaltungen an diesem Verlust der Ganzheit «schuld» ist. Beide sind in ihrer Erziehung geschult worden, sich *individuell* verantwortlich zu fühlen und andere verantwortlich zu machen. So schiebt jeder die Ursache seiner Enttäuschung auf den anderen, benutzt ihn, um seinen Ärger loszuwerden. «Wenn du mir nur meine Ruhe läßt, wenn du nur zufrieden wärst, wenn du dich mir mehr zuwenden würdest, wenn du dich mehr für mich interessieren würdest, wenn du mehr berücksichtigen würdest, wie es mir geht...» Das andere, auf mich bezogene Individuum ist «schuld», wenn ich unglücklich bin und leide, weil es mir nicht genug von dem gibt, was mir fehlt – und ich kann nicht sehen, daß ich deshalb nichts bekomme, weil meine Bezugsperson genauso bedürftig und hungrig ist wie ich selbst. Die daraus entstehenden Auseinandersetzungen, die endlosen Klagen über zuwenig Aufmerksamkeit, Rücksicht, Liebe, haben etwas tief Vergebliches an sich und sind doch logisch. Es hat seinen Grund, daß sich durch die psychotherapeutischen Eingriffe in solche Systeme oft nur die Sprache der Vorwürfe ändert, nicht die unbefriedigende Situation selbst. Das liegt daran, daß die Ganzheit in unserem gegenwärtigen gesellschaftlichen Zustand *wirklich* verloren ist. Die Beschäftigung mit dem Partner (Kollegen, Vorgesetzten), der sie versagt, gibt scheinbar mehr Aussicht auf Erfolg, vor allem mehr Möglichkeiten zur Äußerung von Aggressionen, als die Beschäftigung mit der Ganzheit unseres Lebens. Zu ihr gehört auch die Trauer um ihren Verlust, um die Wunden, welche wir Menschen dem Leben auf der Erde zufügen – und der ohnmächtige Zorn darüber, daß wir heute mehr tun, um diese Wunden zu vergrößern, als um sie zu heilen.

Die Professionalisierung hat den Helfer dazu geführt, daß die Nicht-Helfer-Seiten in ihm wenig entwickelt wurden. Er ist nicht flexibel, sich umzustellen. Es fällt ihm leichter, die Gelegenheit, sich Hilfe zu wünschen, verstreichen zu lassen und dann scharfsinnig die Unfähigkeit der anderen zu beobachten und zu tadeln, die ihm nicht helfen konnten. In anderen Helfern sieht er eher die Konkurrenten, die ihm seine eigene, starke Position streitig machen, eben weil er während seiner Ausbildung und Berufsarbeit unterdrücken mußte, was nicht in das Bild des starken, kontrollierten Profis paßte.

Hinter dieser Konkurrenz um die Helfer-Rolle spielt sich, verdeckt und meist indirekt (eben mit den Mitteln der starken Fassade) ausgetragen, die Konkurrenz um die Säuglingsrolle ab. Wer darf am meisten über seinen Streß, seine Überarbeitung jammern? Wer hat die schwierigsten Schüler, Patienten, Klienten (aber Vorsicht, sonst sagt der Kollege: «*Ich* komme ganz gut mit der Klasse zurecht»)? Die Rolle des Professionellen ist nicht nur ein Mittel, narzißtische Befriedigung zu gewinnen, ohne Gefühle und Wünsche zu äußern, ohne das zu zeigen, was in der Leistungsgesellschaft als «Schwäche» gilt. Sie hilft auch, eigene Interessen abzugrenzen und durchzusetzen, die sonst eben nur durch diese offene Äußerung von Wünschen und Gefühlen abgegrenzt und durchgesetzt werden könnten. Welche Ärztin wird schon sagen: «Ich möchte jetzt lieber alleine sein und Kaffee trinken», wenn ihr ein Patient auf die Nerven geht. Sie sagt: «Es ist nicht gut für Sie, in Ihrem Zustand, wenn Sie so viel reden.» Oder sie sagt: «Ich muß mich jetzt dringend um einen anderen, kränkeren Patienten kümmern!» Erst dann kann sie zu ihrer Kaffeepause gehen.

Wenn eine Gruppe von professionellen Helfern zusammensitzt und sich die Aufgabe stellt, über die Probleme der einzelnen zu sprechen, wird die Schutzfunktion der Helfer-Rolle sehr schnell deutlich. Jeder Anwesende spürt in sich das Gefühl, daß *er* sicherlich nicht einen Kollegen, der offen über seine Schwierigkeiten und Ängste spräche, angreifen und verurteilen würde. Gleichzeitig ist aber jeder Anwesende überzeugt, daß alle anderen über *ihn* herfallen würden, wenn er selber die Unvorsichtigkeit besäße, offen über seine Schwächen zu reden. Unter uns Psychoanalytikern, die ja nicht nur helfen, sondern auch ständig ihre eigene Helfer-Rolle reflektieren sollen, ist das nicht besser. Je älter wir werden, desto schwerer wird es, dem Spinnennetz zu entgehen, das eine Phantasie über uns wirft, schon mit vielen («fast allen?») Situationen in der Übertragung «fertig» geworden zu sein. In den Kollegengruppen, an denen ich teilnahm, taten sich die Älteren durchweg schwerer mit der Offenheit. Fast zwangsläufig kamen ihnen Regeln und Techniken über die Lippen, was man doch in dieser oder jener Therapiesituation machen müsse. Aber je älter ich selbst werde, desto deutlicher wird mir, wie schwierig es ist, diesem Schicksal auszuweichen. Sicherlich werde ich nicht aufgeben, zu versuchen, offen zu sein. Aber ich bemerke eine andere Flucht, die sich einschleicht: Das «Einbringen» der eigenen Probleme, der eigenen Gegenübertragungsreaktionen wird zu einer glatten Routine. Früher hätte ich mich geschämt oder gefürchtet – jetzt wage ich mich wie selbstverständlich vor. Stelle ich da noch meine Professionalität in Frage, oder ist das Infragestellen ein Teil der Professionalität? Ich weiß es nicht. An sich glaube ich, daß der Therapeut selten wirklich «weiter» ist als der Klient. Er kann allenfalls die Forderung an sich, «weiter» zu sein, besser aufgeben. Er verzeiht sich seine Schwächen eher, ist weniger abhängig von perfektionistischen Ansprüchen, tauscht aber auch neue ein, die er seinem Beruf verdankt.

TEIL III

ANPASSEN ODER
AUSSTEIGEN?

Einerseits ändert die Verberuflichung bisher der Intimsphäre überlassener Beziehungen die Helfer. Andrerseits haben diese, je mehr sie gefühlsbestimmte Ansprüche, Wünsche nach Nähe und Wärme in ihre Arbeitsgebiete hineintragen, auch Konflikte mit den rational und bürokratisch bestimmten Institutionen der Gesellschaft. Der Kompromiß zwischen Anpassung an und Aussteigen aus einer durch Konkurrenz und Profit bestimmten Welt belastet die Helfer. Sie geraten in eine Lage, die sich mit den allegorischen Bildern der Fortuna vergleichen läßt: mit einem Bein auf dem Festland, mit dem anderen auf einem schwankenden Boot, das davonzutreiben droht. Diese Schwierigkeiten, die sich schon in der Ausbildung angehender Helfer bemerkbar machen, wachsen in einer Zeit, in der die Industriegesellschaft an ihre Grenzen stößt und der Bedarf an sozialen Dienstleistungen unter einen härteren Wettbewerbs- und Kostendruck gerät. Die Energie- und Wachstumskrisen in den helfenden Berufen führen zu neuen Gegensätzen (etwa zwischen angestellten und freiberuflichen Ärzten) und zu einer wachsenden Arbeitslosigkeit, die vor allem die Beziehungshelfer betrifft. Parallel dazu wird auch der Widerspruch zwischen «alten» und «neuen» Helfern verschärft, was ich durch Beispiele (Sozialarbeit, Familientherapie) und eine Untersuchung über die Legitimation des Helfers erläutere. Schließlich schwindet das Interesse an Berufen, welche weder die Privilegien der «alten» noch die «interessanten» Qualitäten der «neuen» Helfer bieten: Der «Pflegenotstand» ist eine Folge davon.

Die berufliche Zukunft der neuen Helfer

Wir haben uns bisher vorwiegend mit der Bedeutung des helfenden Berufs für die Intimsphäre der Helfer und ihrer Partner oder Familienangehörigen beschäftigt. Die Beziehung der helfenden Berufe zur «großen» Gesellschaft wurde hier nur am Rande erwähnt. Man könnte der These des «alten» normativ* und technisch orientierten Helfers – zum Beispiel des naturwissenschaftlich vorgehenden Arztes, des Klinikdirektors, des psychiatrischen Gutachters vor Gericht – die Antithese des «neuen» beziehungsorientierten Helfers gegenüberstellen, der in einem sozialpsychiatrischen Dienst arbeitet, als Psychologe Selbsterfahrungsgruppen leitet oder als Sozialpädagoge versucht, neue Formen der Gesundheitserziehung zu entwickeln und sie dem Medizinsystem entgegenzusetzen. Aber der Gegensatz geht durch die Berufe (etwa «alte» und «neue» Pfarrer, Lehrer, Ärzte) hindurch.

Versuchen wir, den Gegensatz an einem Beispiel zu verdeutlichen. Eine Frau sagt einem Helfer, daß sie ernstlich daran denkt, sich umzubringen. Der normative Helfer – beispielsweise ein Psychiater – wird die Kriterien für Suizidalität überprüfen. Er hat da verschiedene Symptome im Kopf, die Einengung der Perspektive, das Auftreten von Selbstmorden in der Familie, der Verdacht einer endogenen Depression, die soziale Isolierung und ähnliches mehr spielen eine Rolle. Aufgrund dieser Überlegungen wird er dann entscheiden, ob er die Patientin ambulant mit einem Beruhigungsmittel, einem Antidepressivum

---

* Natürlich sind auch die Beziehungshelfer an Normen orientiert, oft stärker als die «normativen». Aber ihre Normen sind nicht so formal, bürokratisch und objektivierend, vgl. S. 140f, 146.

oder mit Psychotherapie behandelt – oder ob er sie, unter Umständen gegen ihren Willen, in eine psychiatrische Klinik einweist.

Gerät die Frau an einen Beziehungshelfer, etwa in einem Selbsterfahrungsgruppen-Zentrum, dann wird er versuchen, sich in sie einzufühlen, sich auf ihre Seite zu stellen. Er vermittelt ihr, daß es ihm leid täte, wenn sie sich umbrächte, daß er aber in ihrer Lage vielleicht auch daran denken würde. Er wird vielleicht ein Psychodrama einleiten, in dem sie an ihr eigenes Grab treten und ihre Phantasien noch konkreter ausmalen kann.

In einer bürokratisch verwalteten Gesellschaft sind solche Widersprüche ein Ärgernis. Es werden Lösungsversuche entwickelt. Der normative sieht so aus: Das Vorgehen des Beziehungshelfers mag für psychiatrisch Gesunde richtig sein, die mal an Selbstmord denken, wie jeder Mensch, aber doch nicht «wirklich» («klinisch» = krankhaft) suizidal sind. Damit ist der Friede gesichert, der Beziehungshelfer ist aus dem Claim des Psychiaters hinausdefiniert ... vorausgesetzt, er akzeptiert dessen Basis, was er aber eben gerade nicht tut. Im Gegenteil, er kontert: Die normativen Vorgehensweisen sind ihrerseits Etikettierungen, welche das Problem, das sie ordnen und erklären wollen, erst schaffen. So gibt es seiner Meinung nach keine endogenen Psychosen als Naturphänomen, sondern nur als psychiatrisches Kunstprodukt. Die Psychiater haben diese Diagnosen erfunden, um ihre Arbeit als Teilgebiet der Medizin zu rechtfertigen.

So geht der Kampf unentschieden aus. Untersuchen wir ein anderes Feld. Vor zehn Jahren war es sehr schwierig, in einem psychiatrischen Landeskrankenhaus genügend Arztstellen zu besetzen. Es gab zuwenig Mediziner, welche diese Arbeit anziehend genug fanden, um beispielsweise eine längere Anfahrt oder einen Ortswechsel in Kauf zu nehmen. Inzwischen hat sich das geändert. Auf jede Stellenausschreibung gibt es so viele Bewerber, daß ein Klinikdirektor, mit dem ich jüngst sprach, ganz zufrieden ist über seine Auswahlmöglichkeiten. Noch viel mehr Auswahl hätte der Klinikdirektor, wenn er eine freie Stelle für einen Psychologen ausschreiben könnte. Während früher kaum jemand bereit war, in ein solches Landeskrankenhaus in der Nähe einer Kleinstadt zu gehen, ließe sich heute jeder Posten zwanzigfach besetzen. Es gibt für einen begrenzten Markt zuviel Angebot an Helfer-Dienstleistung, vor allem, was die neuen Helfer angeht. In München sind derzeit weit über die Hälfte der Diplom-Psychologen, die ihre Prüfung gemacht haben, nach einem Jahr noch arbeitslos. Gleichzeitig ist diese Stadt nach Angaben der Kassenärztlichen Vereinigung, die sicherlich nicht an einer zu geringen Arztdichte interessiert ist, zu etwa 300 Prozent mit Psychiatern überversorgt. In vielen anderen Helfer-Berufen ist die Situation ähnlich, wobei ganz deutlich wird, daß die Beziehungshelfer über eine viel höhere Arbeitslosigkeit klagen müssen als die alten Helfer. Es gibt mehr arbeitslose Sozialpädagogen als Gymnasiallehrer, Sozialarbeiter sind auf Stellensuche, Krankenpflegerinnen werden gesucht. Aber die Tatsache bleibt, daß die sozialen Berufe schlechterdings die Gesetze von Angebot und Nachfrage, Produktion und Konsum außer Kraft zu setzen scheinen. Wer sich heute einen der durch hohe Numerus-clausus-Hürden geschützten Studienplätze in Psychologie erkämpft, weiß genau, mit welchen Beschäftigungsmöglichkeiten er rechnen kann. Warum nur ist dieses Studium trotzdem so begehrt, obwohl andrerseits viele Universitätslehrer, mit denen man ins Gespräch kommt, über die Passivität, Mäkelei und schlechte Motivation der Studentinnen und Studenten klagen?

Der Beziehungshelfer will keinen für ihn toten Stoff lernen, sondern er will etwas *sein*. Kein Wunder, daß sich die meisten jungen Leute, die von einem solchen Beruf träumen, nur sehr widerwillig dazu bequemen, Lehrveranstaltungen über sich ergehen zu lassen, in denen sie gerade das tun sollen, was ihnen sinnlos und unattraktiv erscheint. «Untersuchungen über die Motive von Psychologiestudenten haben vor allem zwei Hauptgründe herausgestellt: Den Wunsch, anderen zu helfen, und den Wunsch, sich selbst zu helfen und zu erkennen... Es wäre der Mühe wert, einmal zu untersuchen, wie viele frustrierte und enttäuschte Psychologiestudenten sich nach einer menschennahen Psychologie außerhalb der Universitäten umsehen – und dabei nicht selten Angebote annehmen, die der sogenannte Psychoboom macht. Indirekt trägt so die seriös-akademische Psychologie dazu bei, daß Psychologie in der Öffentlichkeit immer häufiger mit den exotischen, populären und marktgerechten Psychotechniken des Psychobooms identifiziert wird.»[*]

[*] Heiko Ernst, Psychologie heute, April 1982, S. 48.

Aussteigen und drin bleiben

Ich habe acht Jahre lang Aufnahmegespräche in einem Institut durchgeführt, das Angehörige sozialer Berufe – Lehrer, Psychologen, Sozialarbeiter, Krankenschwestern, Ärzte – in psychoanalytischer Gruppendynamik ausbildete. Es wurde mir dabei immer vertrauter, daß viele der Bewerber die relativ aufwendige Ausbildung (mit über 100 Stunden Einzelanalyse, 120 Stunden Gruppenselbsterfahrung, 240 Stunden Theorie), welche privat bezahlt werden mußte, ohne jede Aussicht auf eine entsprechende finanzielle «Rendite» machten. Wir sagten ihnen klar, daß der Markt für freie Gruppen eng begrenzt und hart umkämpft ist. Wer nicht in Einrichtungen arbeiten kann, wird mit dieser Ausbildung in der Regel nicht viel verdienen. Dennoch fanden sich immer genug Bewerber. Sie sagten oft, sie wollten die Ausbildung zunächst einmal für sich selbst, um persönlich weiterzukommen. In zweiter Linie wurden Motive genannt, etwas von dem Erreichten weiterzugeben, Geld zu verdienen, Prestige als Gruppenleiter zu genießen.* Mir scheint, daß sich hier ein Stück weit dieselbe Tendenz ausdrückt, welche auch die Wahl eines Helfer-Studiums scheinbar völlig aus den eisernen Marktgesetzen heraushebt. Dieses Studium verspricht eine Möglichkeit der persönlichen Entwicklung, die in anderen, etwa technischen Berufen nicht gegeben scheint. Wer beispielsweise eine Fortbildung als Programmierer oder Kaufmannsgehilfe wählt, wird sich genau nach dem Kosten / Nutzen-Ansatz richten. Er wird keine Ausbildung ohne Berufschancen absolvieren.

Was bedeutet das für die Gesellschaft? In der Öffentlichkeit wird kaum darüber nachgedacht – die Lehrer-, Psychologen- und Ärzteschwemme werden hingenommen wie Naturkatastrophen. Betrachtet man genauer, was hier geschieht, so wird deutlich, daß es sich hier um eine jener «Abstimmungen mit den Füßen» handelt, die ehrlicher, aber auch schwieriger zu deuten sind als bürokratisch organisierte Abstimmungen.

Wogegen stimmen die jungen Menschen, die ohne viel Aussicht auf materiellen Erfolg einen Helfer-Beruf ansteuern? Ich glaube, sie stim-

---

* Diese Rangordnung der Motive ist nicht durch die Interview-Situation bedingt, wie die Beobachtung der Ausbildungsteilnehmer in Langzeitanalysen zeigte.

men gegen die Technokratie, die Industriegesellschaft in ihrer gegenwärtigen Form. Sie wollen sie nicht als zweckrationale Rädchen im Getriebe mittragen. Sie wollen auch nicht politisch gegen sie kämpfen – das scheint wenig aussichtsreich, kann kein Lebensinhalt sein, sondern allenfalls eine «nebenberufliche» Protestaktion. Politische «Härte» ist bedrohlich für den Helfer, der Nähe, Wärme, narzißtische Bestätigung braucht. Er will aussteigen und drin bleiben, ein Stück Sinn suchen, mit dem er konkret umgehen kann. Was könnte verständlicher sein in einer Zeit, in der eine verrückt gewordene Technokratie die Natur allenthalben kurzfristigem Profit opfert, in der Atomkraftwerke von der Polizei beschützt und Gegner der Naturzerstörung wegen Landfriedensbruch verurteilt werden? So wird auch verständlich, warum den Beziehungshelfer die drohende Arbeitslosigkeit ebensowenig von seinem Entschluß abbringt wie zum Beispiel den Studenten der Ethnologie. Er will nicht um jeden Preis helfen, eine Maschinerie in Gang zu halten*, die mit dem blinden Selbstbewußtsein der Titanic in ihren Untergang fährt. Gleichzeitig würde es eine fast übermenschliche Sicherheit und Durchsetzungskraft verlangen, sich völlig zu verweigern, gänzlich auf die Möglichkeiten einer beruflichen Qualifikation zu verzichten. Die Kurskorrektur ist unwahrscheinlich. Nichts spricht dafür, daß die Industriegesellschaften aus Einsicht in die Aussichtslosigkeit ihrer Vorgehensweisen diese ändern werden. Dennoch müssen wir in ihnen leben.

So sucht der «neue» Helfer das bißchen Natur, dessen er habhaft werden kann, möglichst pfleglich zu behandeln: sich selbst. Er will, wenn er schon in dieser kalten, gefühlsfeindlichen, naturzerstörenden Welt erwachsen werden muß – gern tut er es nicht –, wenigstens soviel retten, wie er gerade retten kann. So lernt er etwas über den Menschen, über sich selbst, und wenn er das Gelernte später einmal anwenden kann, um Geld zu verdienen, anerkannt zu werden, gebraucht zu werden – um so besser. Aber die Gefahr, daß er keinen Arbeitsplatz findet, schreckt ihn nicht ab. Ausbildungsgänge sind nicht mehr die unterste Stufe auf dem Weg zu den Elfenbeintürmen der reinen Forschung oder zu den materiellen Karrieren der Praxis. Sie sind ein Weg in Schonräume, in Träume von Selbstverwirklichung, aus denen die Träumer

* Diese Haltung ist oft nicht klar bewußt, äußert sich eher als diffuses Unbehagen an einem technischen Beruf.

möglichst spät erwachen wollen. Es ist bereits ziemlich typisch geworden, daß zum Beispiel eine Erzieherin oder ein Sozialarbeiter nach ein, zwei Praxisjahren oder berufsfremden Jobs wieder studieren. Sie arbeiten nebenbei, leben bescheiden, verzichten auf bürgerliche Lebensformen (wie die Eigentumswohnung, oft auch Kinder und Familie). Wer sie genauer kennenlernt, stellt fest, daß die berufliche Realität sie abstößt, ihnen das Empfinden vermittelt, wie Tiere in einen Käfig gesperrt zu werden. Schön ist der Traum von einem fernen Ziel, den das neue Studium vermittelt. Es wird lange hinausgezögert, damit man es besser genießen kann. Schließlich hat man einen einträglichen Job als Programmierer oder Telefonistin, aber man ist nicht wirklich in diese Berufswelt eingebettet, sondern man wird irgendwann Psychologe oder Soziologe sein.

Die bereits erwähnte Ethnologie ist zu einem begehrten Studium geworden. Die «seriösen» Berufsaussichten sind natürlich minimal. Was es zu entdecken gibt, drückt vorwiegend den Verfall und Zusammenbruch der eigenständigen Primitivkulturen aus. Aber der Ethnologe studiert sein Fach, um zu träumen – und Castaneda oder Duerr sind freimütig genug, ihn dazu auch zu ermutigen, sehr zum Ärger und zur Verbitterung der Wissenschaftsbürokraten in ihrem Fach.*

Die Grenzen des emotionalen Wachstums

Es liegt nahe, sich über den Psychoboom lustig zu machen, wo in den Werbetexten für die verschiedenen Gruppenselbsterfahrungen das Blaue vom Himmel versprochen wird. Unbegrenztes emotionales Wachstum in einer Gesellschaft, die überall an ihre Wachstumsgrenzen stößt? Auf eine verwickelte Weise beeinflußt die wirtschaftliche Gesamtsituation auch die Entwicklung in den helfenden Berufen. Die Beziehungshelfer haben viele der Einstellungen weitergetragen, deren Ursprung in der Hippie- und Bürgerrechtsbewegung liegt – antibürokratische Überzeugungen, Sympathie für die unterdrückten Kolonialvölker, Sehnsucht nach gefühlsbestimmten, offenen, authentischen Um-

* Vgl. H.P. Duerr (Hg.), Der Wissenschaftler und das Irrationale, Bde. I und II, Frankfurt/Main (Syndikat) 1981.

gangsformen im Gegensatz zu der von Profit und Macht bestimmten Wirtschaftswelt. Die Arbeit im sozialen Beruf stellte einen Kompromiß dar zwischen dem Aussteigen und der häufig parasitären Existenz der Hippies, die keine Perspektive bot. Es wurde ein Kompromiß zwischen dem kritischen Verlassen der Warenwelt und dem Angebot neuer Dienstleistungen daraus: Selbsterfahrung, Primärtherapie, Gestalttherapie, Bioenergetik, Encounter, dynamische Meditation, Rebirthing, Lebenstanz, Psychodrama... Es war möglich, etwas zu verändern, konkrete Menschen zu überzeugen, anstatt sich in dem abstrakten, versachlichten Bemühen politischer Veränderungen aufzureiben.

Viele Gruppenzentren und Gruppenleiter, die ich kenne, haben auf ihre Weise die Impulse der Studentenbewegung, der antiimperialistischen Proteste, aufgegriffen, konkretisiert und kommerzialisiert. Beratungsstellen, psychologisch-psychotherapeutische Praxen, heilpädagogische Horte, Kinderläden, Wohngemeinschaften für Drogenabhängige wurden in großer Zahl gegründet, eingerichtet, zum Teil mit öffentlichen Mitteln gefördert und dadurch auch den Forderungen der Sozialbürokratie angepaßt.

Diese Gründungsphase ist heute, gut ein Dutzend Jahre nach ihrem Beginn, an ihre eigenen Grenzen gestoßen. Die Wartelisten an den Erziehungs- und Eheberatungsstellen sind inzwischen so kurz, daß neue Stellen kaum mehr eingerichtet werden. Manchmal kann nur durch Verschleierungsmaßnahmen (wie «Beratungen», die viele Jahre dauern und nur dem Namen nach keine Therapie sind) verhindert werden, daß ein Träger eine bestehende Institution schließt. Die Umsätze der gruppendynamischen Zentren stagnieren oder gehen zurück. Viele Psychologen, die sich in freier Praxis ohne Kassenzulassung niederließen, haben aufgegeben oder zu entwürdigenden Werbemethoden Zuflucht suchen müssen. Psychologische Praxen werben in Zeitungsanzeigen um Klienten, neben den Kleinanzeigen, in denen Astrologen, Urschreitherapeuten oder Heilpraktiker ihre Dienste anbieten. Ein Psychologengesetz, welches zumindest dieser Berufsgruppe die Möglichkeit gegeben hätte, mit den bestehenden ärztlichen Einrichtungen zu konkurrieren, ist wieder in der Schublade des Gesundheitsministeriums verschwunden und wird wohl auch nicht mehr herausgeholt werden. Es ist die erklärte Politik der Ärztevertreter, die psychosoziale Versorgung heimzuholen in ihren Stand. Die Tatsache, daß es in Zukunft mehr und mehr stellenlose Ärzte geben wird, kann die Konkurrenz auf diesem Gebiet nur verschärfen.

Es gibt mehrere Ursachen für diese Entwicklung. Zunächst haben die Beziehungshelfer, die auf den Dienstleistungsmarkt gingen, mit dem typischen Bedürfnis des Helfers, sich selbst für unentbehrlich zu halten, diesen Markt überschätzt. Sie übersahen, daß das Neuland, das sie mit ihren Angeboten betraten, irgendwann erschöpft sein würde. Dann mußte sich der Bedarf vermindern. Eine Selbsterfahrungsgruppe oder eine Ehetherapie sind nicht Gegenstände des täglichen Bedarfs. Wer sie noch nie genossen hat, interessiert sich für sie (vorausgesetzt, er gehört einer bestimmten gesellschaftlichen Schicht an). Wer sie bereits kennt, wird sie in aller Regel nicht immer brauchen. Das heißt, solange die Dienstleistung «Beziehungshilfe» noch unbekannt und neu war, expandierte die Nachfrage sehr schnell und täuschte eine Unerschöpflichkeit vor, die höchst trügerisch war.

Ein weiterer Grund für die steigende Beschäftigungslosigkeit unter den Beziehungshelfern ist die Tatsache, daß es häufig einfacher ist, einen neuen Helfer zu produzieren als einen zufriedenen Klienten. An diesem Motto haben sich beispielsweise viele Organisationen orientiert, die Selbsterfahrung in den neuen, beziehungsorientierten Therapiemethoden anboten. So gab es bald mehr Fischer als Fische.* Diese Situation hängt mit den spezifischen Qualitäten der neuen Helfer zusammen. Die Intimität der Interaktion in einer sonst gefühlsentfremdeten Gesellschaft weckt den Wunsch, länger in solchen Situationen bleiben, sie besser kontrollieren zu können. Also wird man selber Therapeut, Gruppenleiter, Beziehungshelfer. Die Institute und Vereine entdecken diesen Bedarf und orientieren sich daran. Heute stoßen sie an die dadurch geschaffenen Grenzen und müssen sich zum Teil selber auflösen.

Ein weiterer Gesichtspunkt ist der, daß die Beziehungshelfer auf ihrem langen Marsch nicht in die etablierten Institutionen eingedrungen, sondern außerhalb von ihnen, in einem für kurze Zeit gültigen Schonraum, geblieben sind. Mitverantwortlich war ihre antibürokratische

* Ein Heilpraktiker, der nicht genug Patienten findet, gründet eine Heilpraktiker-Schule und wirbt für «einen Beruf mit Zukunft». Ein Psychologe gründet eine Psychologen-Schule usw.

Tendenz, vor allem aber auch der zähe, hinhaltende Widerstand der bereits etablierten Helfer-Institutionen und der normativen Helfer. Er hat verhindert, daß sich jemals wirklich gleichberechtigte Verhältnisse herstellen ließen. Es ist so geblieben, daß durchweg die normativen Helfer die Aufsicht, Kontrolle und den Zugang zu den öffentlichen Geldern sich selbst vorbehielten. Die zu Beginn des Aufschwungs der «neuen» Helfer zwischen 1970 und 1975 viel großzügigere Regelung über die Abrechnung der nichtärztlichen Psychotherapeuten mit den Krankenkassen wurde 1976 wieder aufgehoben, wobei die Kassen-Ärzte-Front versicherte, sie sei eigentlich nie rechtens gewesen. Mit einemmal wurde das verstaubte Heilpraktikergesetz wieder aus der Schublade geholt und eifrig zitiert. Ein akademisch ausgebildeter, nichtärztlicher Therapeut sollte die Heilpraktiker-Prüfung machen, zu der sich jeder unbescholtene Bürger mit Hauptschulabschluß anmelden kann. Sie wird von einem Amtsarzt abgenommen und prüft, ob der Heilpraktiker weiß, welche Krankheiten (zum Beispiel Infektionen und Krebs) er nicht behandeln darf. Therapeutisches Wissen ist gar nicht gefragt.

So war es gar nicht anders zu erwarten: Die neuen Helfer spüren die Wachstumsgrenzen der Industriegesellschaft am deutlichsten. Eine wieder autoritärer werdende Bürokratie engt ihre Freiräume ein. Der Rotstift wird da angesetzt, wo Hilfe am wenigsten objektivierbar ist, wo Proteste inhaltlich bleiben und keine formaljuristische Grundlage haben. Die Instrumente der Krankenkassenbürokratie, einst erdacht, um die Interessen der Arbeiter und Angestellten in einer Solidargemeinschaft zu vertreten, werden zu einem Mittel der Disziplinierung. Wer sich für die Selbstheilungskräfte, für die ganzheitliche Entwicklung der Person interessiert, hat in Zeiten der Rezession keinen Platz in einem System der Krankenversorgung, das mit ungeheurem Aufwand immer weniger Menschen gesund erhalten kann.* Was er anbietet, ist eben nicht die «Behandlung von Krankheiten im Sinne der Reichsversicherungsordnung».

* Während die Lebenserwartung kaum mehr steigt und teilweise bereits sinkt, stiegen die jährlichen Versicherungsbeiträge von 1960 bis 1979 von 9,5 auf 80,7 Milliarden DM. 1979 wurden rund zwei Milliarden Medikamente verschrieben und 247 Millionen Krankenscheine abgerechnet. Vgl. R. Haun, Der befreite Patient, München (Kösel) 1982.

Die neuen Helfer haben so mehr als eine Gemeinsamkeit mit den Frauen. Wie diese sind sie «Beziehungsarbeiter». Wie bei den Frauen, gibt es auch bei ihnen eine große Reservearmee, deren Arbeitslosigkeit nicht sonderlich auffällt, weil die neuen Helfer mit ihr gerechnet haben und sie schlecht und recht ertragen. Ihre Unterbeschäftigung läßt sich freilich nicht so gut rechtfertigen wie die der Frauen, die durch Propaganda für «berufliche Emanzipation» auf der einen, «Unentbehrlichkeit der Hausfrau-Mutter für die seelische Gesundheit der Kinder» auf der anderen Seite als Arbeitskräfte für die Wirtschaft genützt, oder aber auch rasch wieder abgestoßen werden können.

Die Arbeitslosigkeit der neuen Helfer hat zur Zeit noch relativ wenig öffentliche Bedeutung. Ihr politisches Gewicht ist gering. Die «Helfer-Ausbildung zur Arbeitslosigkeit» ist ein junges Phänomen und tritt gegenüber der Bedeutung der Gesamtarbeitslosigkeit zurück. Das wird sich vermutlich in Zukunft ändern. Ich will hier einige mögliche Folgen überlegen. Sie betreffen die praktische Beziehung der Helfer zur Gesellschaft und die Helfer-Theorien. Eine Konsequenz, die bereits eingetreten ist, könnte man professionelle Verelendung nennen. Viele Helfer sind inzwischen überqualifiziert. Diplom-Psychologen arbeiten als Erzieher in einem Heim, graduierte Sozialpädagoginnen in einem Kindergarten. Krankenschwestern mit Abitur, früher die Ausnahme, werden mehr und mehr zur Regel. Die Tatsache, daß in den qualifizierten Helfer-Berufen das Angebot soviel größer ist als die Nachfrage, führt zu einer verschärften Konkurrenz und zu verbesserten Möglichkeiten der Arbeit«geber», Druck auszuüben.

Damit geraten viele der neuen Helfer in innere Konflikte. Ihr Wertsystem widerspricht der sozialen Wirklichkeit, der sie sich fügen oder gegen die sie kämpfen müssen. Die Folge davon ist, daß sie theoretische Widersprüche entwickeln, die man zum Teil auf die Interessengegensätze zwischen den stellenlosen «neuen» und den etablierten, «normativen» Helfern zurückführen kann.

Diese Gegensätze werden auf dem psychosozialen Sektor besonders deutlich. Hier geht eine mächtige Lobby von pharmazeutischer Industrie und etablierten Nervenärzten bzw. psychiatrischen Einrichtungen davon aus, daß die «richtige» Behandlung von Ängsten und Depressionen darin besteht, Psychopharmaka zu verschreiben. Hintergrund dieser Auffassung ist die Ansicht, daß viele Menschen die Anpassung an die Industriegesellschaft nicht bewältigen. Ihre Affekte sind auf ein anderes Leben zugeschnitten. Oder aber: sie leiden an einem bisher ungeklärten Erbmangel, der sie dazu geneigt macht, Wahnsymptome, Halluzinationen, Denkstörungen oder Depressionen zu entwickeln. Auch hier sind Medikamente, möglichst das ganze Leben genommen, die einzig wirksame Hilfe. Und endlich gibt es auch sehr viele – schätzungsweise die Hälfte – der scheinbar körperlich Kranken, die tatsächlich an «funktionellen» Störungen leiden, an «vegativer Dystonie», «larvierter Depression», «psychovegetativem Syndrom». Auch sie werden meistens im Rahmen der medizinischen Theorie und Praxis mit Medikamenten oder chirurgischen Eingriffen (zum Beispiel Operationen an den sympathischen und parasympathischen Nervenknoten) behandelt.

Vertreter dieser Ansichten haben in der Regel eine gutbezahlte Position in einer normativ orientierten Helfer-Einrichtung, beispielsweise einer Nervenklinik oder einer Arztpraxis. Sie beteiligen sich mittelbar oder unmittelbar am Umsatz einer der wachstumsstärksten Industrien Europas – der pharmazeutischen Industrie. Sie produzieren eine Menge wissenschaftlicher Arbeiten, welche ihre Ansichten stützen. Selbst wenn von den oft verhängnisvollen Nebenwirkungen der Psychopharmaka die Rede ist, bleibt die Voraussetzung ihrer Notwendigkeit unangetastet. Erfolgsberichte, wonach in unserer human gewordenen Psychiatrie die Stimmung in den Irrenanstalten mehr und mehr jener in inneren Kliniken gleiche, gehören zum Zitatenschatz jedes Psychiatrischen Festredners (also ob die «innere Klinik» schon fast das Paradies wäre). Der gelegentliche Mißbrauch von Psychopharmaka wird als Ausnahme zugestanden. Vor allem gibt es undisziplinierte Patienten, die sogar von diesen so sorgfältig entwickelten Medikamenten abhängig werden. Aber für die wirklich Kranken sind sie ein Segen.

Die niedergelassenen Psychotherapeuten und Psychoanalytiker nehmen eine Zwischenstellung ein. Sie stehen den Medikamenten oft kritisch gegenüber. Aber sie müssen das psychiatrische System teilweise anerkennen. Die Verfügung über ihre Geldquellen hängt von ihrer Fähigkeit ab, in ihren für die Genehmigung der Psychotherapie durch die Krankenkassen verfaßten Gutachten zu begründen, daß ihr Patient in ihr Claim gehört. Er «hat» keine «endogene Psychose», sondern eine «Neurose».

Diese ist klar definiert als in der Kindheit entstandene, durch gegenwärtige Konflikte verschärfte Form seelischer Störung. Unter der Hand macht man sich über die Psychiater lustig, die so unermüdlich die Tatsachen ihren Dogmen unterwerfen. Sie stufen beispielsweise eine psychotherapeutisch mit Erfolg behandelte «endogene» Depression oder «Schizophrenie» nachträglich als «reaktive Depression» oder «Borderline» ein. Damit erhalten sie das Gesetz aufrecht, daß «echte Psychosen» – also alles, was in ihr berufliches Claim fällt – nur «biologisch» – also mit Medikamenten – behandelt werden können. Aber der Psychotherapeut muß sich davor fürchten, in schlechten Ruf zu geraten, wenn einer seiner ambulant behandelten Patienten einen Selbstmordversuch macht oder so auffällig wird, daß er in eine psychiatrische Einrichtung kommt. Er hat damit seinen Mangel an psychiatrischer Kompetenz unter Beweis gestellt.

In der Regel wird sich der Psychotherapeut nicht mit den Psychiatern und ihren Einrichtungen anlegen. Er wird auch Patienten nicht annehmen, die schon zu oft innerhalb des Claims der Psychiater waren. Er weiß – wenn nicht von Anfang an, so doch nach einigen negativen Erfahrungen –, daß seine Mittel nicht auf sie zugeschnitten sind. Er hat auch ohne sie genug zu tun, vorausgesetzt, er ist zu den Krankenkassen zugelassen. Der neue Helfer, welcher nicht auf solche äußeren Rücksichten angewiesen ist, wird viel radikalere Forderungen stellen können. Ein Anliegen wie die Abschaffung der psychiatrischen Großkrankenhäuser geht ihm glatt über die Lippen. Für die meisten Wortführer der Psychiatrie ist das ein Unding, Ausdruck fehlender psychiatrischer Kenntnisse, schreiendes Unrecht am Wohl der Kranken. Kritische Äußerungen über die Psychopharmaka, mit deren Hilfe bereits mindestens eine halbe Million Deutscher medikamentenabhängig gemacht worden ist, kommen vor allem von den Vertretern der Diplom-Psychologen, die ihre Claims erst finden müssen und versuchen, ihre klinisch-psychologische Dienstleistung den Krankenkassen als die bessere Ware anzupreisen. Diese, schwerfällig wie alle bürokratischen Systeme, richten sich in der Regel nach dem Motto: besser ein bekanntes Übel als ein unbekanntes Gut. Sie können die erklärte Ärzte-Politik nicht übergehen und weisen deshalb die Ansprüche der neuen Helfer mit juristischen Argumenten zurück.

Ich habe hier Hintergründe skizziert, die in der laufenden Diskussion über die psychosoziale Versorgung meistens verschwiegen werden. Ich glaube damit nicht, die in dieser Diskussion geäußerten Widersprüche zu klären. Sie lassen sich nicht einfach auf berufspolitische Interessen reduzieren. Diese Interessengegensätze zwischen den häufig stellenlosen neuen Helfern und den etablierten, normativen Helfern drücken einen gesellschaftlichen Widerspruch aus. Die herrschenden Gruppen in der Industriegesellschaft schienen zu verstehen, daß die «neuen Helfer» nicht in ihr Leistungssystem passen. Deshalb verweigern sie vielen von ihnen die Integration. Darin liegen Chancen, aber auch Gefahren. Auf der einen Seite entwickelt sich aus dieser systematischen Verweigerung von Praxis, mit der sich so viele neue Helfer auseinandersetzen müssen, Ansätze zu einer radikalen Kritik der bestehenden Praxis. Auf der anderen Seite erzeugt die dadurch bedingte Existenzangst einen Konformitätsdruck, der es für die etablierten, normativen Helfer leicht macht, die Front der neuen Helfer zu zersplittern und aufzulösen.

Wenn beispielsweise einer bestimmten Gruppe von Psychologen die Möglichkeit gegeben wird, nach einer umfangreichen Zusatzausbildung in einer ähnlichen Form wie die Ärzte an den Verdienstmöglichkeiten der kassenärztlichen Versorgung (deren Bürokratie das Gesundheitswesen fast völlig beherrscht) teilzunehmen, werden alle Psychologen vor die Wahl gestellt: entweder die Anpassungsforderungen zu schlucken, die sich daraus ergeben, oder aber die sicheren Verdienstmöglichkeiten einer Kassenpraxis aufzugeben. Sie können dann hoffen, durch standespolitischen Einsatz ein Psychologengesetz zu schaffen. Aber auch dieses Psychologengesetz würde eine neue Spaltung der neuen Helfer mitbedingen. Die akademischen Psychologen würden in die kassenärztliche Versorgung integriert. Die übrigen neuen Helfer wären in derselben Situation wie die Psychologen heute.

Die bisherige Praxis der Gesundheitsbürokratie, die Speerspitze der durch die neuen Helfer erzeugten Unruhe dadurch abzubrechen, daß ein privilegierter Teil von ihnen in die bürokratisch organisierte Versorgung einbezogen wurde, wird in Zukunft keine großen Möglichkeiten mehr bieten. Die Finanzdecke über dem Gesundheitswesen wird kürzer. Die typische Rolle der Medizin in der Industriegesellschaft muß zwangsläufig dazu führen, daß sie mit immer größerem Aufwand immer weniger Bedürfnisbefriedigung schaffen kann. Die Menschen versuchen, ihre Unzufriedenheit und ihr Unglück in diesem naturzerstörenden System durch die Ärzte behandeln zu lassen, die ihnen dafür immer ausgefeiltere technische Möglichkeiten und Medikamente anbieten. Die Bekämpfung der Symptome führt zu neuen Symptomen. Gleichzeitig werden die Selbstheilungskräfte und die emotionale Autonomie geschwächt. Die Ansprüche an die Fachleute des Medizinsystems wachsen, die Zufriedenheit der Patienten nimmt ab.

Keine Berufsgruppe ist heute so umstritten wie die Helfer, und mit Recht. Ein Zeichen dafür sind die öffentlichen Kampagnen gegen Ärzte und zum Teil auch Psychologen in den Massenmedien. Die Ärzte antworten mit massiven Protesten. Allein die Tatsache, daß es solche Auseinandersetzungen gibt, unabhängig von ihren Inhalten, weist auf die besondere Problematik der helfenden Berufe hin. Der ironische Höhepunkt scheint mir eine von dem Arzneimittelhersteller Nordmark-Werke eingeleitete Werbeaktion: «Der Arzt. Ohne ihn sind Medikamente nur die Hälfte wert.» Hier wird in großen Anzeigen entkräftet, daß Ärzte nur am Geld interessiert sind, Pillenmediziner, die keine Zeit für Patienten haben. Der Standardtext klingt wie die Beschwörung der Leistungsmagie. Weil Ärzte viel arbeiten, muß doch auch gut sein, was sie tun:

«Der deutsche Arzt hat im Durchschnitt 12 Semester Medizin studiert und danach fünf Jahre lang als Assistenzarzt an einem Krankenhaus praktische Erfahrungen gesammelt, d. h. seine Ausbildung ist mit über 10 Jahren eine der längsten überhaupt.

Während seiner Assistenzzeit hat er ungefähr so viel verdient wie ein qualifizierter Facharbeiter, aber bis zu 70 Stunden in der Woche gearbeitet, als Unfallarzt oder im Notdienst, Tag und Nacht, an Sonn- und Feiertagen und bei jedem Wetter.

Wenn er sich Mitte dreißig als praktischer oder Fach-Arzt niederläßt, behandelt er während der Sprechstunde und bei Hausbesuchen täglich 60–80 Patienten, die nicht nur Heilung, sondern auch Trost und Verständnis von ihm erwarten...»*

Wo so dick aufgetragen werden muß, läßt sich auf einen entsprechenden Mangel schließen. Die Situation der Ärzte drückt besonders deutlich aus, welche Anforderungen die Industriegesellschaft an ihr

---

* «Pharma-Unternehmen ergreift Partei für Ärzte», Medical Tribune Nr. 23 / 1982, S. 32.

Schmiermittel, die helfenden Berufe, stellen muß. Der Arzt mit seiner Super-Ausbildung und Super-Leistungsbereitschaft steht auf der einen Seite, die immer empfindlicheren, ansprüchlicheren Patienten auf der anderen Seite. Die Kosten explodieren, die Politiker ducken sich, aber irgendwann müssen sie doch etwas unternehmen. Bislang sind ihre Mühen Stück- und Flickwerk, und das wird wohl so lange so bleiben, wie die Industriegesellschaft an ihren Verleugnungen, vor allem an ihrem Wachstumswahn festhält. Die neuen Helfer sehen diese Widersprüche zum Teil sehr viel deutlicher. Sie wissen zum Beispiel, daß es nur selten möglich ist, mit technisch-medizinischen Mitteln wirklich Krankheiten zu heilen. Aber sie sind, wie alle Alternativen, in eben die Strukturen verstrickt, welche sie ändern wollen.

Energiekrise im Helfen

Die Signale, daß die Wachstumsgrenzen erreicht sind und es nicht mehr so weitergeht wie bisher, werden in der Industriegesellschaft verleugnet, solange es geht. Für eine Weile wird das Benzin billiger, die Autofahrer hören auf zu sparen. In einer Stimmung, die mich an das Motto »nach uns die Sintflut« erinnert, wird in so zukunftslose Objekte wie Autobahnen und Autofabriken investiert. Schnell werden noch ein paar überflüssige Flughäfen gebaut. So ist es auch nicht zu erwarten, daß schnelle und deutliche Konsequenzen aus den Energiekrisen in den helfenden Berufen gezogen werden. Ich will hier nur einige Prognosen äußern.

1. Der Verteilungskampf wird noch härter werden. Zu den arbeitslosen Psychologen, Sozialpädagogen und Sozialarbeitern werden auch mehr arbeitslose Ärzte kommen.

2. Die hohe Arbeitslosenzahl wird den Leistungs- und Anpassungsdruck, aber auch die Neigung zum «Aussteigen» unter den Helfern weiter steigern. Formale Qualifikationen, die für die konkrete Arbeit der «neuen Helfer» sehr fragwürdig sind, werden große Bedeutung für die Konkurrenz um Arbeitsplätze gewinnen.

3. Die verschiedenen Helfer-Berufe geraten in eine verschärfte standespolitische Konkurrenz, die bis zum Verdrängungswettbewerb gehen kann. Zum Beispiel werden die Ärzteverbände, um neue Stellen für

ihre Mitglieder zu erschließen, auf den Gedanken kommen, daß nicht nur Psychotherapie, sondern auch Ehe- und Erziehungsberatung oder Sexualpädagogik «genuin ärztliche» Tätigkeiten sind. Sie werden versuchen, Erziehungs- und Eheberatungsstellen unter Druck zu setzen, die auf die Mitarbeit von Ärzten verzichten. Ein Kinderpsychiater sollte jede Erziehungsberatung beaufsichtigen, ein ärztlicher Psychotherapeut jede Eheberatung. Umgekehrt werden die Diplom-Psychologen versuchen, die Laienhelfer zum Beispiel aus der Telefonseelsorge oder der kirchlichen Sozialarbeit herauszudrängen.

4. Größere Einrichtungen im Sinn einer «Helfer-Industrie» werden günstigere Möglichkeiten haben, sich auf Kosten von kleineren Einrichtungen oder Privatpraxen durchzusetzen. Sie können eher Fachkräfte beschäftigen, die sich um die juristisch komplizierten Regelungen für staatliche Zuschüsse kümmern und die Einrichtungen politisch absichern. Bereits gegenwärtig ist diese Bürokratieprämie vor allem bei den Heimen für Kinder und Jugendliche sowie für Behinderte deutlich. Größere Heime, die für die Kinder ungünstiger, weil weniger überschaubar und mit einer höheren Fluktuation des Personals belastet sind, erhalten höhere Tagessätze, weil sie eine heilpädagogische oder verhaltenstherapeutische Abteilung mit entsprechenden Fachkräften haben.

5. Innerhalb des Medizinsystems müssen sich die politischen Gegensätze zwischen angestellten und niedergelassenen Ärzten weiter verschärfen. Die selbständig tätigen Kassenärzte werden anbieten, weniger Patienten in die Kliniken zu überweisen. Damit hoffen sie, aus der Schußlinie von Sparmaßnahmen zu kommen. Umgekehrt werden die Kliniken versuchen, vermehrt auch ambulante Patienten zu behandeln, nachdem sie Ausbildung, Forschung und technisch-medikamentöse Weiterentwicklung der Medizin ohnedies schon an sich gezogen haben. Die Krankenhäuser werden in Zukunft dazu übergehen, Patienten ohne Überweisung aufzunehmen. Der Begriff des «Notfalls» ist hier schon heute außerordentlich dehnbar. Die praktischen Ärzte werden versuchen, die freie Konsultation aller möglichen Fachärzte einzuschränken und der Kontrolle durch den «Hausarzt» zu unterstellen. Die Fachärzte werden protestieren; die Internisten behaupten, sie seien doch die besten Hausärzte usw. Die Einheitsfront der Ärzte bricht unter dem Druck der Finanzkrise auf. Die freiberuflichen Ärzte werden

zu Gegnern der Krankenhausärzte, denen sie Verschwendung vorwerfen, weil sie Klinikaufenthalte verordnen, um ihre Betten zu belegen. Aus den Vereinigten Staaten dringen Berichte, daß Krankenhäuser wie Touristenhotels mit schönen Worten über ihren Service, ihre Ärzte und Zimmer in den Illustrierten werben.*

Umgekehrt kritisieren die angestellten Ärzte die freiberuflichen Mediziner für ihre oft haarsträubenden Behandlungsfehler und ihre ausschließlich an ihrem finanziellen Ertrag (dem Sammeln von Scheinen) orientierte Vorgehensweise. Die technische Medizin kann in den Krankenhäusern besser eingesetzt werden. Der teure Maschinenpark rentiert sich eher, wenn er intensiver genutzt wird. Alle diese Einflüsse laufen darauf hinaus, daß die Kliniken immer größer und in den Kliniken die Bürokratien immer mächtiger werden.

Die Arztpraxen können in dieser Konkurrenz um die beste Technik letztlich nicht mithalten. Schon heute sind viele Ärzte gezwungen, sich hoch zu verschulden, um die ertragreichen Apparate (zum Beispiel Computertomogramm, EEG, Röntgengeräte mit Bildverstärker usw.) anzuschaffen. Der Zwang, diese Investitionen wieder hereinzuwirtschaften, ist für die erschreckend hohe Zahl von überflüssigen diagnostischen Maßnahmen verantwortlich (der Patient wird zum Beispiel jedes Quartal «zur Kontrolle» einbestellt und wieder durchdiagnostiziert).

6. Die Konkurrenz um die Patienten wird die Ärzte zwingen, sich verstärkt Fächern zuzuwenden, die bisher schwach angeboten wurden, beispielsweise Psychotherapie, physikalische Medizin, Massage. Damit verringert sich die Möglichkeit für Helfer aus anderen Berufen, an diesem Dienstleistungsmarkt teilzuhaben.

7. Die Überwachung aller Helfer durch kontrollierende Bürokratien wird an Einfluß gewinnen. Die Freiheit des Professionellen, der aufgrund seines persönlichen Eindrucks verantwortlich entscheidet, wird

---

* Die Gründe für den Patientenschwund sind Überkapazitäten an Betten und sinkende Leistungen der privaten Krankenversicherungen. In Las Vegas verlost das Sunrise-Hospital Kreuzfahrten für Wochenend-Patienten, in New Jersey bietet eine Zahnklinik Jugendlichen, die sich ihr Gebiß sanieren lassen, ein Zehngang-Rennrad als Geschenk. Propagiert werden auch Vorsorgeuntersuchungen – die Patienten sollen nicht warten, bis sie wirklich krank sind. Bericht in der Süddeutschen Zeitung, Nr. 74, S. 40, 30. März 1982.

unglaubwürdig, wenn diese Professionellen um Marktanteile konkurrieren. Konkret sehen solche Veränderungen so aus, daß zum Beispiel seit April 1982 Vorsorgekuren für Sozialhilfeempfänger nicht mehr durch ein «einfaches», hausärztliches Attest für notwendig erklärt werden können, sondern nurmehr durch ein amts- oder vertrauensärztliches Attest. Im Klartext heißt das: der Hausarzt ist von dem Patienten so abhängig, daß die Bürokratie ihm mißtrauen muß.

8. Die Konkurrenz der Helfer wird in der Regel nicht direkt mit marktwirtschaftlichen Mitteln (zum Beispiel Unterbieten von Honoraren) ausgetragen, sondern bürokratisch. Der Gesetzgeber entscheidet darüber, welche Berufsgruppen welche Möglichkeiten erhalten. Die normativ orientierten Helfer haben hier durchweg bessere Möglichkeiten als die neuen Helfer. Andrerseits sind aber die neuen Helfer um so notwendiger, je stärker sich die Menschen in diesen bürokratisch gesteuerten Gesundheits- und Sozialindustrien verloren fühlen. So werden die vom Normendruck belasteten Helfer die besten Klienten der neuen Helfer. Sie brauchen besonders dringend Entlastung von ihren inneren Widersprüchen. Schon heute sind Lehrer, Ärzte, Erzieher und Krankenpflegerinnen unter den Klienten der Psychotherapeuten und der Selbsterfahrungszentren weit überrepräsentiert.

9. Die unbürokratischen, an emotionaler Nähe und Offenheit orientierten Werte der neuen Helfer werden vor allem auch Studenten und jüngere Kandidaten für normative Helfer-Berufe mehr oder weniger stark beeinflussen. Die bisher festen Standesfronten werden dadurch aufgebrochen. Ein Beispiel dafür sind die «Gesundheitstage», auf denen Ärzte, Sozialarbeiter, Psychologen, Krankenpfleger, Studenten und interessierte Laien zusammenarbeiten. Diese alternative Gesundheitsfürsorge, die versucht, professionelle Schranken einzuebnen, erfaßt durchaus auch etablierte Kassenärzte. In der stark von der Pharma-Industrie beeinflußten Medizinpresse wird sie bekämpft und heruntergespielt («Fanatiker», «einige wenige Ärzte» usw.). Es gibt bereits Ärzte, die unter Pseudonym Broschüren verfassen, wie arbeitsunwillige Patienten am besten Krankheiten simulieren können. Wie wesentlich das ist, läßt sich durch Zahlen ausdrücken. Der durchschnittliche Allgemeinarzt kostet die Gesellschaft pro Quartal 203 800 DM für Honorar, Überweisungen und Arzneimittel. Gleichzeitig kostet die von ihm «verordnete» Arbeitsunfähigkeit 1 161 000 DM.

Es ist klar, daß die heute einsetzende Konkurrenz um die Patienten die Ärzte nicht bereitwilliger machen wird, Ansprüche dieser Art zurückzuweisen, selbst wenn sie noch fähig sind, ihrer Rolle als normativer Helfer in der Leistungsgesellschaft gerecht zu werden. Die Abhilfe, welche sich die Helfer-Bürokratien einfallen lassen werden, sehen so aus: Entweder wird die Rolle des Hausarztes von der des «Krankschreibers» abgetrennt, wie es beim «Vertrauensarzt» (wessen Vertrauen genießt er wohl?) bereits der Fall ist. Oder die Ärzteschaft muß in ihre Selbstkontrolle nicht nur Verfehlungen gegen das Betäubungsmittelgesetz oder gegen die «Unzucht mit Abhängigen» aufnehmen, sondern auch die «ewigen Jasager»* in ihren Reihen herauspicken und mit Sanktionen bedrohen. Wenn wir bedenken, daß die westdeutschen Kassenärzte jährlich mit ihren Kugelschreibern eine Summe von 42 Milliarden Mark bewegen – mehr als der Bundeshaushalt für Verteidigung –, läßt sich ermessen, welche Macht, aber auch welche Last bei diesen Helfern liegt.

10. Weniger deutlich als in der technisierten Medizin, aber prinzipiell ihr ähnlich, werden auch die neuen Helfer im Zug ihrer Professionalisierung ihre Techniken bis zur Selbstaufhebung** vervollkommnen. Am Ende werden die wirtschaftlichen Grenzen um so härter wirken, je maßloser Erwartungen und Versprechungen geworden sind. Bereits heute wird für medizinische Behandlungen, die keine oder nur eine ganz geringfügige Verbesserung der «Lebensqualität» mit sich bringen, ein extrem hoher wirtschaftlicher Aufwand getrieben. Die Unterschiede zwischen armen und reichen Ländern sind hier noch viel ausgeprägter als in anderen Lebensbereichen. Während Millionen von Menschen an Unterernährung sterben, werden anderswo durch Herztransplantationen und ähnliche aufsehenerregende Eingriffe menschliche Leben zu einer «Apparate- und Medikamentfolter» (Illich) verlängert. Diese Entwicklung wird, da sie zu wirtschaftlich untragbaren Folgen führen muß, die klassische ärztliche Ethik auflösen und die nackten Verteilungskämpfe bloßlegen. Verwaltungsspezialisten oder

* «Krankschreiben und Krankfeiern – Kritisches zum Sozialverhalten aller Beteiligten», in Praxis-Kurier 11, S. 52, 3. 3. 1982.
** «Beziehungen, die ähnlich schicksalhaft sind wie die Kinder, die man kriegt», beschreibt eine Therapeutin in einem Brief an den Autor ihre Arbeit mit schizophrenen Patienten.

Richter werden entscheiden müssen, wer kostspielige Extreme medizinischer Dienstleistung beanspruchen darf und wer nicht. Der medizinische Fortschritt führt sich selbst ad absurdum. Die Härten, die durch den Verzicht auf die Illusion der Machbarkeit von Lebensqualität entstehen, sind so schmerzlich, daß viele Verantwortliche noch lange daran festhalten werden, diese Probleme seien durch noch mehr technischen Aufwand, etwa den Bau von noch mehr Herzzentren und künstlichen Nieren zu lösen. Schon gibt es an einigen Krankenhäusern bürokratisch organisierte Gruppen, die über Leben und Tod entscheiden, (wer zum Beispiel an eine künstliche Niere angeschlossen wird und wer nicht). Das Kriterium ist meist wirtschaftlicher Natur – ein Mann, der eine Familie erhalten muß, hat mehr Chancen als ein Rentner.

Die neuen Helfer haben keine ausgefeilten und eindrucksvollen Apparate zu bieten. Bei ihnen ist es eher die Zeit und Intensität ihrer Zuwendung, die wirtschaftliche Grenzen finden wird. Die geweckten Ansprüche werden enttäuscht. Schwere seelische Störungen, wie Geisteskrankheiten oder Borderline-Neurosen, können möglicherweise durch langjährige, intensive Psychotherapie erfolgreich behandelt werden. Aber diese Behandlung ist keine Routine und wird es nie werden. Die Helfer sind durch sie oft emotional überfordert; die wirtschaftlichen Möglichkeiten reichen bei weitem nicht aus, genügend neue Helfer zu bezahlen. Psychotherapie mit zwei Wochenstunden wird zunächst einmal mehrere Jahre lang eingesetzt, um einen Klienten so weit in seinen Ich-Leistungen zu stärken, daß er die anschließende psychoanalytische Behandlung verkraftet – mit vier Wochenstunden, ebenfalls über mehrere Jahre hin. Solche Therapiekonzepte werden, ebenso wie die Herztransplantationen, bereits von einer winzigen Minderheit von Menschen genutzt, die entweder sehr reich sind («altes» Auslesekriterium), oder sich geschickt in bürokratischen Systemen verhalten oder von einem darin bewanderten Helfer unterstützt werden («neues» Auslesekriterium).

11. Die neuen Helfer werden weiterhin atemberaubende Neuheiten an Therapiemethoden erfinden und anbieten. Die an ihr naturwissenschaftliches Paradigma gebundenen normativen Helfer dürften immer größere Schwierigkeiten haben, diese Entwicklung den Helfer-Bürokratien verständlich zu machen. Gleichzeitig wird der Markt an freien Gruppen», an Selbsterfahrung und Therapie außerhalb des Kranken-

kassensystems (das weder die Flexibilität noch die Mittel haben wird, sich dieser Bewegung der neuen Helfer zu öffnen) immer heftiger umkämpft. Die nicht bürokratisch legitimierten Helfer werden mit klassischen marktwirtschaftlichen Mitteln (schreiende Werbung*, Dumping-Preise) um die Marktanteile ringen, wobei wie Landkommunen organisierte Gruppenzentren mit eigenem Garten und geringen Unkosten die besten Überlebenschancen haben. Andere, bisher freie Helfer werden versuchen, Zugang in Institutionen zu gewinnen. Sie werden versprechen, die von den Bürokratien nicht gelösten Probleme (zum Beispiel hohen Krankenstand, große Fehlzeiten am Arbeitsplatz) durch «Humanisierung» der Betriebe und Institutionen anzugehen.

Norm und Beziehung

Bei der Unterscheidung zwischen «alten» und «neuen» Helfern handelt es sich nicht nur um eine typologische Trennung zwischen verschiedenen Berufsgruppen, zum Beispiel dem Psychiater und dem Psychotherapeuten, dem Lehrer und dem Sozialpädagogen. Es geht auch um einen inneren Konflikt im Helfer selbst. Der Psychiater mag mehr dazu neigen, sich von seinen Patienten durch diagnostische und therapeutische Mittel (Elektroschock, Medikamente) abzugrenzen. Aber auch ihm liegt daran, zumindest zu einigen Kranken eine gute emotionale Beziehung zu gewinnen. Umgekehrt mag der Psychotherapeut oder der Mitarbeiter eines sozialpsychiatrischen Dienstes die Einzigartigkeit und Offenheit seiner Beziehung zu dem Klienten betonen, seine Bereitschaft, sich einzulassen und sich auf dieselbe Stufe zu stellen wie dieser. Dennoch hat er aber auch eine Reihe normativer, kontrollierender Aufgaben, die er wahrnehmen muß, wenn er seelisch und wirtschaftlich überleben will.

Es ist unmöglich, diese Widersprüche «objektiv» zu klären. Die Objektivität, die durch die Wirklichkeit der Industriegesellschaft vorgegeben wird, steht zur Subjektivität des menschlichen Gefühlslebens in einem tiefen und grundsätzlichen Widerspruch. Je nachdem, ob wir uns

---

* Esoterik, Astropsychologie, «New Age» und «Light Age» erstzen schon heute oft die einstige «wissenschaftliche Fundierung».

auf die Seite der zweckrationalen Leistungszwänge oder auf die Seite der unterdrückten Gefühle stellen, werden wir zu anderen Beobachtungen und Schlußfolgerungen kommen. Ist unsere emotionale Verwirrung ein Alptraum, aus dem wir erlöst erwachen, in das pulsierende Leben der Großstadt hinein? Oder ist diese pulsierende Großstadt der Alptraum, aus dem wir in die emotional bestimmten Oasen hinein erwachen wollen, welche uns die neuen Helfer bieten? Alte und neue Helfer stehen an diesem Riß, der durch die menschliche Natur ebenso hindurchgeht wie durch die Ökologie des Planeten, auf dem sie alle leben. Sie versuchen, ihn immer wieder zu kitten, zu verdecken, in waghalsigen Konstruktionen scheinbar feste Brücken über ihn zu bauen, die nach kurzer Zeit wieder reparaturbedürftig sind.

Dabei gewinnt die emotionale Beziehung zwischen Helfer und Schützling einen wachsenden Wert als Binde- und Verschleierungsmittel. Die normativen Helfer können, im Bild gesprochen, nur immer wieder versichern, daß ohnedies nicht viel wert ist, was auf der anderen, der subjektiven, emotionalen Seite liegt. Die Gefühle führten in ihrer Welt ein Helotendasein, sind nur geduldet, wenn sie das «gesunde» Leistungs- und Erwerbsstreben als Motivation tragen, vom materiellen und sozialen Erfolg gelenkt. Die neuen Helfer hingegen versuchen, die Bedeutung aller Gefühle ihrer Klienten zu berücksichtigen. Während die alten Helfer darüber klagen, daß die Patienten immer mäkliger und undankbarer, die Schüler immer unaufmerksamer und schlechter motiviert werden, klagen die neuen Helfer darüber, daß die Gesellschaft ihre Arbeit nicht genügend würdigt, die Politiker und Bürokraten sie nicht genügend ernst nehmen, ihnen die materielle Grundlage versagen. Überträgt man die Dialektik von Bewußtem und Unbewußtem auf den einzelnen Helfer, so ist die Unterordnung unter die Norm der Schatten* des Beziehungshelfers und die emotionale Beziehung mit dem Schützling der Schatten des normativen Helfers. Weil der Beziehungshelfer an seine Gefühle und an den Kontakt zu seinem Klienten denkt, geraten ihm seine Macht und die von ihm gestellte Anpassungsforderung leicht in den Hintergrund. Weil der normative Helfer glaubt, nach den Regeln einer rational definierbaren pädagogischen, diagnostischen

* Unter Schatten versteht C. G. Jung unbewußte seelische Bereiche, die komplementär zu den bewußten angelegt sind.

oder therapeutischen Technik vorzugehen, übersieht er leicht, wie sehr seine emotionale Beziehung seine angeblich objektive Wahrnehmung und Behandlung beeinflußt.

Wie ein neuer Helfer die institutionellen und normativen Hintergründe seiner Tätigkeit verleugnet, zeigt eine Textstelle aus der Antwort des Therapeuten «Johannes» in Luise Habels Bericht über eine Gruppenpsychotherapie «Umarmen möcht ich dich»: *

«Ist es nicht himmelschreiend grotesk, daß wir beide uns über einen Krankenschein kennenlernten und uns nahekamen? Du bist doch mit der Vorstellung gekommen, krank zu sein. Du hast eine Klinik aufgesucht, in der es – einem alten Brauch folgend – ja auch Therapeuten geben muß. Dieser Deiner Vorstellung entsprach nun nichts von all dem, was Du in dem umgebauten Wirtshaus angetroffen hast. Aus dem bunten Haufen lösten sich dann einige Gestalten heraus, die sich Deiner annahmen, auf keinen Fall trugen sie die üblichen Merkmale des Therapeuten. Im übrigen machten sie Dich ziemlich schnell darauf aufmerksam, daß Du nicht krank bist im Sinne der kurativen Medizin, sondern einfach unglücklich. Und unglücklich zu sein, macht einen erst richtig krank. Es ist ein Symptom von Hunger und Durst, von Hunger nach Leben. Und wie es für den körperlichen Hunger keine Behandlung gibt, so gibt es auch für den Hunger nach Menschlichkeit keine Behandlung. Es gilt einfach, essen zu lernen...»

Wie sich die seelische Nähe der neuen Helfer zu ihren Schützlingen in den Augen der normativen Helfer ausnimmt, zeigt ein anderer Text mit der Überschrift: «Sexfolter-Prozeß: Staatsanwalt greift Streetworker an»:

«Staatsanwalt Wolfgang Wahl griff auch die Stadt München als Verantwortlichen des inzwischen geschlossenen Randgruppen-Treffpunktes in Moosach an: ‹Das Haus war eine Brutstätte der Kriminalität, die von Steuergeldern finanziert wurde. Die Betreuung durch (von der Stadt bezahlte, d. Red.) Streetworker erschöpfte sich darin, daß sie mit Alkohol vollgeschüttet wurden.› Der öffentliche Ankläger behauptete sogar: ‹Die Streetworker machen sich der Strafvereitelung schuldig.›
Nach seiner Ansicht wären die Sozialarbeiter auch ‹Hanswurste der Rokker› gewesen, die ‹für Hilfeleistungen gut waren, aber in den Rockerversammlungen nicht geduldet wurden und keinen Einfluß hatten›. Staatsan-

* L. Habel, Umarmen möcht ich dich, Briefe an einen Therapeuten, München (Kösel), 1982, S. 138.

walt Wahl im Plädoyer: ‹Das Haus war ein Halbdunkel von Verbrechen unter den Augen des Jugendamtes. Die Rocker konnten außerdem mit einem von der Stadt bezahlten Telefon in dem Rocker-Haus stundenlang gratis telefonieren und es zur Rauschmittelbeschaffung benutzen.*

Der Beziehungshelfer findet die bürokratischen Legitimationen «himmelschreiend grotesk», der Normhelfer die emotionale Nähe zwischen Sozialarbeiter-Streetworker und Klient eine verdächtige Hanswurstiade und Strafvereitelung. Solche Einstellungen polarisieren sich gegenseitig und führen dazu, daß ein offenes Gespräch oft gar nicht mehr geführt werden kann. Der Streetworker mag gute Argumente für seine Tätigkeit finden, aber er wird seine persönlichen Bedürfnisse verschweigen. Der Staatsanwalt dürfte Mühe haben, die Wirksamkeit der von ihm vorgeschlagenen und praktizierten Strafmaßnahmen nachzuweisen. Ihm genügt jedoch ihre Legalität. Bekanntlich erhöht ein Gefängnisaufenthalt die Rückfallgefahr. Es wäre erheblich «wirtschaftlicher», einen Straftäter laufen zu lassen. Aber die Erfahrung und die Zweckrationalität haben hier keine Gültigkeit mehr. Das bürokratische System ist auf Strafen aufgebaut, wo seine Löhne nicht genügend gewürdigt werden. Der Rocker muß bestraft werden, auch wenn er dann eher rückfällig wird – denn «wo kämen wir sonst hin?» Der Streetworker, der diese Zwänge dem Rocker nicht klarmachen kann, wird gescholten. Dabei ist es durchaus möglich, daß auch er, komplementär zum Staatsanwalt, die Wirklichkeit verkennt und sich mit den Rockern unbewußt solidarisiert.

Diese Widersprüche sind bitter und verletzen viele Helfer. Der Psychotherapeut hat es leichter, weil seine Patienten in der Regel motiviert sind, sich zu verändern, und er tatsächlich auf der Beziehungsebene, die er in dem himmelschreiend grotesken System der Kassenmedizin trotz allem herstellen kann, auch narzißtische Bestätigung erhält. Ich nehme an, daß sein Nimbus des Wunderheilers inzwischen auch allmählich Sprünge bekommt. Die Rede von den hilflosen Helfern ist ein Versuch, hier etwas mehr Nachdenklichkeit zu schaffen. Die Reflexion über den heilenden Beruf in einer kranken Welt drückt ja auch aus,

* Münchner Stadtanzeiger, Beilage der Süddeutschen Zeitung, 11. Juni 1982, S. 2. Bei dem «Sexfolter-Prozeß» ging es um die Mißhandlung einer Frau durch betrunkene Rocker.

daß die geringe Entfremdung, unter der die neuen Helfer in ihrer Arbeit zu leiden haben, ein Privileg ist. Vielen ihrer Klienten geht es an ihren stumpfsinnigen Arbeitsplätzen einfach schon aus diesem Grund schlechter, und daher ist es eben auch soviel einfacher, einen neuen Therapeuten zu schaffen als einen geheilten Klienten.

Wenn aber das Sinnprivileg, das Fehlen massiver Entfremdung, im Helferberuf zu einer begehrten Ware wird, fängt auch das Fundament der Helfer-Tätigkeit an, brüchig zu werden. Nur deshalb können wir wohl überhaupt in dieser Weise über sie nachdenken. Der Helfer kann nicht mehr, wie früher, mit bedingungsloser Dankbarkeit rechnen. Die narzißtische Befriedigung, die er ernten wollte, ist voller Unkraut – voller Neid und Haß, die seine privilegierte Position bei den Unterprivilegierten weckt. Gerade weil er real besser gestellt ist, aber sich auf einer Beziehungsebene solidarisiert und Nähe zuläßt, wird er zum Sündenbock. Seit August Aichhorns Versuchen, verwahrloste Jugendliche heilpädagogisch zu behandeln, ist die Neigung der Ausgestoßenen bekannt, den Helfer zu mißhandeln. Gewohnt, mit Haß und rücksichtslosem Ausspielen körperlicher oder seelischer Überlegenheit behandelt zu werden, reagieren die Verwahrlosten auf den freundlichen, entgegenkommenden, an einer positiven Beziehung interessierten Helfer mit Verachtung. Hinter ihr steht – so vermutet Aichhorn – die Angst vor einer Begegnung mit den schmerzlichen Gefühlen des eigenen, unterdrückten Liebesbedürfnisses. Sie versuchen den Helfer zu provozieren, behandeln ihn wie ein Stück Dreck, erwarten, daß er endlich auch seine Macht ausspielt, die übliche Unterdrückung ausübt, die sie gewohnt sind und mit der sie umgehen können.

Soweit werden viele Helfer, die Erfahrungen mit solchen Klienten haben, sicherlich zustimmen. Aber Aichhorns Versprechen, daß diese Provokationen einmal aufhören, daß der bisher verachtungsvolle, abweisende Jugendliche mit einemmal die bisher verdrängten zärtlichen Gefühle zum Helfer zuläßt und dann wie umgewandelt ist – diese Verheißung eines günstigen Endes, um dessentwillen der Helfer geduldig alle Widerwärtigkeiten zu ertragen hat, trifft häufig einfach nicht ein. Der Helfer kann die Schuld bei sich suchen. Er war eben nicht geduldig genug, hat die Provokationen nicht lange genug ausgehalten. Er kann entschuldigend feststellen, daß die heutigen Jugendlichen eben nicht «neurotisch», sondern «narzißtisch gestört» sind.

Obwohl der zweite Ausweg entlastender ist als der erste, hat es der Streetworker oder (Heil-)Pädagoge, der mit solchen Klienten zu tun hat, nicht leicht. Er gerät in Gefahr, daß ihm die Bürokratie in den Rücken fällt, weil sie seine Versuche nicht ernst nimmt, trotz aller Widrigkeiten und Erniedrigungen an die Möglichkeit einer positiven Gefühlsbeziehung zu seinen verwahrlosten Klienten zu glauben. Gleichzeitig findet er aber auch keine Solidarität bei den Klienten, die ihn konsequent als Vertreter der Ordnungsmacht verachten und sich gar nicht vorstellen können, daß er ein Sozialarbeitergehalt bezieht und trotzdem emotional auf ihrer Seite stehen will. Die Aichhornsche Theorie gerät in dieser Situation unter Ideologieverdacht. Soll sie dem Helfer ermöglichen, möglichst lange in dieser frustrierenden Situation auszuhalten? Die hohe Quote stellenloser Sozialarbeiter paßt vorzüglich in diese Frustrationslandschaft. Wenn einer seine Lage zwischen den Mühlsteinen der Bürokratie und dem Wunsch nach einer Vertrauensbeziehung zu unbequem findet, in ihr verschlissen oder psychosomatisch krank wird – wozu darüber nachdenken, es gibt genug, die sich nach seinem Job die Finger ablecken! Auf diese Weise kann verleugnet werden, daß viele Arbeitsplätze in diesem Bereich längst nicht mehr besetzt werden können*, wenn es für seelisch wirksame Gifte MAK-Werte gäbe. (Der MAK-Wert drückt die Maximale Arbeitsplatz-Konzentration eines Umweltgiftes aus.)

Ich fürchte, man wird mich der Einseitigkeit und des Zynismus verdächtigen. Jedenfalls haben mich jene Helfer verstanden, die anfangen, sich zu fragen, ob es denn wirklich ein berechtigter Anspruch an ihre professionelle Kompetenz sei, wenn sie ständig widerwillige Klienten «motivieren» sollen. Das ist nämlich der Punkt, an dem die alten, normativen Helfer immer nach den neuen Helfern und ihren neuen Techniken rufen – wenn die Objekte der Hilfe gar keine Lust haben, sich zur Selbsthilfe helfen zu lassen. Das fängt in der Grundschule an und wird an der Universität zur Nervenprobe für Seminarleiter, die sich in stundenlangen Debatten mit den Studenten aufreiben, ob man denn diesmal überhaupt lernen wolle. Der Beziehungshelfer, welcher den normativen, bürokratischen, institutionellen Hintergrund seiner Arbeit nicht mitbedenkt, wird rasch zum nützlichen Idioten, der sich für Ziele

* Für den Pflegebereich ist diese Situation bereits gegeben, vgl. S. 116

opfert, die er nicht durchschaut. Er soll die Gefühlsbeziehungen, die er zu seinen Schülern oder Klienten herstellt, verwenden, um diese an eine gefühls- und beziehungsfeindliche Wirklichkeit besser anzupassen. Die Rocker sollen ihren Frust vergessen und sanfte, nüchterne, sportlich-faire Motorradfahrer werden, weil sie einen Sozialarbeiter haben, der sie liebt und den sie lieben. Das ist Streetwork, wie es auch einem Staatsanwalt gefallen würde. Es lohnt sich, darüber nachzudenken, wie viele Streetworker insgeheim doch ähnliche Träume haben. Wollen sie nicht doch von beiden geliebt werden, vom Staatsanwalt und vom Rocker? Genau dieser Wunsch treibt sie immer wieder zwischen die Mühlsteine.

Das Dilemma der Familientherapie *

Zu den Grundprinzipien der Familientherapie gehört das Denken in Systemen: Im Widerspruch zu dem individualistischen Krankheitsmodell der klassischen Neurosenlehre und Psychotherapie wird das Symptom des auffälligen Familienmitglieds als Zeichen einer Störung der ganzen – durch ihre «Intimsphäre» vom Rest der Gesellschaft abgegrenzten – Familie verstanden. Behandelt man nur das Symptom – beispielsweise ein bettnässendes Kind oder eine angstgeplagte Ehefrau –, dann ändert dieses Vorgehen nur wenig an der Störung des Systems und führt unter Umständen zu erneuten Schwierigkeiten.

Diese systemische Betrachtungsweise möchte ich hier auf die Familientherapie als Beruf anwenden – als Teil des Systems spezialisierter Tätigkeiten in den entwickelten Industriegesellschaften, die Experten für familientherapeutische Dienstleistungen ausbilden und beschäftigen. Dabei gibt es dreierlei zu bedenken. Einmal: Was will die Gesellschaft mit der Einrichtung von Institutionen, in denen Familientherapeuten arbeiten? Zum zweiten: Was wollen die Familientherapeuten, die diesen Beruf wählen? Und: Was wollen die Familien von den Therapeuten?

---

* Dieser Abschnitt enthält die überarbeitete Version eines Vortrags vor der Landes-Arbeitskonferenz der Erziehungsberater von Baden-Württemberg, der in «Psychologie heute», Juli 1982, unter dem Titel: «Intimsphäre – Ein Freiraum wird zum Entsorgungspark» erschien.

Um diese Fragen zu beantworten, ist es zunächst sinnvoll, die Entwicklung jenes Intimbereichs zu verfolgen, der die Familie kennzeichnet. Da die Intimität der Familie mit ihrem zumindest idealtypisch vorgegebenen Monopol für Sexualität und Kindererziehung zusammenhängt, möchte ich kurz skizzieren, wie sich die soziale Stellung der Familie in der Entwicklungsgeschichte des menschlichen Zusammenlebens verändert hat.

Der Erwachsene als «großes Kind»

Diese Periode umfaßt die bei weitem längsten Zeiträume der Evolution: jene 98 Prozent der Geschichte vom *Homo sapiens,* in denen er als umherschweifender Jäger lebte und durch das Wirken von Mutation und Selektion seine Fähigkeit erwarb, sich durch Lernen an die verschiedensten Umweltbedingungen und sozialen Systeme anzupassen. Die altsteinzeitlichen Kulturen sind inzwischen weitgehend von den agrarischen und den Industriegesellschaften ausgerottet worden, aber ihre Faszination besteht fort, beispielsweise in der Verehrung der amerikanischen Indianer durch viele Intellektuelle.

Typischerweise sagen die Vertreter der entwickelten Kulturen, etwa die Missionare, Forschungsreisenden und Händler, von den Jägern und Sammlern, daß sie sich verhalten «wie große Kinder». Sie sind nicht in der Lage, die Befriedigung von Bedürfnissen aufzuschieben, wenn die Notwendigkeit dieses Aufschubs nicht unmittelbar sinnlich erfaßt werden kann. Gerade dieser Aufschub ist aber zum Beispiel für eine agrarische Gesellschaft notwendig, in der das Saatgut nicht verzehrt, die Zuchttiere nicht geschlachtet werden dürfen.

Zugleich ist nicht zu verkennen, daß die «primitiven» altsteinzeitlichen Kulturen eine maximale ökologische Stabilität haben. Sie führen keine organisierten Kriege, beuten die natürliche Umwelt nicht so intensiv aus, daß sie sich nicht mehr regenerieren kann. Die Kinder werden liebevoll als gemeinschaftliches Gut gehütet und beispielsweise nicht durch Schläge erzogen, mit der Begründung, daß aus ihnen sonst schlechte Jäger werden. Es gibt abgegrenzte Familien, die in der Regel durch die Paarbindung zweier Erwachsener bestimmt werden. Doch wird im Zusammenleben deutlich, daß sich die Gruppe nicht aus den Familien *zusammensetzt,* sondern vielmehr diese eine Form der Ausdifferenzierung des «sozialen Ganzen» darstellen. Elternteile, die durch Krankheit oder Tod ausfallen, können ohne formelle Lösungen ersetzt werden. Eine Intimsphäre in unserem Sinn fehlt nahezu völlig; in den Jagd- und Sammelgemeinschaften kennt jeder jeden bis in alle Einzelheiten. So ist auch jeder jedes anderen «Familientherapeut».

Das Kind als kleiner Erwachsener

Die «neolithische Revolution» mit den Schritten zu Ackerbau, Viehzucht, Städtegründung und hierarchisch-feudalem Aufbau der Gesellschaft ist eine entscheidende, nicht zu überspringende Stufe in der Entwicklung der Gesellschaft. Das zeigt sich beispielsweise darin, daß die indianischen Jäger-und-Sammler-Kulturen während der Kolonisation Nordamerikas ausgelöscht und Negersklaven als landwirtschaftliche Arbeiter eingeführt wurden. Die altsteinzeitlich geprägten Indianer waren nicht bereit, sich den Zwängen der Landarbeit zu unterwerfen.

Die Familie hat zwar auch jetzt noch keine Intimsphäre, jedoch erhebliche juristische Bedeutung. Landbesitz ist sehr wichtig geworden. Er wird in der Regel auf dem Weg der Blutsverwandtschaft vererbt. Um Aufschub der Bedürfnisbefriedigung zu erzwingen, werden massive körperliche Strafen in der Kindererziehung, aber auch als Sanktionen gegen Diebstahl und Raub eingesetzt. «Das Ohr des Schülers sitzt auf dem Rücken. Er hört nur, wenn man ihn schlägt» (Altägypten). «Wer sein Kind liebt, züchtigt es» (Bibel). Solche Sinnsprüche kennzeichnen die Forderungen der ständischen Gesellschaft, in der disziplinierte Arbeit notwendig geworden ist. Die Zwangsmittel hingegen bleiben in aller Regel äußerlich. Schmerz bedroht den Körper, wenn die Normen der «Herrschaft» nicht erfüllt werden. «Familientherapie» heißt Normdurchsetzung, etwa die Steinigung ehebrecherischer Frauen. Kinder werden (ganz deutlich in Darstellungen der bildenden Kunst) als kleine Erwachsene aufgefaßt; die Eigentümlichkeiten ihres Wesens und ihres Körperbaus werden nicht ernstgenommen.

Das Kind als Objekt der Pädagogik

Mit dem Aufstieg des freien Bürgertums ändern sich die Rolle des Kindes und die Stellung der Familie grundlegend. In den Städten wird der äußere Druck der Freudalherrschaft ersetzt durch eine sehr viel stärker von inneren Zwängen bestimmte Konkurrenz, in der nicht mehr körperliche Stärke den Ausschlag gibt, sondern Geschicklichkeit im weitesten Sinn – beim Bankier die Einschätzung von Geschäften und Angestellten, beim mittelständischen Schreiber Zuverlässigkeit und Anstelligkeit, beim Handwerker Erfindungsgabe und Fingerfertigkeit. Bildung und Schulung gewinnen an Bedeutung.

Parallel dazu werden immer frühere Stadien der Kindheit dem pädagogischen Zugriff erschlossen. Die Kinder werden – ähnlich wie die Primitiven – einerseits idealisiert und andrerseits unterdrückt, wobei mehr und mehr verinnerlichte Mittel des moralischen Zwangs die äußere Strafe ersetzen. Kindheit im Bürgertum ist paradox: einerseits eine Zeit paradiesischer Unschuld, in der familiären Intimsphäre geschützt, andrerseits die unerläßliche Vorbereitung auf das Bestehen in einer zweckrationalen Konkurrenzwelt. Störungen in den Familien werden vorwiegend auf moralisches Versagen zurückgeführt und dort, wo die Ermahnung nicht ausreicht, durch ein sich ausdehnendes Netz von Einrichtungen (Hospitäler, Heime, Irrenhäuser, Arbeitshäuser, Zuchthäuser) «behandelt».

Das Kind als Erlöser

Je deutlicher die destruktiven Seiten der bürgerlichen Leistungs- und Konkurrenzprinzipien werden, desto unsicherer wird die mit moralischem Druck und verinnerlichtem Zwang arbeitende Pädagogik ihrer selbst. Diese Unsicherheit hängt auch mit der wachsenden Bedeutung des Massenkonsums für die Wirtschaft zusammen. Neben der klassischen bürgerlichen Erziehung, die zu Verzicht auf unmittelbare Befriedigung und zu langfristigen Planungen hinführen sollte, gewinnt – vor allem in den Massenmedien – zusehends eine Haltung an Einfluß, die unmittelbare Erfüllung von reglementierten Konsumwünschen fördert («Kaufe jetzt, zahle später!»). Die Erfahrungen mit dem Faschismus und dem totalitären Kommunismus machen jene Methoden subtilen

Drucks suspekt, die auch ohne äußeren Zwang zur Pflichterfüllung gegenüber einer nicht in Frage gestellten Obrigkeit erziehen. Das Kind wird zum Vertreter einer freien Innen- und Gegenwelt, in der die zweckrationalen «Sachzwänge» noch nicht gelten. Seine Selbstregulation ist die einzige Chance, den sonst unentrinnbaren – da verinnerlichten – bürgerlichen Zwängen doch noch zu entkommen. Antiautoritäre Pädagogik und Antipädagogik sind Schlagworte, die diese Wende anzeigen. Allerdings ist die leistungs- und konkurrenzorientierte Erziehung noch längst nicht verschwunden. Tatsächlich kennzeichnet gerade die Verwirrung darüber, was nun «richtig» oder «gut» ist, die Situation in den Familien.

Anpassungszwang und Sehnsucht nach Liebe

Vielleicht kann jetzt deutlicher werden, daß der Beruf des Familientherapeuten selbst auch ein Ausdruck jener Krise ist, die er seiner Definition nach behandelt. Die Unsicherheit darüber, was in der Erziehung nun «richtig» oder «falsch» ist, zeigt doch, daß die Familie in ihrer Intimsphäre gewissermaßen eine Unmenge an Müll vernichten und «endlagern» soll, der durch die gesamtgesellschaftlichen Widersprüche in ihr deponiert wird. So ist die Familie überfordert, wenn sie zur einzigen Quelle von gefühlsbestimmten, «warmen», nahen Beziehungen in einer ansonsten unbarmherzigen, kalten, durchrationalisierten Welt wird – einer Welt, in der nur die Gesetze des Profits darüber bestimmen, ob ein Mensch von der Arbeit, die er zwanzig Jahre geleistet hat, plötzlich Abschied nehmen muß, oder ob andere eine Wohnung und ein Stadtviertel verlassen müssen, die ein Leben lang ihre Heimat waren.

Wie sieht diese Überforderung in der Praxis aus? Mir fallen Szenen aus der Paartherapie ein wie diese: Zwei Menschen sind unglücklich miteinander, weil jeder narzißtische Bestätigung vom anderen will und sich selbst so lange verweigert, bis er sie erhält. Der Mann wirft der Frau vor, daß sie sich nicht für ihn interessiert und ihm die unweigerlichen Frustrationen seines Berufslebens nicht durch ihre Zuwendung erträglicher macht, während sie ihm vorwirft, daß er sich nicht wirklich für sie, die Kinder und die Hausarbeit interessiert und ihr die dort nötigen Versagungen nicht leichter erträglich macht. Da beide gelernt haben, ihr Leben als individuelle Leistung zu sehen, äußert sich die Überforderung, das Familienleben zu gestalten, als schonungslose Kritik, bittere Enttäuschung oder innerer Rückzug ins Unerreichbare – nicht als gemeinsame Überprüfung der Rahmenbedingungen des Zusammenlebens. Wir alle haben tausendmal öfter lernen müssen, uns anzupassen, als zu lieben – und Anpassung schließt Selbst- wie Fremdkritik ein. Liebe als emotionale Zuwendung und wirkliches Akzeptieren des anderen wird in einer solchen Situation zum professionell eingeübten Wert, zu einer psychotherapeutischen Variablen, die sich anhand von Tonbandprotokollen kritisch überprüfen läßt.

Das Paar, das es soviel besser beherrscht, die mangelhafte Liebe des Partners zu kritisieren als ihn zu lieben, symbolisiert beides: die selbstkritische Tradition des Bürgertums, in der Anpassung und verinnerlichte Kontrolle zentrale Werte darstellen – und die Sehnsucht nach einer Erlösung durch Liebe, die gerade durch die zweckrationale, bürokratische Kontrolle der meisten Lebensbereiche zur größten Hoffnung wird.

Die Zweiteilung des gesellschaftlichen Lebens in Leistung auf der einen, Konsum auf der anderen Seite spiegelt sich in den Traumfamilien und Familienträumen. Die Kinder sollen einerseits gut in der Schule sein, damit man in der Konkurrenz mit anderen Eltern bestehen kann und sich keine Sorgen über ihre Zukunft in der Leistungsgesellschaft machen muß. Andrerseits sollen die Kinder auch warme, liebevolle, von Einfühlung und Verständnis bestimmte Beziehungen bieten – Erwartungen, die ja vom Ehepartner oft genug enttäuscht werden. Aber die Leistung, die sie bringen müßten, läßt sich in aller Regel nur durch Druck erzwingen. So geraten die Eltern in einen tiefen Widerspruch, den sie aber gewiß nicht verschuldet haben. Kein Wunder, daß Leistungsversagen in der Schule der häufigste Anlaß wird, eine Erziehungsberatungsstelle und damit oft auch eine Familientherapie aufzusuchen.

Macht und Ohnmacht der Therapeuten

Die Industriegesellschaft vermittelt dem Menschen zwar, daß «alles geht» – Naturbeherrschung bis zum Weltraumflug und zur Atomspaltung, ein Auto und Fernsehen für jedermann, Urlaubsreisen um den halben Erdball. Aber es gibt in ihr auch immer mehr Mangel, beispielsweise an sauberen Flüssen, an lärmfreien Wohnungen und vor allem an Berufen, die noch als sinnvoll erlebt werden können. Dieser Mangel wird nun weniger in der Realität angegangen, als vielmehr nur scheinbar dadurch behoben, daß man überhöhte Ansprüche auf seine Beseitigung ständig im Phantasieleben wach erhält. In den Massenmedien gibt es heile, sinnerfüllte, von Jugend, Dynamik und Glück strotzende Pseudowelten, die eine imaginäre Norm setzen; sie kann nicht in der lebendigen Wirklichkeit, sondern nur im immer erneuten Konsum von Warenwelten erfüllt werden.

Sinnvolle Arbeit, die auch emotionale Bedürfnisse befriedigt, wird immer begehrter. Sie wird heute von den Leuten, die der Leistungskonkurrenz am besten standhalten, nicht mehr in den technischen und kaufmännischen Berufen gesucht, sondern in den ärztlich-therapeutischen. Da eine grundlegende Stabilisierung der Familien nicht möglich ist, «löst» die Industriegesellschaft das Problem, wie sie es mit vielen ihrer Probleme tut: Sie produziert einen Experten dafür, der es zwar auch nicht beheben kann, zumindest aber dafür zuständig ist.

In der Gestalt dieses Experten für Familientherapie laufen verschiedene Strömungen zusammen. Zum einen ist er, wie viele Angehörige der helfenden Berufe, oft selbst Opfer beschädigter Familienverhältnisse. Er hat sich aus der Ohnmacht und Abhängigkeit des Kindes, das in seinen Gefühlen und Wünschen nicht akzeptiert und zu angepaßtem Verhalten gezwungen wird, dadurch befreien wollen, daß er sich mit einer idealen, allmächtigen Elterngestalt identifizierte, die nun anderen das gibt, was ihr selbst fehlte.

Zum anderen erhält der Familientherapeut aber gerade durch seine berufliche Rolle eine Chance, seinen Mangel an befriedigenden Sozialisationserlebnissen auszugleichen, die er in anderen Berufen nicht finden kann. auf die subtilste Weise und moralisch hervorragend legitimiert kann er den Eltern, mit denen er zu tun hat, nachweisen, wie sie es besser machen müssen.

Diese subtile Konkurrenz um die Position des besten Elternteils zeigen viele Bücher über Psychotherapie. Manchmal werden nicht nur die Eltern, sondern auch andere Therapeuten gebührend auf die Plätze verwiesen. «Wenn ein Mensch, der von den eigenen Gefühlen nichts wissen darf, eine Lehranalyse machen muß, wird er sich dankbar mit allen möglichen Theorien eindecken, um ja nicht in die für ihn gefährlichen emotionalen Zonen zu geraten», behauptet etwa Alice Miller*, die in den letzten Jahren vielleicht am konsequentesten die Erlösung durch das Kind vertreten hat. Der so mißratene Therapeut wird zum schlechten Vater seiner Analysanden, bei denen «diese unerwünschten Gefühle… untergebracht und dort mit Hilfe des intellektuellen Vokabulars in ungefährliche, aber auch wirkungslose Bahnen gebracht werden». Ganz ähnlich haben auch Fritz Perls oder Arthur Janov die unzulänglichen Bemühungen aller Therapeuten abgewertet, die es anders machen als sie selber. Ich glaube, daß die Therapie-Situation für jeden Professionellen die Gefahr mit sich bringt, urtümliche narzißtische Bedürfnisse auszulösen. Wenn ich hier solche Tendenzen bei anderen Therapeuten kritisiere, heißt das sicherlich nicht, daß ich von ihnen frei bin.

Zweckrationale Gefühlskontrolle

In der konkreten Arbeit mit Paaren und Familien geht es sehr oft darum, überhöhte Ansprüche aufzudecken und eine realitätsbezogene Befriedigung zu ermöglichen. Diese Ansprüche richten sich immer auch an den Therapeuten, und die Art, wie er mit ihnen umgeht, kann über das Schicksal der Therapie entscheiden. Ich glaube, es entlastet den Therapeuten, wenn er sich eingesteht, daß auch er zum Teil ein Opfer derselben Umstände ist, unter denen seine Klienten leiden, und daß er bei ihnen ebenso emotionalen Halt sucht wie sie bei ihm.

Insgesamt sind Therapeuten in ihrem Familienleben kaum glücklicher als ihre Klienten, und die Zahl der Ehescheidungen unter ihnen dürfte eher höher sein als in der Durchschnittsbevölkerung.

Die manchmal an den Familientherapeuten gerichtete Erwartung, er wisse, wie eine heile Familie auszusehen habe, kann er in der Regel nicht erfüllen. Aber er kann bisweilen die unweigerlich eintretenden Schäden mildern, die eine insgesamt intimitäts- und gefühlsfeindliche Lebensform in jene kleinen Intimsphären hineinträgt, die zur Regeneration der Gesellschaft unentbehrlich sind, die diese aber ähnlich zu vergiften droht wie die natürlichen Regenerationsmöglichkeiten der

* A. Miller, Du sollst nicht merken, Frankfurt / Main (Suhrkamp) 1981.

Umwelt. Der Familientherapeut steht in demselben Dilemma wie die überforderte Familie: Er soll als rational geschulter Experte mit Systemen arbeiten, die durch diese Eingriffe gestört werden, weil sie letztlich nur dann funktionieren können, wenn ihre Intimität und Emotionalität gewahrt bleiben.

Die Legitimation des Helfers

Wie lassen sich «alte» und «neue» Helfer und ihre Orientierung an «Norm» und «Beziehung» konkret fassen? Ein Staatsanwalt, der die Beziehungshelfer der «Strafvereitelung» anklagt (vgl. S. 99), verdeutlicht auch, daß in diesen Situationen verschiedene Vorstellungen der Industriegesellschaft aufeinanderstoßen. Die Norm, welche der Staatsanwalt vertritt, ist eine traditionelle Norm. Sie wurzelt in einer von Juristen formulierten gesellschaftlichen Überlieferung. Strafe muß sein, weil sonst die Menschen aufhören würden, sich an der harten Arbeit zu beteiligen, die notwendig ist, um zu überleben. Dieses Schuld- und Strafprinzip wird nicht zweckrational begründet, sondern einem «gesunden Rechtsempfinden» unterschoben, das meist als Empfinden der (dem Mittelstand und der Oberschicht angehörenden) Richter gegenüber den (der Unterschicht angehörenden) «Verbrechern» konkrete Gestalt annimmt.

Solche traditionellen Normen halten sich in der Industriegesellschaft so gut oder so schlecht wie die Sandsteinfiguren der gotischen Kathedralen im sauren Regen. Sie werden ständig auf ihre rationale Zweckmäßigkeit für die wirtschaftlichen Interessen überprüft; gleichzeitig bestehen Strebungen, sie zu erhalten, weil sie eine «gute alte Zeit» verkörpern, während die Möglichkeit, alles rational zu hinterfragen, die Festigkeit und Zuverlässigkeit der Rechtsnormen gefährdet. Alle Entscheidungen werden diskutierbar. Auch in dem System, das den sauren Regen produziert, gibt es ein Interesse, daß nicht alle Heiligenbilder von ihm aufgefressen werden. Verschiedene Lösungen – mehr oder weniger faule Kompromisse – werden probiert: Man kann die Heiligen in ein Museum mit gefilterter und klimatisierter Luft stecken, wo sie sich gut halten; man kann versuchen, Filter in die Schornsteine einzubauen, auch wenn das teures Geld kostet und den Verfall wohl nicht mehr aufhält; man kann sie durch neue Heilige aus einem Plastikmaterial ersetzen, dem der saure Regen nicht schadet.

Weniger bildhaft ausgedrückt: die Moderne zerstört unweigerlich jene Traditionen und Legitimationen, auf denen sie beruht. Sie setzt eine Trennung von Staat und Gesellschaft, von sittlicher und wirtschaftlicher Ordnung durch, in der die Illusion der Freiheit, Gleichheit und Brüderlichkeit («es ist allen Bürgern gleichermaßen erlaubt / verboten, unter den Brücken an der Seine zu schlafen») die Herstellung von Ungleichheit, Unfreiheit und Ausbeutung tarnt. Sie ermöglicht dadurch die Ausbildung von Erlebnisweisen wie Einfühlung, Mitleid, Naturschwärmerei, die in einer weniger naturausbeutenden, weniger unbarmherzig mit den Gefühlen der Menschen umgehenden Gesellschaft keine Tugenden von Einzelmenschen sein müssen. Die «neuen» Helfer verdanken ihre berufliche Existenz einer Situation, in der die Überforderung der Individuen durch die industrielle Produktionsweise einerseits immer mehr Menschen so belastet, daß sie wegen ihrer «Nervosität» nicht mehr dem Konkurrenzkampf standhalten können, während andrerseits immer mehr Menschen soviel Abstand zu den lastenden wirtschaftlichen Zwängen gewinnen, daß sie für die einfühlende, aufmerksame Beschäftigung mit diesen Nervösen verfügbar sind, ja diese Arbeit einem größeren wirtschaftlichen Erfolg vorziehen.

Aber die Legitimationskrise, die zu dieser Gesellschaft gehört, macht auch vor den Helfern nicht halt. Nur wenige können sich noch auf die traditionell-normative Art legitimieren, die etwa die christlichen Tugenden der Caritas und Diakonie ermöglichen. Andere übernehmen die marktwirtschaftlichen Legitimationen. Ihr Beruf verbindet leichte Arbeit mit erträglich gutem Verdienst; das alles ist so sinnvoll oder sinnlos, wie Autos zu bauen oder Vorstädte zu planen. Wieder andere greifen auf die bildungsbürgerliche Legitimation zurück. Ihr Beruf ist interessant. Er bietet viele geistige Anregungen, die Gelegenheit zu Forschung über den Menschen. Der neue Helfer gerät fast zwangsläufig in einen Widerspruch zwischen seiner Legitimation nach außen (die normativ und / oder zweckrational sein wird) und seiner Motivation nach innen. Der vorhin (S. 99) angesprochene Streetworker wird beispielsweise dem Staatsanwalt kaum sagen können, daß es ihn fesselt, persönliche Beziehungen zu «Kriminellen» herzustellen. Er wird vielmehr feststellen, daß *streetworking* dem neuesten Stand der Sozialwissenschaft entspricht (zweckrationale Legitimation mit Wissenschafts-Nimbus) und daß jeder resozialisierte Rocker dem Staat eine Menge Geld für Krankenhausaufenthalte, Gerichtskosten, Gefängnis usw. spart (zweckrationale Legitimation mit Ökonomie-Nimbus). Vielleicht gibt es neben der ganz «intimen» und der ganz «öffentlichen» Legitimation noch eine dritte, die in der Bezugsgruppe der gleichgeordneten professionellen – der Streetworker – verankert ist. In ihr spielt beispielsweise die Vorstellung eine Rolle, das gesellschaftsverändernde Potential der Randgruppen zu aktivieren.

Ein anderes Beispiel für dieses Auseinanderklaffen der äußeren und der inneren Legitimation bietet beispielsweise ein sozialpsychiatrischer Dienst, in dem sich die Mitarbeiter nach außen durch die Fallzahl legitimieren, während sie intern solche quantitativen Gesichtspunkte als unsinnig ablehnen. Ähnliche Situationen gibt es in der Psychotherapie, wo sich oft Therapeut und Patient einig sind, daß die äußeren Legitimationen zum Beispiel gegenüber der Krankenkasse, wie ärztliche Diagnose, Ermittlung der Neurosenstruktur und Erfolgsaussichten der Behandlung mit ihrer persönlichen Beziehung nichts zu tun haben. Konfliktträchtig wird diese Situation beim «Krankschreiben» durch den Arzt, der manchmal vor der unmöglichen Aufgabe steht, ein Vertrauensverhältnis zu seinem Patienten zu pflegen und zugleich als Aufpasser zu fungieren.

Die zweckrationale Seite der Tätigkeit der Helfer und ihrer Methoden ist der Joker in diesem Spiel. Die rationalen Argumente können verwendet werden, um traditionelle Normen neu zu legitimieren («die Zwillingsforschung hat eindeutig nachgewiesen, daß es sich bei der Schizophrenie um ein Erbleiden handelt»), oder aber Methoden der «neuen» Helfer durchzusetzen. Seit langem argumentieren die Psychotherapeuten mit einer Statistik, wonach eine analytische Psychotherapie beim Durchschnitt der Behandelten die Zahl der Krankenhausaufnahmen und die Länge der Aufenthaltsdauer erheblich senkt. Die psychotherapeutische Behandlung könnte demnach die Kosten für die Versicherungen erheblich vermindern, wenn man sie auf breiterer Basis zuließe. Viele der «humanistischen» Therapieverfahren, die nicht das medizinische Diagnosesystem ablehnen, bieten wissenschaftliche Arbeiten an, in denen sie nachweisen, daß XY-Therapie bei Neurosen in kürzerer Zeit mehr erreicht als die «alte» Psychoanalyse.

Am deutlichsten ist diese zweckrationale Mechanisierung des Helfens in der Verhaltenstherapie, die sich in ihrer Legitimation «nach außen» gänzlich beziehungsfrei und technisch gibt. Wer die Therapieszene genauer kennt, findet genug Beispiele für Legitimationskonflikte. «Ich glaub ja gar nicht mehr an das Skinner-Zeugs», sagte mir kürzlich ein Verhaltenstherapeut. «Aber ich muß es wegen der Kassenregelung beantragen. Mir selbst – sagen Sie es nicht weiter – bringt die Fühltherapie viel mehr. Kennen Sie die? Ist so eine Weiterentwicklung der Gestalttherapie, mit etwas Gesprächstherapie und Bioenergetik...» Der zu den Kassen zugelassene («delegationsfähige») Verhaltenstherapeut legitimiert sich nach außen zweckrational; nach innen «glaubt» er an ein gefühls- und beziehungsorientiertes Therapieverfahren.

Die Tatsache, daß alte und neue Helfer als Kinder der Industriegesellschaft deren zweckrationales Esperanto sprechen und verstehen, sichert ein Stück weit die Verständigung innerhalb der Helfer-Szene. Doch verschleiert diese Fähigkeit auch die bestehenden Verschiedenheiten und Konflikte. Der normative Helfer kann so tun, als ob sich die Rolle des Beziehungshelfers unschwer in sein Ordnungssystem eingliedern ließe («neben der medikamentösen Therapie ist selbstverständlich Psychotherapie angezeigt»). Umgekehrt kann der Beziehungshelfer sein Verfahren nach außen mit Argumenten vertreten, die sich dem normativen System anpassen («Primärtherapie ist in der wissenschaftlichen Literatur als besonders wirkungsvolles Verfahren bei dissozialen Persönlichkeitsstrukturen ausgewiesen»). Situationen, in denen eine Gruppe noch wirklich an die Argumente glaubt, mit denen sie ihre Ordnungsgesichtspunkte stützt, während ihre Gesprächspartner eben diese Argumente als leere Hülsen verwenden, gibt es in der pluralistischen Industriegesellschaft recht häufig. Wo die wirkliche Macht liegt, zeigt sich darin, daß in Zeiten der wirtschaftlichen Rezession die Beziehungshelfer trotz ihrer Legitimationskünste arbeitslos werden und einige normative Helfer ebenfalls den Gürtel enger schnallen müssen.

Übersicht zur Typologie «alter» und «neuer Helfer»

Blickpunkt	«alter» Helfer	«neuer» Helfer
Gesellschaftliche Etablierung	Sicher. Klare Berufstradition	Unsicher. Umstrittene Tradition
Rolle	Stabil. Eindeutig definiert («Eid des Hippokrates»)	Labil. Variabel definiert
Normative Ordnung	«Objektiv», rechtlich abgesichert	«Subjektiv», persönlich orientiert
Wissenschaftlich-ideologische Begründung	Theologie, Naturwissenschaft, Jurisprudenz (aber auch «empirische» Psychologie und Soziologie, Verhaltenstherapie)	Psychologie, Sozialwissenschaften, Psychoanalyse, Ethnologie, «Theologie der Befreiung»
Praktisches Vorgehen	Techniken (Operation, Medikament, Sakrament), Ratschläge («Sie müssen das Rauchen einstellen!» «Sie müssen beten!») *	Einsicht vermitteln, Selbsterfahrungsprozesse einleiten, «korrigierende emotionale Erfahrung»
Methodische Orientierung	Rational, autoritär. «Harte Daten», z. B. Statistik, Fragebogen, Doppelblindversuch, «Erklären»	Gefühle werden einbezogen. Qualitativ-beschreibend. Fallgeschichte, Deutung – «Verstehen»

* Ärzte und Theologen werden mir widersprechen: In ihrer Methodologie wird durchweg die technische Vorgehensweise bzw. die rituelle Praxis als äußerlich angesehen, während das «Eigentliche» am Arzt- bzw. Priestertum zum Beispiel im ärztlichen Gespräch oder in der durch die Sakramente vermittelten Gnade liege. Es geht mir aber darum, wie professionelles Handeln im Alltag aufgefaßt wird, nicht darum, wie es nach den Erklärungen der jeweiligen Methodologen eigentlich zu verstehen wäre.

Die Hintergründe des Pflegenotstands

Seit zehn Jahren sind nach kurzer Zeit mehr als die Hälfte der examinierten Pflegekräfte nicht mehr in dem erlernten Beruf tätig.* Die einzelnen Zahlenangaben schwanken, aber der Gesamteindruck bleibt konstant und scheint auch gegen Reformbemühungen erstaunlich widerstandsfähig. Als Gründe für dieses rasche Abknicken einer von der Gesellschaft doch so sehr gewünschten und teilweise idealisierten beruflichen Laufbahn werden in den Massenmedien meist die schlechte Bezahlung und die Tatsache genannt, daß in einem typischen Frauenberuf das Ausscheiden wegen Ehe und/oder Schwangerschaft zu erwarten sei. Aber ebenso gewiß reichen diese Gründe nicht aus. Lehrerinnen oder Ärztinnen heiraten ebenfalls, werden ebenfalls schwanger, ohne daß sich bei ihnen eine vergleichbare Quote von Aussteigerinnen finden läßt.

Ich will im folgenden die Ergebnisse von Einzelsupervisionen, Gruppendiskussionen und Gesprächen mit Fachleuten zusammenfassen, welche ich in den letzten Jahren zum Thema des Pflegenotstands führte.

Der blaue und der weiße Kittel

Während des dreijährigen Unterrichts trägt die Schwesternschülerin einen farblich abgesetzten (blauen, grünen); nach dem Examen einen weißen Kittel. Viele Schwestern erleben, daß während der Ausbildungszeit ihre ursprüngliche Motivation zu diesem Beruf vielleicht belastet, aber nicht zerstört wird. Sie lernen wichtige, oft fesselnde Aufgaben kennen, werden mit dem menschlichen Körper, den Techniken der Medizin und den pflegerischen Aufgaben vertraut gemacht. Sie arbei-

---

* Die durchschnittliche Verweildauer im Beruf schwankt in verschiedenen Untersuchungen zwischen drei und sechs Jahren. Prognostische Untersuchungen in Deutschland (Bundesarbeitsministerium) und der Schweiz kommen zu dem Ergebnis, daß 1995 in Deutschland 30 000, 2010 zwischen 70 000 und 80 000 Pflegekräfte fehlen werden. Vgl. Ch. Ullmann, Die Not in der Pflege, Gesundheitsforum der SZ, Südd. Zeitung Nr. 82 v. 7./8. 4. 1990. In Österreich fehlen gegenwärtig mindestens 5000 Diplomierte Krankenschwestern und -pfleger. Vgl. Profil v. 18. März 1991, S. 30.

ten bereits praktisch, doch sind sie nie allein verantwortlich, es gibt oft jemanden, den sie fragen und um Rat bitten können. Sie sehen sich Fehler nach und erwarten auch von den Kolleginnen, daß ihnen diese verziehen werden. Manchmal haben sie Zeit, sich länger mit Patienten oder Patientinnen zu unterhalten. Diese Situation ändert sich schlagartig mit dem Examen. Die Schwester ist «fertig». Sie muß alles können, wird für den Schichtdienst eingesetzt und ist oft nachts für dreißig und mehr Schwerkranke allein verantwortlich. Sie kann nicht mehr damit rechnen, daß ihr Fehler nachgesehen werden, und fordert von sich, keine Fehler mehr zu machen. Waren die Ansprechpartner der Schülerin andere Schwestern, wird die examinierte Schwester von Ärzten angeleitet. Sie hat oft den Eindruck, sie müsse sich nicht nur um die Patienten, sondern auch um die Ärzte kümmern, aus ihnen herausfragen, was denn mit diesem oder jenem Kranken geschehen solle, «hinter den Ärzten herrennen».

Selbst- und Fremdüberforderung scheinen sich in einer jähen, mit der Situation des «Praxisschocks» in anderen Berufen kaum vergleichbaren Weise zu potenzieren. Die «fertige» Schwester ist heute in aller Regel nicht in einem festen sozialen Rahmen eingebettet, wie es die früheren Schwesternorden waren, sondern eine junge Frau mit durchaus weltlichen Interessen. An Motivation ist ihr meist ein Bedürfnis bewußt, lieber mit Menschen als kaufmännisch oder technisch zu arbeiten. Sie hat sich vorgestellt, im Lauf ihrer Ausbildung diesem Ziel eines engen, befriedigenden Arbeitskontaktes mit Patienten und Kolleginnen näher zu kommen. Jetzt erlebt sie, daß dieses primäre Motiv von der «fertigen» Schwester mit ihren vielfältigen Aufgaben und dem von der Klinik gesetzten Primat der technischen Versorgung keineswegs besser, sondern eher schlechter befriedigt werden kann.

Vielfach setzt der jähe Sturz in die volle Verantwortung frühere Belastungen durch die Praxis des Pflegealltags nur fort. «So habe ich mir das nicht vorgestellt!»[*] Deshalb nimmt auch die Zahl der Schülerinnen und Schüler zu, die während der Ausbildung aufhören. Während sich 1987 noch doppelt so viele Bewerber meldeten, wie Plätze in der Ausbildung

---

[*] Umgerechnet auf die Zahl der Pflegetage dominieren heute schwere Fälle (die in mehreren Vitalfunktionen auf fremde Hilfe angewiesen sind) mit 80 % gegenüber den leicht Pflegebedürftigen. Vgl. Ullmann a.a.O., S. 14, Sp. 4

vorhanden waren, können die Pflegeschulen in Österreich gegenwärtig nur noch die 20 % Überhang registrieren, mit denen sie Ausfälle ersetzen. Vgl. Profil, «Die kranken Schwestern», 18. 3. 1991, S. 66.

Die Fragmentierung von Pflegerin und Patient

Während in anderen helfenden Berufen die Praxis zumindest einen Teil der ursprünglichen Motivation eher erfüllt als die Ausbildung, scheint es beim Pflegepersonal gerade umgekehrt. Die Ausbildung ist begehrter als die Praxis. Der künftige Diplom-Psychologe erleidet häufig seinen Praxisschock in den ersten Semestern seines Studiums, wenn er plötzlich Statistik pauken soll; er erholt sich davon in den späteren Semestern und klinischen Praktika. Ähnlich ergeht es vielen Ärzten oder Lehrern. (Natürlich gibt es zahlreiche andere Gesichtspunkte, die in einem umfassenden Vergleich zu berücksichtigen wären; ich verzichte auf sie, um das Typische herauszuarbeiten).

Die Schwesternschülerin erlebt ihren Beruf noch ganzheitlicher als die examinierte Schwester. Sie hat mehr Zeit für die Patienten, mehr Zeit zum Lernen. Sie untersteht der Schule, hat Rückzugsmöglichkeiten in theoretische Studien, eine (noch) anziehende Perspektive auf die Arbeit nach Abschluß der Ausbildung. Es scheint, daß die «fertige» Pflegerin, der «fertige» Pfleger – anders als die meisten anderen Helfer-Berufe – den Abschluß des Examens sehr bald nicht als einen Schritt zu einem mehr selbstbestimmten, autonomen, eigene Kreativität freisetzenden Arbeiten erlebt, sondern umgekehrt als den Verlust von Schutz *und* Freiraum. Die voll verantwortliche Pflegekraft ist der Institution mehr, gewissermaßen gnadenloser ausgeliefert als die Schülerin. Sie fühlt sich zerrissen, fragmentiert, von allen Seiten gefordert und manchmal von keiner akzeptiert und bestätigt.

Eine Ursache für diese in den letzten Jahren angewachsene Problematik liegt in der Starre der pflegerischen Institutionen, die zu wenig ausgebaut und gefördert wurden, so daß sie nicht angemessen auf die rasanten Fortschritte der Medizin reagieren konnten, welche die Pflege immer schwieriger machen. Die Personalschlüssel wurden z. B. nicht parallel zu steigenden Anforderungen erweitert. Die in früheren Stadien der medizinischen Technik Ärzten, Schwestern und Patienten häufig gemeinsame Erfahrung der Ohnmacht wurde von den Ärzten mehr und mehr durch ein ausgearbeitetes Arsenal abgewehrt. Während einer knappen, personell und organisatorisch in diesem Tempo kaum zu bewältigenden Zeitspanne eskalierte die Pflege zur Intensivpflege. Wo es einmal vorwiegend Menschen gegeben hatte, Menschen, die zugleich kostbar und oft hilflos waren, stehen heute Maschinen um das Krankenbett, die hohe Investitionen erfordern, deren Bedienung kompliziert ist und höchste Aufmerksamkeit beansprucht. Die Intensivstation ist sozusagen das Paradigma des Wandels in der Pflege. Sie hat aus der gemeinsam getragenen Ohnmacht des medizinischen und pflegenden Personals eine Übermacht der Elektronik und Mechanik über die menschliche Arbeitskraft geschaffen, durch die sich die berufliche Identität und Macht der Mediziner und ihrer Bundesgenossen, der Ingenieure, auf Kosten der beruflichen Identität der Pflegekräfte erweiterte.

Die Ärzte beherrschen die Apparate, die Schwestern bedienen sie. Der emotional wohl am meisten befriedigende Aspekt der Pflege – einen Leidenden durch Krankheit oder Operation bis zur Gesundung zu begleiten – muß verkümmern. Sobald der Patient in der Intensivstation ansprechbar wird, ein zwischenmenschlicher Kontakt möglich sein könnte, wird er auch verlegt. Insgesamt ist heute die Verweildauer so kurz geworden, daß eine persönliche Beziehung zum Patienten fast nur in chronischen Fällen (z. B. Krebs, künstliche Niere) entstehen kann – mit wiederum spezifischen Belastungen. Dieser rasche Wechsel führt dazu, Kontakte mit Patienten zu versachlichen und so nicht selten wesentliche Anteile der ursprünglichen Motivation für den Beruf aufzugeben.

Dort, wo Maschinen dominieren, ist das Fließband eine ökonomische Lösung. In der Krankenpflege wurde die sogenannte «Funktionspflege» eingeführt, um den Arbeitsablauf ökonomischer zu gestalten: eine Schwester übernimmt für alle Patienten auf der Station Fieber- und Blutdruckmessen, eine andere bringt das Essen, eine andere teilt Medikamente aus, eine andere verbindet, bettet, wäscht. Die Funktionspflege ist nicht nur der Ausdruck einer Verkümmerung und seelisch-geistigen Entleerung der Pflege*, sondern auch ein Heilmittel, um sie

* Vgl. B. Kathan, Mein sozialer Tick ist geheilt – Krankenschwestern sprechen über ihre Belastungen, Innsbruck (VOR-Ort) 1991

besser zu ertragen. Wer immer nur einige Handgriffe leistet und bei dem gegenwärtigen Patienten schon an den nächsten denkt, ist kaum in der Lage, die Beziehung zu einem leidenden, geängstigten Menschen wahrzunehmen. Die Pflegearbeit wird zur Fabrikarbeit, mies bezahlt und mit einem miesen Gefühl erledigt. Ist der Arbeitsplatz noch sauberer, weniger anstrengend, gar interessanter als die Fabrik? Jedenfalls bietet er geistig anspruchsvollen Menschen wenig Befriedigung und fast keine Perspektive. Kann jemand erwarten, daß unter solchen Umständen die aufgeweckten, menschlich interessierten Pflegekräfte bleiben und umgekehrt jene abgeschreckt werden, die dazu neigen, in stumpfer Routine dahinzuwursteln?

Der Domino-Effekt

Jeder kennt die kunstvoll geschichteten Ketten aus Dominosteinen. Wenn an dem einen Ende einer stürzt, fallen alle um. Im Pflegenotstand macht sich, ähnlich wie in anderen Belastungen der «Risikogesellschaft» (Ulrich Beck) ein ähnlicher Effekt bemerkbar. Die ungünstigen Faktoren addieren sich nicht nur, sie potenzieren sich. Wenn in einer Berufsgruppe gerade viele von denen ausscheiden, die energisch und mutig genug sind, sich nach frustrierenden Erfahrungen neu zu orientieren, wird die Lage der Zurückgebliebenen noch schlechter. Wenn in einer Station einige Stellen nicht besetzt sind, wächst die Neigung der zusätzlich be- und überlasteten Pflegekräfte, zu kündigen: Noch mehr Stellen sind nicht besetzt, die restlichen Schwestern gehen. Oder aber es sammelt sich ein Bodensatz an resigniertem, verängstigtem, ausgebranntem Personal, das niemanden mehr aufnehmen kann, der Farbe und Dynamik einbringt. Wer nicht ebenfalls bald grau und routiniert wird, erträgt das Gruppenklima nicht und geht. «Ich hatte immer ein schlechtes Gewissen, wenn ich auf der Station Stöckelschuhe oder einen bunten Rock trug», berichtete eine Frau, die in einen solchen Lemurenhort geriet. Es gibt auch die positive Alternative: eine Gruppe eingespielter, engagierter Schwestern, die dank ihrer guten Kontakte allen Überforderungen zum Trotz bleiben und sich gegenseitig stabilisieren. Aber die Sicherheitsmarge solcher angespannten Systeme ist gering. Es genügt, wenn ein Gruppenmitglied ausfällt, wenn es zu einem Spannungen gibt. Schon gerät alles ins Wanken. «Wenn ich jemand mag, dann warte ich eben nach der Schicht noch ein wenig und mache eine Übergabe, die ihr viel Arbeit erspart. Und wenn ich sie nicht mag, geht's eben nach Vorschrift, und sie kann sehen, wo sie bleibt.»

Fehlende berufliche Perspektive

Die Supervisionsarbeit mit Angehörigen der helfenden Berufe zeigt immer wieder, daß die Faszination dieser Tätigkeit, ihr antidepressiver Effekt sehr davon abhängt, ob der Helfer seine Interaktion mit dem Schützling ungestört, als zentrale Figur der Szene, durchführen kann. Diese auch durch die Burnout-Forschung bestätigte Tatsache hängt mit dem zentralen unbewußten Motiv für die Helferrolle zusammen: mit dem «Nehmen im Geben», der Identifizierung mit einer ideal fürsorglichen Gestalt, welche man einst schmerzlich, mit unerträglichen Gefühlen verletzter Abhängigkeit, vermißt hat. («Weil mich keiner pflegt, werde ich Krankenschwester»). Die traditionellen helfenden Berufe, ob alte Helfer (Priester, Lehrer, Arzt) oder neue (Psychotherapeut, Sozialpädagoge), sind «Professionen», das heißt: Beginn, Inhalt und Ende der Interaktion bestimmt der nur seinem Gewissen verantwortliche Professionelle. Der Arzt in seiner Praxis, der Priester in seiner Kirche, der Lehrer vor seiner Klasse – sie alle haben zumindest die Chance, daß die gesamte Interaktion von ihnen gestaltet und beurteilt wird. Sie alle fühlen sich durch die Einmischung Dritter gestört und konnten – zumindest was Beichtgeheimnis und ärztliche Schweigepflicht angehen – den von ihnen gewünschten Schonraum auch gegenüber der Gesellschaft durchsetzen. Diese Unabhängigkeit und dieser Schutzraum sind angesichts der Bürokratisierung immer größerer Bereiche und der wachsenden Abhängigkeit in vielen anderen Berufen knappe, begehrte Güter, was unter anderem die Lehrer-, Ärzte- oder Psychologen«Schwemme» veranlaßt hat.

Dieser statistisch feststellbaren Flut steht die Ebbe im Pflegesektor gegenüber. Gemessen an den Bedarfszahlen gibt es in einer Stadt wie München dreimal soviel Fachärzte wie nötig; umgekehrt klagen die Verantwortlichen in fast allen Kliniken über den Mangel an Pflegepersonal. Nun darf niemand davon absehen, daß die Pflegeberufe – verglichen mit den Ärzten – unterbezahlt sind. Andrerseits ist das Ärzteeinkommen heute nicht mehr so sicher und nicht mehr ganz so hoch wie vor einigen Jahren. Außerdem gibt es auch im Bereich der schlecht bezahlten und – gewiß kein Zufall, sondern hartnäckiges Unrecht – fast ausschließlich oder doch vorwiegend von Frauen ausgeübten Berufe durchaus welche, die nicht über einen vergleichbaren Schwund der ausgebildeten Kräfte und einen daraus resultierenden Notstand zu klagen haben – die Hebammen etwa, die Krankengymnastinnen, die medizinisch-technischen Assistentinnen, die Heilpraktikerinnen. Nicht selten waren Frauen, die sich für solche Berufe entscheiden, früher als Krankenschwestern tätig. Eine Pflegerin, die sich entschließt, als Hebamme oder Heilpraktikerin zu arbeiten, verdient nicht unbedingt mehr und arbeitet wahrscheinlich ebenso hart wie früher. Aber sie kommt dem professionellen Ideal näher. *Sie* ist die zentrale Gestalt in der Interaktion, sie bestimmt das Geschehen, sie ist unabhängiger. Die so dauerhaft zur Ermutigung dienender Ideale gehaltenen Sonntagspredigten können nicht darüber hinwegtrösten, daß die Pflegerin ihren Beruf in der Regel als perspektivlos und aufreibend erlebt. Zwischen den Mühlsteinen medizinisch-technischer Ansprüche einerseits, der Unzufriedenheit der Patienten andrerseits (die doch weit öfter das Pflegepersonal zu spüren hat als die Ärzte) fühlt sie sich zwar gebraucht, es geht nicht ohne sie, aber nicht geschätzt, wahrgenommen oder anerkannt.

Die überdurchschnittlichen vielen Schwestern, die kurz nach dem Examen den Beruf wieder verlassen, reagieren damit nicht nur auf die unbefriedigende und fremdbestimmte Arbeit, den extrem hohen Verantwortungsdruck, die Isolation im Schichtdienst oder die schlechte Bezahlung. Alle diese Beeinträchtigungen lassen sich kurze Zeit ertragen, wenn es eine *Perspektive* gibt, eine Aussicht, daß die gegenwärtige Härte in absehbarer Zeit durch eine Veränderung belohnt wird, die früher und irdischer ist als das Paradies, mit dessen Verheißung früher (nur früher?) der von manchen Männern so hochgeschätzte weibliche Masochismus zur Dauer- und Höchstleistungen angespornt wurde.

Diese berufliche Perspektive ist in den Krankenpflegeberufen noch kaum entwickelt. Erst in jüngster Zeit wurden überhaupt fachspezifische Fortbildungen und Spezialisierungen in Angriff genommen, wie sie in der Medizin schon seit Jahrzehnten selbstverständlich sind. Aber auch die Fachschwester fühlt sich oft in einer Sackgasse. Ihre Spezialausbildung bringt ihr nicht viel finanziellen Lohn und kaum mehr Unabhängigkeit. Der Betrachter gewinnt angesichts der Karrieremöglichkeiten im Pflegebereich den Eindruck, daß sich hier ein manipulatives Verständnis von Ehre und Auszeichnung auswirkt. Die Pflegerin, die unterrichten *darf*, soll sich wohl *geehrt* fühlen, denn ihr Gehalt ist kaum höher als das ihrer Kolleginnen, die sich nicht für eine solche Zusatzqualifikation interessieren. Ähnliche, heute von keiner Führungskraft in der Industrie mehr akzeptierte Beinahe-Ehrenämter sind Stations- oder Pflegedienstleitungen in vielen Häusern.* Man erinnert sich an die Generale bankrotter Länder, welche verdienten Soldaten einen Orden an die Brust heften, da sie kein Geld locker machen wollen, um sie zu bezahlen.

Die mangelnde Solidarität

Wer medizinische Institutionen genau beobachtet, erinnert sich oft daran, daß die ersten Einrichtungen, in denen Kranke in öffentlichem Auftrag gepflegt wurden, militärische Lazarette waren; auch die Pflege-Orden standen im Mittelalter den militärischen Ritterorden nahe. Wie es im Krieg selbstverständlich ist, daß die oder der einzelne sämtliche «egoistischen» Gefühle und Wünsche verdrängen und verleugnen, um ihren Dienst für den Feudalherrn, den König oder das Vaterland zu leisten, so wird auch vom Pflegepersonal in aller Regel erwartet, zu funktionieren, ohne Ansprüche zu stellen, Befehle zu verstehen oder gar in einem Dialog, in der Antwort auf kritische Fragen ein solches Verständnis zu erarbeiten. Eine bis heute anscheinend immer wieder neubelebte Folge dieser Traditionen ist, daß fast alle Schwestern darüber klagen, daß die Ärzte zu wenig, zu unfreundlich, zu unverständlich und einfühlungslos mit ihnen sprechen. Durch die Konstitution einer dem Pflegepersonal prinzipiell überlegenen und im einzelnen

---

* Hier liegt wohl auch einer der Gründe, weshalb «in 80 % der Krankenhäuser die Pflege nichts zu melden» hat (Ingrid Bäumel, zit. n. Ullmann, a.a.O., S. 14, Sp. 2). Obwohl seit 12 Jahren von den Verbänden gefordert, hat die «Troika» (medizinischer, Verwaltungs- und Pflege-Direktor) «in den meisten Krankenhäusern... lediglich Feigenblattfunktion erlangt» (Ullmann a.a.O., S. 14, Sp. 2). Eine zentrale Ursache dieser Situation: Das Selbstbewußtsein des Pflegepersonals wird in den medizinischen Institutionen immer wieder *gleichzeitig* gehätschelt («ohne euch geht es nicht») und gebrochen («die Gesamtverantwortung trägt der Arzt»). Pflegedirektorinnen oder -direktoren erhalten auch nur etwa die Hälfte des Gehalts eines Verwaltungsdirektors oder Chefarztes.

weder erklärungsbedürftigen noch verständlichen medizinischen Autorität fühlt sich die Schwester oft gerade aus dem Kern, dem eigentlich Wesentlichen der Interaktion, mit der sie befaßt ist, ausgeschlossen. In Zeiten des Personalmangels gewinnt dieser Aspekt häufig jenen double-bind, den der Anthropologe Gregory Bateson als wesentliches Merkmal der Kommunikation in schwer gestörten Familien erforscht hat. Ein Vater sagt etwa zu seinem Sohn: Du mußt dich endlich von deinen Eltern lösen und selbständig werden, obwohl ich mir nicht vorstellen kann, daß du das schaffst! Ähnlich wird der Schwester immer wieder vermittelt, daß sie auf gar keinen Fall Entscheidungen treffen oder Eingriffe machen darf, die Ärzten vorbehalten sind – und in der Praxis erlebt sie doch immer wieder, wie sie genau das tun soll (z. B. eine intravenöse Injektion verabreichen), was sie eben nicht tun darf, weil es nicht in ihr Gebiet gehört.

Wie mit einem Schalter in seiner Kompetenz an- oder ausgeknipst zu werden, ist eine narzißtische Belastung, der Frauen meist viel besser standhalten als Männer. Ihnen ist es historisch wohlvertraut, daß sie in Abwesenheit ihrer Partner eine Menge Dinge können (und können müssen), die ihnen in deren Anwesenheit plötzlich nicht mehr gelingen. In der Nachkriegszeit habe ich mit der neugierigen Verwunderung des Kindes verfolgt, wie aus den tüchtigen, selbständigen und unternehmungslustigen Frauen, die während der Abwesenheit ihrer Männer in Krieg und Gefangenschaft ein Geschäft aufbauten, eine Landwirtschaft führten, Beruf und Kindererziehung zusammen bewältigten, plötzlich wieder geduldige Hausfrauen wurden, die ihren Vormittag damit verbrachten, ein Mittagessen vorzubereiten und die Fenster zu putzen. Als mir jüngst ein Pfleger, der eine Intensivstation leitet, davon erzählte, daß die Ärzte mit manchen Ansprüchen von Anfang an nicht zu ihm, sondern zu seiner Stellvertreterin kämen, mußte ich an diese Szene denken. Von einem Mann erwartet ein Mann nicht, daß dieser ohne Kampf eine Rechtsposition aufgibt. Aber eine Frau? Wenn man ein paar freundliche Worte sagt, sie ein wenig tätschelt, ein wenig von dem Zuckerbrot der ganz besonderen Beziehung und Anerkennung anbietet oder auch mit der Peitsche des Liebesentzugs schnalzt, freilich nur ganz leise? Die hier beschriebene höhere Toleranz der Frauen für solche double-binds ist freilich im Abnehmen begriffen. Sie hält aber, wie viele komplex bedingte menschliche Leistungen, den Erosionsprozes-

sen erstaunlich lange stand, welche Aufklärung und Emanzipation ausüben. Bei den Männern andrerseits verbinden sich Machtinteressen und
narzißtische Ansprüche mit einem recht einfachen, aber für das Begrei-
fen solcher Situationen wesentlichen Gesetz der Lernpsychologie. Man
nennt es das «Prinzip der intermittierenden Verstärkung». Gemeint ist,
daß Lebewesen – angefangen von Tauben und Ratten – in der Regel an
Verhaltensweisen viel hartnäckiger festhalten, die nur selten («inter-
mittierend», mit langen, erfolglosen Intervallen) «belohnt», vom er-
wünschten Ausgang gekrönt sind. Ähnlich scheinen die Männer am
Bild der «richtigen», «weiblichen» Frau gerade dann mit besonderer
Ausdauer orientiert zu bleiben, wenn nur noch jedes zehnte oder zwan-
zigste Exemplar ihrer obsoleten Erwartung entspricht. Gegenwärtig
scheinen sich die männlich-weiblichen Konfliktpotentiale in den medizinischen Institutionen jedenfalls so zugespitzt zu haben, daß der Kitt
emotionaler Bindungen, wie sie zu Sauerbruchs Zeiten noch Arzt und
Schwester auf Gedeih und Verderb zusammenhielten, brüchig wird.
Auch Ärztinnen haben mit ihren männlichen Kollegen ein gerütteltes
Maß an Problemen. Aber sie fühlen sich in diesen Auseinandersetzungen anscheinend nicht so chancenlos, daß sie aus dem Beruf aussteigen
und (wie es Schwestern so häufig tun) die aussichtslosen Kämpfe mit
der männlich-militärischen Einrichtung gegen die Ehe und die Konflikte mit einem Partner tauschen, der wohl als weniger übermächtig
und wenigstens selbst ausgesucht erlebt wird.

Aber nicht nur die mangelnde Solidarität zwischen Ärzten und
Schwestern, Ärztinnen und Pflegern belastet das Arbeitsklima, macht
Schwerarbeit, Schichtdienst und schlechte Bezahlung vollends unerträglich und das Aussteigen zur einzigen vorstellbaren Lösung. Auch
die Solidarität der Schwestern untereinander ist häufig weit weniger
tragfähig, als man es wünschen möchte. Ich habe schon beschrieben,
wie eine gut aufeinander bezogene Gruppe das Leben auf einer Station
erträglich machen kann. Aber solche Situationen sind sicherlich selte-
ner, als man sie wünschen würde. Viele Schwestern und Pfleger klagen
über unsolidarisches Verhalten ihrer Kolleginnen und Kollegen. Statt
gemeinsam Front gegen Übergriffe der Ärzte oder der Verwaltung zu
machen, suchen manche Zuflucht auch bei der ungerechten Autorität
und ergattern sich auf diese Weise Anerkennung oder Privilegien. Hier
scheint die Neigung eine politisch lähmende Wirkung zu entfalten,

Konflikte vorwiegend auf einer persönlichen Ebene anzusiedeln. Wo die eigene emotionale Belastbarkeit tendenziell als grenzenlos phantasiert wird, die eigene, «egoistische» Bedürftigkeit im Unbewußten und Vorbewußten mit Schuldgefühlen abgewehrt ist, fällt es oft sehr schwer, die unzweckmäßigen Versuche aufzugeben, institutionelle Widersprüche durch besonders gute Gefühlsbeziehungen oder durch besondere Anstrengungen zu kompensieren. Die Schwester glaubt etwa, die schlechte Bezahlung oder die vielen Schichtdienste seien gar nicht das «eigentliche» Problem, weil sie daneben auch noch durch eine unfreundliche Vorgesetzte belastet ist. Die in der Analyse des Helfer-Syndroms beschriebene Persönlichkeitsqualität der «indirekten Aggression» führt häufig dazu, daß Ärger, dessen Motive im Verhalten der Patienten oder der Vorgesetzten wurzeln, nicht unmittelbar ausgedrückt, sondern auf Kolleginnen oder Kollegen umgeleitet wird. Einige Beispiele:

Eine Altenpflegerin erzählt bei einer Begegnung mit Kolleginnen, die ebenfalls in der ambulanten Betreuung tätig sind, von einer inkontinenten, sonst aber nicht bettlägrigen Frau, die ihr immer zumutet, die schmutzigen Windeln vom Boden aufzulesen. Sie habe ihr jüngst gesagt, sie sei nicht mehr bereit, zu ihr zu kommen, wenn sie nicht vorher aufräume. Die anwesenden Pflegerinnen sprechen nun nicht über ähnliche emotionale Belastungen, sondern empören sich über die Kollegin, die ihren Unmut laut werden läßt. Man könne zu hilfsbedürftigen alten Menschen doch nicht so ruppig sein!

Beim regelmäßigen Frauentreff von Therapeutinnen in einer psychosomatischen Klinik berichtet eine junge Pflegerin («zum ersten- und letztenmal»), wie sie sich vor einer Bulimie-Kranken geekelt habe, deren Fingerkuppen durch den dauernden Kontakt mit Erbrochenem aufgeätzt waren. Sie habe der Patientin gesagt, es sei doch sehr unhygienisch, mit solchen Händen herumzulaufen und auf die Toilette zu gehen. Die Kolleginnen tadeln sie heftig für dieses einfühlungslose Verhalten.

Während einer Diskussion über den Pflegenotstand berichtet eine junge Schwester, sie vermisse es sehr, daß sie nie die Zeit habe, mit einem Patienten ausführlich zu sprechen, sich eine halbe Stunde zu ihm zu setzen und den Kontakt herzustellen. Habe sie diesen Kontakt, dann störe es sie auch nicht mehr, für Kleinigkeiten herbeigeklingelt zu werden; andernfalls komme es schon vor, daß sie einen Patienten warten lasse und nur unwillig aufstehe. Eine ältere Schwester hält dagegen, für solche Beziehungsaufnahme sei genügend Zeit weder vorhanden, noch nötig. «Wenn ich morgens drei Patienten wasche, kann ich doch zu jedem während dieser Zeit eine Beziehung anknüpfen!»

Eine junge Schwester berichtet, wie fürchterlich sie ihre ersten Schichtdienste nach dem Examen erlebt habe – verantwortlich für dreißig Patienten, einige mit frischem Herzinfarkt. Sie habe nie gewußt, zu welchem sie zuerst laufen müsse, wenn mehrere zugleich geklingelt hätten. «Wir alle sind doch ins kalte Wasser geworfen worden. Irgendwann muß jeder selbständig werden», hält ihr eine ältere Kollegin entgegen.

In einer Schwesternrunde wird der Vorschlag diskutiert, grundsätzlich die Nachtschicht doppelt zu besetzen und dazu mehrere Stationen zusammenzulegen. Einige begrüßen das, aber eine Schwester sagt nachdrücklich: «Mir macht das nichts aus, in der Nacht allein zu arbeiten!»

Es gibt zwei Formen der Konkurrenz zwischen Pflegerinnen, welche ihre Solidarität gefährden und die politische Schlagkraft dieser Berufsgruppe erheblich beeinträchtigen: die Rivalität um das idealisierbare männliche Objekt (also den «wirklich guten» Arzt) einerseits, um die Rolle der idealen Mutter-Helferin andrerseits.

Die erste Fixierung arbeitet eben jenen patriarchalischen Formen in die Hände, denen eine Berufsbezeichnung wie «Schwester» ihre Existenz dankt: eine entsexualisierte, Vätern und Brüdern unterworfene Helferin. Zu den Phantasien über ihre persönliche Zukunft, die von Schwesternschülerinnen entworfen werden, gehört häufig – mehr oder weniger ausgeprägt, mehr oder weniger als illusionär kritisiert die Erwartung, einen Arzt zu heiraten. Es bedeutet eine langwierige Arbeit, sich von solchen irrationalen Prägungen zu befreien und genau zwischen persönlicher und beruflicher Beziehung zu unterscheiden. Männern wird dieser Prozeß in der Regel durch ihre Sozialisation ebenso erleichtert wie dadurch, daß ein Pfleger wohl kaum die Suche nach einer Ärztin als Lebenspartnerin in seinem Phantasieleben ausbaut. Berufliche Durchsetzung «nach oben» heißt für einen Mann in einer männlich dominierten Welt Auseinandersetzung mit Männern in einem entsexualisierten, wegen der überwiegenden Latenz der Homoerotik neutralisierten Bereich. Eine Frau muß für diese Durchsetzung immer wieder die Grenzlinie zwischen erotischer Phantasie, emotionalem Beziehungswunsch und Arbeitsrealität nachziehen, sich vor Grenzüberschreitungen von Männern schützen, ohne Gleiches mit Gleichem vergelten zu können.

Mindestens ebenso wesentlich scheint aber die Konkurrenz der Pflegerinnen untereinander, in der es um ein narzißtisches Ideal der allseitig belastbaren, stets emotional und praktisch kompetenten Frau geht. Ihre berufliche Rolle stimuliert die Helferin, eigene Gefühle von Schwäche zu unterdrücken und zu verleugnen. Daher kann sie diese auch nur bei Patienten ertragen, nicht aber bei Mitarbeiterinnen. Die Verführbarkeit durch die idealisierte eigene Beziehungskompetenz erinnert an den Spruch: «Unmögliches erledigen wir sofort; Wunder dauern etwas länger!» Daraus folgt, daß die einzelne Schwester, wenn sie beruflicher Überforderung und Überlastung ausgesetzt ist, nicht nur mit ihrem vernünftigen Ich-Protest anmeldet und Lösungen erarbeitet, sondern auch von einem irrationalen Über-Ich bestimmt wird, das die Überforderung gutheißt, die rastlose Arbeit als narzißtisch bestimmte Grandiosität und Überlegenheit gegenüber anderen Frauen feiert und den Verzicht auf diese Aufopferung, das Zugeständnis «egoistischer» Bedürfnisse nach Schonung als höchst bedrohlich erscheinen läßt. Es ist begreiflich, daß diese in der Berufsmotivation angelegte, durch die Berufspraxis verstärkte Schwierigkeit, vernünftig mit eigenen und den Schwächen von Kolleginnen (im Unterschied zu denen von Patienten) umzugehen, individuelle, intime, gewissermaßen geheimgehaltene Lösungen (wie den Ausstieg aus dem Beruf) fördert und kollektive, öffentliche, politisch-gewerkschaftliche Durchsetzung erschwert.

Supervision als Lösung?

«Die ganze Pflege geht den Bach runter, da hilft auch keine Supervision. Sie können gerne mal auf die Station kommen und mithelfen!» Dieser Beitrag einer jungen Schwester in einer Diskussion über psychologische Hilfsmöglichkeiten gegen den Pflegenotstand drückt eine Stimmung aus, die ernstgenommen werden muß. In ihr steckt nicht nur der Ausdruck der eigenen Überforderung, sondern auch der Neid auf den akademischen Helfer, der stundenweise kommt, ein wenig zuhört, ein wenig redet und einen dann wieder allein läßt mit der körperlich wie seelisch anstrengenden Arbeit. Wird nicht alles noch lastvoller, noch trostloser, wenn man sich der eigenen Überforderung bewußt wird, wenn man anderen zuhören soll, die sich beklagen, und vor der schwierigen Wahl steht, entweder die Schwäche, die sie zeigen, zu bekämpfen, um die Verdrängung der eigenen Schwächen aufrechtzuerhalten, oder aber einzustimmen und so eine bisher latente Depression erst einmal bewußt zu erleben, ohne doch schon Abhilfe zu finden?

Supervision könnte die Vermeidungsstrategien in Frage stellen, mit denen starke Emotionen in der Krankenpflege abgewehrt werden: betont sachliches, kühles Verhalten, Aufwertung administrativer Arbeiten, Betonung von Hygiene und Zeitstruktur, saloppe, abwertende Sprache. Annemarie und Ulrike Bauer, die viel Erfahrungen über die Ausbildung und Supervision von Krankenschwestern gesammelt haben, berichten über Beobachtungen an Schülerinnen, die von sich behaupten, sie hätten emotionale Probleme mit Ekel, Scham, Angst vor Behinderung und Tod bereits in den ersten Monaten der Ausbildung ein für alle Male erledigt.* Das Bedürfnis nach Auseinandersetzung über die eigenen Gefühlserfahrungen mit Kranken ist beim Pflegepersonal in Allgemeinstationen viel geringer als in Arbeitsbereichen mit chronisch Kranken (wie Krebspatienten, in der Behindertenpflege, in der Psychiatrie).

Supervision scheint dort, wo sie allgemein eingeführt wurde, die Berufsmotivation des Pflegepersonals zu festigen, die Ausfallzeiten durch Krankheit oder Ausscheiden aus dem Beruf zu vermindern. Entsprechende Erfahrungen aus der Landesnervenklinik Salzburg wurden auf der Fachtagung für Klinische Psychologie am 29. März 1990 in Wien mitgeteilt. Aber es wäre verfehlt, darin eine Lösung zu sehen, die sich auf die gesamte Kranken- und Altenpflege anwenden läßt.

Vor allem darf nicht der Eindruck entstehen, daß die angeleitete Reflexion über die eigene berufliche Situation und die Suche nach Lösungen unter der Hilfe eines Supervisors über die materielle Benachteiligung und die geringen Aufstiegsmöglichkeiten hinwegtrösten kann. Eine wesentliche politische Aufgabe liegt eher darin, Versuche zu hinterfragen, die strukturellen Probleme der modernen medizinischen Einrichtungen durch individuelle Anstrengung bis hin zur emotionalen

* A. u. U. Bauer, Macht und Kränkung als Korrelate pflegender Berufe, in H. Pühl (Hg.), Handbuch der Supervision, Berlin 1991, S. 464 f.

Selbstausbeutung zu *verdecken*. Supervision kann mehr Solidarität und einen vernünftigen Umgang mit belastenden Gefühlen ermöglichen; sie ist ungeeignet, Ungerechtigkeiten zu beschönigen, macht sie im Gegenteil bewußter.

Der Pflegenotstand ruft nach einem *Bündel* von Maßnahmen. Einzelne Verbesserungen sind angesichts der drohenden Katastrophe nicht mehr genug. Diese Katastrophe ist zum Teil bereits eingetreten, aber sie läßt sich noch verdrängen, bis auf wenige, als extreme Ausnahmen geschilderten Situationen (z. B. die Tötungen Schwerkranker durch das Pflegepersonal). Die Verdrängung gelingt deshalb, weil die unbefriedigende Qualität der Pflege noch von den meisten Patienten in Kauf genommen werden kann. Schließlich sind sie in der Regel bald wieder gesund, aus dem Bereich der Behinderten- und Altenpflege dringt wenig an die Öffentlichkeit. Insgesamt ist es ein in der Konsumgesellschaft unbeliebtes Thema, alt, chronisch krank oder behindert zu sein. Man will nicht gerne daran erinnert werden. Die Medien berichten viel lieber über Fortschritte der Medizin als über Rückschritte der Pflege, selbst wenn die letzteren mehr Lebensqualität bedrohen, als die ersteren sie jemals fördern können. Für Herzlungentransplantationen, geriatrische Chirurgie oder einen Kernspintomographen ist es noch immer leichter, öffentliche Gelder locker zu machen als für mehr, für besser qualifiziertes Pflegepersonal.

In dieses Maßnahme-Paket müßten nicht nur mehr materielle Anreize geschnürt werden, sondern auch mehr Mitbestimmung der PflegerInnen in *allen* Fragen, die sie betreffen, bis hin zur Indikation «lebensverlängernder» Maßnahmen, welche die Lebensqualität des Patienten nicht fördern, sondern ihn und das Personal im Dienst einer maximalen Ausschöpfung der Medizintechnik belasten. Die Krankenpflege sollte, wie in den Vereinigten Staaten, akademische Möglichkeiten erschließen.* Das Schwesternexamen müßte als Voraussetzung für ein Medi-

---

* Dort können Pflegerinnen und Pfleger alle akademischen Grade – vom A. A. und B. A. bis zum M. A. und Ph. D. (Doktor der Pflegewissenschaft) erwerben. Die Bezahlung ist – je nach Qualifikation – jener der Ärzte vergleichbar; eine licensed vocational nurse (LVN) verdient z. Z. in Los Angeles 200 Dollar pro Schicht (12 Stunden), eine höher qualifizierte registered nurse (RN) 300 Dollar. Stations- und Pflegeleitungsposten werden entsprechend der Führungsfunktion honoriert. (Für diese Angaben danke ich Gisela Mueller, RN).

zin- oder Pflegewissenschaftsstudium anerkannt werden. Wenn die Barriere zwischen Ärzten und Pflegepersonal durchlässiger wird, kann es endlich neue Formen der Teamarbeit geben. Die alten Hierarchien sind nicht mehr zeitgemäß. Wir werden erkennen müssen –, und nicht nur erkennen, sondern auch danach handeln – daß wir die Menschen, von denen wir uns gerne pflegen lassen wollen, wenn wir hinfällig werden, nicht für gute Worte bekommen, sondern nur, indem wir ihnen einen anderen Platz in der Gesellschaft einräumen, als es bisher der Fall war.

TEIL IV
IDEOLOGIEN IM WANDEL

Die Veränderungen in der gesellschaftlichen Rolle der Helfer beeinflussen auch die Theorien, nach denen sie handeln. Am Beispiel der psychoanalytischen Theorie wird gezeigt, daß die vorgeblich wissenschaftlich-«technischen» Anweisungen an den Therapeuten durch dessen soziale Position mitbestimmt sind. Die Entwicklung des quasi «chirurgischen» Vorgehens der klassischen Psychoanalyse zur «familiären» Vorgehensweise vieler neuer («humanistischer») Therapieverfahren hängt deutlich mit den veränderten Interessen der Helfer zusammen, denen der emotionale Kontakt immer wichtiger, die intellektuelle Auseinandersetzung immer unwichtiger wurde. Die Spannung zwischen normativem und beziehungsorientiertem Vorgehen läßt sich nicht nur in den Gegensätzen *zwischen* verschiedenen Berufen verfolgen, sondern bestimmt auch Konflikte der Angehörigen *einer* Berufsgruppe.

Die wissenschaftliche Entwicklung kann in den meisten Bereichen, die sie erfaßt, grundlegende Übereinstimmung herstellen. Nicht so in der Psychotherapie. Es gibt nach verschiedenen Schätzungen zwischen 80 und 150 Richtungen und Schulen. Diese verstehen sich nicht als Schnörkel, als Verzierungen an einem soliden Gebäude einer Grund-Übereinstimmung. Sie geben vor, eigenständig zu sein, eigene, bisher nicht entdeckte Möglichkeiten zu nützen. Ähnlich dem Overkill-Potential der Rüstung gibt es so viele Möglichkeiten, seinen seelischen Gesundheitszustand zu verbessern, daß ein gestörter Mensch sie gar nicht alle während seiner Lebenszeit durchprobieren kann. Ein boshafter Betrachter könnte sagen, daß auf diese Weise auch nie geklärt werden kann, ob es wirklich «unheilbare» seelische Störungen gibt. Die Vielfalt der Angebote in Therapie und Selbsterfahrung ist auch schon mit der Vielfalt von Auto- oder Zigarettenmarken verglichen worden, die vor allem durch die Mechanismen des Marktes in der kapitalistischen Welt entsteht. Ist es so? Schaffen die Therapeuten eine bunte Lebhaftigkeit, welche bestehende Bedürfnisse wachhält, ja neue weckt? Mercedes oder BMW ist schließlich nicht die Wahl zwischen zwei motorisierten Blechkisten, sondern zwischen zwei Typen des Lebensgefühls. Psychoanalyse und Gestalttherapie – sollte das eine ähnliche Scheinalternative sein? Käufer jeder Automarke haben meist keine andere Wahl, als ihr Vehikel für ziemlich frustrierende Fortbewegungen zu Zielen zu benützen, die sie gar nicht besonders gern erreichen (wie den Arbeitsplatz). Aber die Freiheit der Entscheidung über Motorstärke, Zubehör und die Farbe der Polster tröstet sie darüber hinweg, so gut es eben geht. Ein einziges Automodell würde den rationalen Zweck dieser Maschine ebensogut erfüllen. Aber die Vielfalt der Modelle ist emotional viel befriedigender, gibt zahllose Gesprächsinhalte, stimuliert Phantasien. Die Grenzen werden verwischt, die sonst der klare

Zweck einer Maschine zur Beförderung von Personen bestimmen würde. Und die Freiheit der Wahl zwischen verschiedenen Waren wird zum Ersatz der Freiheit, sich tiefer liegende, persönlichere Bedürfnisse zu erfüllen.

Der Vergleich mit dem Zigaretten- oder Automarkt vereinfacht zu sehr. Ein Unternehmer bietet Waren an, nicht sich selbst. Er muß sich einem im Prinzip zweckrationalen Warentest unterwerfen, ein Vorgehen, das noch niemand überzeugend auf psychologische oder medizinische Dienstleistungen angewendet hat. Der Helfer entwickelt eine neue Theorie und Therapie in der Regel nicht rational, um neue Bedürfnisse abzudecken, die er vermutet oder gar durch Marktforschung ermittelt, wie es die Manager der Konsumgüterindustrie heute tun müssen. Die Quelle neuer Helfer-Theorien ist die Interaktion mit Klienten. Wer sich für die Hintergründe dieser Theorien interessiert, wird von den Autoren fast immer darauf hingewiesen, ihre neuen Erfindungen entsprängen ihrer Auseinandersetzung mit den Bedürfnissen der Schützlinge. Die Tatsache, daß die eigenen Bedürfnisse der Helfer in dieser Theorie-Entwicklung eine mindestens ebenso große Rolle spielen, wird darüber vernachlässigt. Sie widerspricht der Teilnahme am Mythos der Naturwissenschaft, am Bild des unberührten, objektiven Forschers und Helfers.

Der heimliche Lehrplan der Übertragungsanalyse

Seit die Psychoanalyse begonnen hat, den Typus des neuen Helfers zu entwickeln, wurde auch der Widerspruch, den die alten Helfer im dunkeln gelassen hatten, immer besser sichtbar: der Riß zwischen unserer emotionalen «Natur» und den Forderungen einer von Leistungs- und Wachstumswahnsinn befallenen «Kultur». Die alten Helfer entdeckten im Versagen der Anpassung vor allem erbliche Mängel, biologische Defekte, Minusvarianten des Menschen. Die Spaltung, welche die Helfer kitten müssen, konnte deshalb nicht deutlich werden, weil das ganze Gebiet jenseits der Bruchlinie zwischen Kulturforderung und widerspenstiger Emotionalität im dunkeln gelassen wurde. Freud hat angefangen, dieses Dunkel zu erforschen.

Es war eine revolutionäre Tat. Um sie zu vollbringen, mußte Freud viele Bindungen lösen, die ihn an das naturwissenschaftliche Denken seiner Zeit fesselten, und gleichzeitig neuen Halt woanders suchen. Die Aussage vom «szientistischen Selbstmißverständnis der Psychoanalyse»* ist ein Hinweis darauf. Aber hier interessiert der Niederschlag dieser Auseinandersetzung in der Helfer-Praxis.

Freud bekam bald zu spüren, daß man den Rubikon zwischen altem und neuem Helfer-Verhalten nicht ungestraft überschreitet. Dieser Schritt kostete ihn die Freundschaft mit Josef Breuer, dem eigentlichen Entdecker der Verdrängung. Freud ging auf seinem Weg weiter und ließ sich nicht so beirren wie sein älterer Kollege, mit dem zusammen er noch die «Studien über Hysterie» herausgab. Breuer erschrak derart über die elementaren Beziehungsansprüche seiner Patientinnen, daß er die von ihm entdeckte und anfangs mit großem Erfolg praktizierte «kathartische» Methode der Psychotherapie wieder aufgab. Er wollte seine Ehe nicht aufs Spiel setzen. Freud ging einen anderen Weg. Er gab das einmal erforschte Terrain nicht kampflos preis. So ließ er sich nicht von den Beziehungsbedürfnissen seiner Patientinnen beeinträchtigen, sondern fing an, diese als «Übertragung» für seine Forschung in dem dunklen Bereich jenseits der von den alten Helfern gezogenen Grenzen zu nutzen.

Der Grundgedanke war, daß eine Patientin, die heftige Gefühle auf den Helfer richtet, diesen gar nicht meint. Sie überträgt vielmehr wesentliche emotionale Erinnerungen auf ihn. Freuds wichtigster Einfall war hier, daß diese Übertragung die Behandlung nicht stört, sondern erleichtert und fördert. Die erstarrte Neurose wird gewissermaßen im Feuer der Übertragung wieder erweicht und dann endgültig verändert. Ohne dieses Feuer bleibt das Wissen um das bisher Unbewußte ohnmächtig. Es wird gespeichert wie anderes Wissen auch, entfaltet aber keine dynamischen, verändernden Wirkungen. Diese theoretische Wendung hat Folgen, die in ihrer Tragweite überhaupt nicht beachtet werden. Sie verleiht eine neue Wahlmöglichkeit in sozialen Beziehungen, die es vorher nicht gegeben hat. Der Helfer kann entscheiden, ob ein Angebot seines Patienten «wirklich», «auf der realen Ebene», «Bestandteil des Arbeitsbündnisses» ist oder ob es sich um eine Übertra-

* J. Habermas, Erkenntnis und Interesse, Frankfurt/Main (Suhrkamp) 1970.

gungsäußerung handelt, die «bearbeitet» und auf ihre «infantilen Quellen» zurückgeführt werden muß.

Überlegen wir, was geschehen würde, wenn der Analytiker diese Möglichkeit nicht hätte. Er sucht die Verständigung mit dem bisher ausgegrenzten und verurteilten Irrationalen der bürgerlichen Gesellschaft. Wenn er das Instrument der Übertragungsanalyse aus der Hand legt, mag es ihm ergehen wie Tannhäuser: Er kommt aus der Venushöhle nicht mehr zurück. Die Übertragungsdeutung erlaubt ihm, zwischen seiner professionellen Existenz einerseits, der Beschäftigung mit der Wunsch- und Beziehungswelt des Unangepaßten andrerseits hin- und herzuwechseln. Wenn ein Anspruch des Patienten so beschaffen ist, daß er den Rahmen der professionellen Beziehung sprengt, kann der «alte» Helfer den Patienten nur noch zur Gänze abwehren. Er weist ihn beispielsweise als Verrückten mit der Bezeichnung Dementia praecox in eine Anstalt ein. Der «neue» Helfer hingegen kann mit Hilfe der Übertragungsdeutung die Beziehung zu seinem Patienten teilweise behalten und sich doch gegen den Anspruch wehren, der die professionelle Grenze sprengt. Damit gewinnt er eine Einflußmöglichkeit, die weit über das Bisherige hinausgeht. Der unerwünschte Anteil ist «Übertragung» und damit unrealistisch, Gegenstand weiterer Bemühungen. Der erwünschte Anteil wird zunächst nicht weiter untersucht.

Um «analysierbar» zu sein, muß der Patient mit diesem Angebot umgehen können. In ihm wird er besser behandelt als von der klassischen Psychiatrie, die ihm allenfalls Medikamente gibt und droht, ihn einzusperren, wenn er seine abweichenden Verhaltensweisen nicht aufgibt. Aber andrerseits enthält die analytische Situation auch den Zwang, die vom Therapeuten angebotene Beziehung professionell zu begrenzen. Sie muß den Marktgesetzen, dem Verkauf einer Stunde Zeit an einem oder mehreren Arbeitstagen unterworfen bleiben. Der Patient darf nicht verlangen, über diese von ihm bezahlte Zeit hinaus Gehör zu finden, Zuwendung zu erhalten. Solche Ansprüche werden mit dem Schild der Übertragungsanalyse abgewehrt. Dieser Schutz erlaubt es dem Analytiker, die *dark and bloody grounds* des Unbewußten zu betreten, ohne zu sehr der Gefahr ausgesetzt zu sein, daß der Patient ihn mit seinen Ansprüchen auffrißt.

Doch gilt genau die Einschränkung und Kanalisation der Beziehung, welcher der Analytiker seinen Patienten unterwerfen muß, auch für den Helfer selbst. In seinen Bemerkungen über die Entdeckung der Übertragung sagt Freud, er habe einsehen müssen, daß die zärtlichsten Gefühle seiner Patientinnen für ihn kein Ausdruck seiner persönlichen Unwiderstehlichkeit seien. Damit hat er auch offengelegt, worauf der Analytiker verzichten sollte. Dieser Verzicht fällt dem Therapeuten nicht leicht. Er braucht eine gut entwickelte innere Disziplin und mehr noch eine befriedigende äußere Beziehungs-Situation, um nicht darunter zu leiden, daß er immer wieder die Beziehungsangebote seiner Patienten als Übertragungen analysieren und abweisen muß.

Obwohl Freud in seinen «öffentlichen» Schriften behauptet, das Helfer-Element sei in ihm immer schwach entwickelt gewesen, war er empfänglich für seine Faszination. Das wird aus einer Stelle der Brautbriefe an Martha Bernays deutlich, wo er einen typischen Vorgang lebendig beschreibt. Der Helfer kommt depressiv und verzweifelt zu seinem Schützling und verläßt ihn gestärkt, narzißtisch bestätigt. Er ist gebraucht worden.

«Wien, 28. August 1883, Dienstag nachts
Mein teures Mädchen,
ich kam heute ganz ratlos zu meinem Patienten, woher ich die nötige Teilnahme und Aufmerksamkeit für ihn nehmen würde; ich war so matt und apathisch. Aber das schwand, als er zu klagen begann und ich zu merken, daß ich hier ein Geschäft und eine Bedeutung habe. Ich glaube, ich habe mich nie wärmer um ihn angenommen, nie mehr Eindruck auf ihn gemacht; es ist so ein Segen in der Arbeit. Und nun bin ich wohl und gesammelt, ich werde mich strenge halten, um nicht wieder in solche allgemeine Schwäche zu verfallen, das Bewußtsein der gesammelten Bereitschaft ist doch das Höchste, was der Mensch in sich finden kann.»*

Um für solche subtilen und indirekten narzißtischen Bestätigungen empfänglich zu sein, muß der Helfer in seiner primären Wunschproduktion erheblich beeinträchtigt sein. Er hat keine unbefangene Beziehung zu seiner eigenen Triebhaftigkeit. Viele Zwänge und Normen lasten auf ihm. Die Tatsache, daß er das Zuwendungsbedürfnis eines Schützlings erfüllt, rechtfertigt es für ihn, ein Stück Zuwendung heimlich mitzunehmen, das er nicht in einem offenen Wunsch fordern kann.

---

* S. Freud, Brautbriefe, ausgewählt, herausgegeben und mit einem Vorwort von Ernst L. Freud, Frankfurt/Main (Fischer) 1968, S. 35.

Der Gesellschafts-Dämon hätte sich nichts Klügeres, Stabilisierenderes ausdenken können als dies: die am meisten von Normen belasteten, stark durch lähmende Depressionen gefährdeten Professionellen dürfen auch als Trost besonders viele und intensive narzißtische Bestätigungen von jenen Opfern der Gesellschaft erhalten, die unter dieser Last zusammenbrechen. Und parallel dazu, daß der seelische Druck auf die Ärzte, Lehrer, Geistlichen und Juristen ansteigt, aus deren Reihen sich die Psychoanalytiker rekrutieren, wachsen auch die seelischen Bedürfnisse der Opfer. Die psychiatrischen Anstalten, die Gefängnisse und Erziehungsheime reichen nicht mehr aus, um die seelische Verelendung angemessen zu behandeln. So finden die Helfer zu derselben Zeit den seelisch intensiver Zuwendung bedürftigen Neurotiker, wie die Neurotiker jemanden, der ihnen zuhört, der sich bemüht, sie zu verstehen, und sie nicht mit Straf- und Zwangsmaßnahmen abspeist.

Das Gegenstück zu dem oben zitierten Brautbrief ist ein nur einen Tag später verfaßter Brief, in dem Freud eindrucksvoll beschreibt, warum der gut ausgebildete Professionelle so sehr von Depressionen bedroht ist. Freud antwortet offensichtlich auf einen Brief, in dem Martha den Wandsbeker Markt geschildert hat.

> «Es ist nicht schön und erhebend anzuschauen, wie sich das Volk vergnügt, wir wenigstens haben nicht mehr Geschmack dafür und unsere geträumten oder schon genossenen Vergnügungen, ein Plauderstündchen mit der Geliebten, die sich an uns schmiegt, und Lektüre, die was wir denken und empfinden mit greifbarer Deutlichkeit vor uns hinstellt, das Bewußtsein, den Tag über was geleistet zu haben, die Erleichterung bei der Aufklärung eines Problems, das ist alles so verschieden davon, daß es Affektation wäre, sich an solchem Beispiel, wie du es beschreibst, innig zu freuen.»*

Diese Zusammenstellung der erlaubten Freuden des angehenden Arztes drückt aus, wie groß die Bedeutung des Gesprächs, der Lektüre und der Phantasie für diese Lebensform ist. Die vermittelten Befriedigungen gewinnen den Vorrang vor den unmittelbaren. Die Befriedigung durch das psychologische Helfen ist ganz ähnlich. Auch sie vermittelt das Gefühl, etwas geleistet zu haben, und stellt das Leben des anderen wie die Lektüre mit greifbarer Deutlichkeit vor die Augen des Betrach-

---

* S. Freud, Brautbriefe, a. a. O., S. 37.

ters. Um die Ausbildung zu einer der hochqualifizierten Berufsrollen der Professionellen (Arzt, Pfarrer, Jurist) zu bewältigen, muß das Bedürfnis nach unmittelbarer Triebbefriedigung preisgegeben werden zugunsten subtilerer Freuden, beispielsweise jener am Lösen von Problemen. Freud hat hier und später freimütig zugegeben, daß seine Möglichkeiten unmittelbarer sexueller Befriedigung gering waren – dennoch oder besser: gerade deshalb hat er eine Unmenge sexueller Probleme gelöst.

«Das Gesindel lebt sich aus und wir entbehren. Wir entbehren, um unsere Integrität zu erhalten, wir sparen mit unserer Gesundheit, unserer Genußfähigkeit, unseren Erregungen, wir heben uns für etwas auf, wissen selbst nicht für was – und diese Gewohnheit der beständigen Unterdrückung natürlicher Triebe gibt uns den Charakter der Verfeinerung.»*

Freud hat diese Verfeinerung nicht nur positiv gesehen: Aus seinem Ton werden auch Verbitterung und Enttäuschung deutlich. Das unterscheidet ihn von zeitgenössischen «akademischen» Psychologen, die in einem ungebrochenen Fortschrittsglauben die Verfeinerung des Gefühls idealisieren wollten. Freud ist klar, daß an der Wurzel dieser Verfeinerung die Angst steht, Geltung und Sicherheit zu verlieren. In diesem Brief von 1883 ist bereits vorweggenommen, was rund vierzig Jahre später als «Unbehagen in der Kultur» zu einer Gesellschaftstheorie ausgeweitet wird. Der bürgerliche Mensch, sagt Freud, opfert seine Triebbedürfnisse dem Sicherheits- und Geltungsstreben, kurzum jenen Neigungen, die heute Narzißmus genannt werden. Perfektionsansprüche hemmen die zyklische Wunschproduktion, verleihen Gefühlsbeziehungen eine Tiefe, die gar nicht angenehm ist, belasten ihn mit Idealvorstellungen auch da, wo er sexuell liebt.

«Wir empfinden auch tiefer und dürfen uns darum nur wenig zumuten. Warum betrinken wir uns nicht? Weil uns die Unbehaglichkeit und Schande des Katzenjammers mehr Unlust als das Betrinken Lust schafft; warum verlieben wir uns (nicht **) jeden Monat aufs neue? Weil bei jeder Trennung ein Stück unseres Herzens abgerissen werden würde, warum machen wir nicht

* S. Freud, Brautbriefe, a. a. .O., S. 37.
** Ergänzung des Herausgebers. Eine Deutung dieser Fehlleistung Freuds ist bisher noch nicht versucht worden.

jeden zum Freund? Weil uns sein Verlust oder sein Unglück bitter betreffen würde. So geht unser Bestreben mehr dahin, Leid von uns abzuhalten, als uns Genuß zu verschaffen, und in der höchsten Potenz sind wir Menschen wie wir beide, die sich mit den Banden von Tod und Leben aneinander ketten, die jahrelang entbehren und sich sehnen, um einander nicht untreu zu werden, die gewiß einen schweren Schicksalsschlag, der uns des Teuersten beraubt, nicht überstehen würden. Menschen, die wie jene Asra* nur einmal lieben können. Unsere ganze Lebensführung hat zur Voraussetzung, daß wir vor dem groben Elend geschützt seien, daß uns die Möglichkeit offenstehe, uns immer mehr von den gesellschaftlichen Übeln frei zu erhalten. Die Armen, das Volk, sie könnten nicht bestehen ohne ihre dicke Haut und ihren leichten Sinn; wozu sollten sie Neigungen so intensiv nehmen, wenn sich alles Unglück, das die Natur und die Gesellschaft im Vorrat hat, gegen ihre Lieben richtet, wozu das augenblickliche Vergnügen verschmähen, wenn sie auf kein anderes warten können? Die Armen sind zu ohnmächtig, zu exponiert, um es uns gleichzutun. Wenn ich das Volk sich gütlich tun sehe mit Hintansetzung aller Besonnenheit, denke ich immer, das ist ihre Abfindung dafür, daß alle Steuern, Epidemien, Krankheiten, Übelstände der sozialen Einrichtungen sie schutzlos treffen.»**

Die von Freud begründete psychoanalytische Therapie, die am Anfang der Entwicklung der neuen Helfer steht, geht von eben dieser Situation aus. Der Neurotiker erhält eine Zuwendung, welche ihn in einer beziehungsarmen, verständnislosen Welt dazu führt, heftige Erwartungen an die Person des Analytikers zu knüpfen. Diese Übertragung wird ausgenützt, um ihn davon zu überzeugen, daß die von ihm während seiner Kindheit vorgenommenen Verdrängungsvorgänge unzweckmäßig sind. Wie der Analytiker vor ihm, soll der Neurotiker lernen, zu verzichten. Er soll einsehen, daß das Leben nach dem Lustprinzip nicht durchführbar ist.

Man hat Freuds technischen Schriften oft vorgeworfen, daß er vorwiegend das Negative betont. Er sagt, was der Therapeut nicht tun soll, warnt vor Gefahren, hebt immer wieder heraus, daß die «analytische Kur... soweit es möglich ist, in der Entbehrung – Abstinenz – durchgeführt werden» soll.***

<hr>

* Bezieht sich auf H. Heines Gedicht «Der Asra». Die Beni Asra sind ein arabischer Stamm, dessen Angehörige laut Stendhal (De l'amour) an unerfüllter Liebe sterben und die Treue nie brechen.
** S. Freud, Brautbriefe, a. .a. O., S. 38.
*** S. Freud, Wege der psychoanalytischen Therapie, Ges. Werke XII, S. 187.

Dieses Verhalten weist darauf hin, daß Freud begann, die in dem «Brautbrief» noch angesprochene narzißtische Befriedigung durch den Analytiker-Beruf zu verleugnen. Seine Äußerungen über die «Narren» (seine Patienten), von denen er sich nicht den ganzen Tag lang anstarren lassen wollte, gehören in diesen Zusammenhang. Dennoch hat Freud seine Arbeit mit Patienten ebenso geliebt wie seine Zigarren. Von allem anderen konnte er eher lassen. Selbst als er bereits schwerkrank war und wegen seines Karzinoms nicht mehr öffentlich sprechen wollte, saß er mehrere Stunden am Tag hinter der Couch. Die Motive dafür hat er nicht untersucht; doch ist seine Position gegenüber den möglichen Befriedigungen, die der Patient aus der Analyse ziehen könnte, interessant genug. Die Abstinenzregel wird nämlich mißverstanden, wenn sie als Enthaltung vom Sexualverkehr gedeutet wird. Es geht vielmehr darum, daß der Leidenszustand des Kranken nicht mehr durch Ersatzbefriedigungen – wie sie unter anderem die Symptome gewähren – gemildert wird, um nicht der Behandlung Energien zu entziehen. Vor allem strebt der Kranke danach, die Behandlung selbst als Ersatzbefriedigung zu verwerten, um sich für den Verzicht auf die Symptome zu entschädigen.* Hier formuliert Freud den sibyllinischen Satz: «Einiges muß man ihm (dem Kranken, W. S.) ja wohl gewähren, mehr oder weniger, je nach der Natur des Falles und der Eigenart des Kranken. Aber es ist nicht gut, wenn es zu viel wird.»**

Die Analyse ist hier ein Kampf, ein Krieg gegen die Neurose, in dem alle Listen aufgeboten werden müssen, um nicht zu unterliegen. Läßt sich der Analytiker gar auf ein sexuelles Angebot ein, so ist das vollends der Triumph der Neurose über die Kur.*** Fast möchte man denken, daß Freud die Abstinenz des therapeutischen Bündnisses, die Verweigerung von Befriedigung für den Patienten überbetont. Der Analytiker soll auf einmal nicht mehr nachdenken und differenziert vorgehen, sondern sich nach handfesten Regeln richten: «Der Kranke soll, was sein Verhältnis zum Arzt betrifft, unerfüllte Wünsche reichlich übrig behalten. Es ist zweckmäßig, ihm gerade die Befriedigungen zu versagen, die

---

* S. Freud, Ges. W. XII, S. 189.
** Ebd.
*** S. Freud, Bemerkungen über die Übertragungsliebe, Ges. W. X, S. 314.

er am intensivsten wünscht und am dringendsten äußert.»* Punktum.
Je heftiger der Wunsch, desto strenger das Verbot: da werden Mauern
gebaut, Dämme gegen eine bedrohliche Flut. Mir fällt eine Szene mit
meinem damals dreijährigen Sohn ein, der im Metzgerladen lauthals
nach dem Stück Wurst verlangte, das er dort beim letztenmal bekommen hatte. «Wenn du es nicht so laut gesagt hättest, hätte ich dir was
gegeben», sagte die Verkäuferin mit strengem Blick. Das Stück Wurst
für die Kinder ist eben kein Recht, sondern eine Gnade. Es darf nicht
einklagbar werden.

Meinem Sohn habe ich damals ein Stück Wurst gekauft. Schließlich
weiß ich zu gut, wie ungesund es ist, wenn man sich das Wünschen
abgewöhnt. Aber als Therapeut lernte ich, daß Freud ebenso recht hat
wie die Frau im Metzgerladen. Wer Wurst verkaufen will, darf sie gerade dann nicht herschenken, wenn das Geschenk gebieterisch gefordert wird. Wer einem ausgehungerten Patienten die Illusion vermittelt,
er könnte in der Therapie wirklich satt werden, gerät bald an die Grenze
seiner Möglichkeiten. Die Therapie ist eine Übungssituation, eine
Brücke zur Befriedigung, aber nicht die Befriedigung selbst. Was aber
ist der heimliche Lehrplan in dem Prozeß der Übertragungsanalyse, in
dem einem Menschen möglichst einfühlend und verständnisvoll vermittelt werden soll, daß seine unmittelbaren Beziehungswünsche auf
einer Übertragung alter, unbewußter Gefühle auf die Gegenwart beru-
hen, nicht auf frischen Empfindungen?

Es ist eben jene gesteigerte Gefühls- und Affektkontrolle, über die
sich Freud in seinem Brief so beklagt: «Das Gesindel lebt sich aus und
wir entbehren…» Tatsächlich erzieht die Übertragungsanalyse Patient
und Therapeut zu einem Aufschub, zur Denkarbeit zwischen Wunsch
und Befriedigung, zu einem differenzierteren Umgang mit Wünschen.
Vorbei ist die naive Entladung, die unüberlegte innere Orientierung an
den eigenen Gefühlen. Sicher, es gibt auch Freiheit, für viele Patienten
mehr Freiheit, mehr Möglichkeiten zur Befriedigung als früher. Auch
der Therapeut ist freier geworden. Er kann sich unerschrocken mit
Empfindungen auseinandersetzen, ihnen immer wieder begegnen, die
ein normaler Mensch vielleicht nur ein- oder zweimal in seinem ganzen
Leben auf sich zieht – dann aber mit allen realen Konsequenzen.

* S. Freud, Ges. W. XII, S. 189.

Die Übertragungsanalyse schließt den Analytiker in einer sozialen Scheinwelt ein. Er kann an vielen Schicksalen teilnehmen, vielen Gefühlen begegnen, viel an menschlicher Tragik, an den Hintergründen von Erfolg und Scheitern miterleben. Doch immer dann, wenn dieses Geschehen ihn wirklich zu berühren und aus seiner Beobachter-Position herauszureißen droht, muß er die unsichtbare Trennschicht der Übertragungsanalyse aufrichten, die nur in einer Richtung durchlässig ist: Die Gefühle des Patienten bewegen seinen Intellekt, während er seine Deutungen auf den ganzen Patienten richtet.

Eine unerwünschte, aber häufige Folge dieser Situation ist die, daß der Patient schon aus schriftlichen oder mündlichen Berichten um die Übertragungsgefahren weiß und versucht, sie auf seine Weise zu vermeiden. Er sagt etwa: Ich habe von Ihnen geträumt, aber ich weiß ja, es ist nur Übertragung. Oder eine Frau: Ich glaube, ich habe mich neulich in Sie verknallt, aber ich wußte ja, daß sich alle Patientinnen in ihre Analytiker verlieben, und habe es wieder vergessen. Der Analytiker hat dann seine liebe Mühe, die Gefühle erst einmal zu beleben und auf sich zu ziehen, die er dann durch seine Deutungsarbeit auflösen soll. Der Patient macht hier mit dem Analytiker, was er befürchtet, daß dieser ihm antun wird: Er entwertet seine Gefühle diesem gegenüber, macht sie zum Ausdruck einer banalen Regelhaftigkeit («alle Patientinnen verlieben sich...»), gibt vor, nicht eigentlich ihn zu meinen.

Die «korrigierende emotionale Erfahrung»

Vielleicht läßt sich jetzt auch eher verstehen, weshalb die Psychoanalyse nicht eine neue Theorie und Behandlungstechnik in der Medizin bleiben konnte, wie etwa die Behandlung der progressiven Paralyse mit Malaria. Dazu hätten die Analytiker, wie vor ihnen die Psychiater, diesseits der Grenze bleiben müssen, die bisher den Professionellen von seinem Klienten trennte. Wir haben gesehen, daß sie diese Grenze überschritten, ohne jedoch dauernd «drüben» zu bleiben. Mit dem Universalschlüssel der Übertragungs- und Widerstandsanalyse bewerkstelligten sie ihre Rückkehr. Dort jedoch mußten sie sich fremd fühlen. Es war wie in jener Sage von dem Mann, der in die Feenwelt gerät und sich nachher nicht mehr bei den Menschen zurechtfindet. Freud hat gegenüber der medizinischen Wissenschaft die Pose des unschuldig Verfolgten eingenommen, nicht immer zu Recht. Er wollte gar nicht in die wissenschaftliche Welt integriert werden, vielleicht ohne sich das ganz einzugestehen. Jedenfalls entstand eine Gruppe von Vertrauten, die «psychoanalytische Bewegung», in der Freud einen inneren Kreis einrichtete, der nach den Enttäuschungen über die «Abtrünnigen» Adler und Jung über die reine Lehre wachen sollte. Adler, Jung und viele Psychotherapeuten nach ihnen machten es nicht anders. Auch sie umgaben sich mit einer Gruppe von Schülern und Vertrauten. Der enge seelische Kontakt mit den Patienten muß durch die Übertragungsanalyse begrenzt und aufgelöst werden; der Kontakt mit den Nicht-Grenzgängern unter den Wissenschaftlern ist nur noch sehr locker und partiell. Am engsten muß die Beziehung zu jenen werden, denen man jenseits der Grenze begegnet, die aber später den Analytiker zurückbegleiten und ihn verständnisvoll umgeben: seine Schüler.

Wie verwirrend es dabei zugehen kann, zeigen die jüngst entdeckten Spielrein-Papiere. Sabina Spielrein, Tochter reicher Juden, die in Rostow am Don lebten, erkrankte mit 14 Jahren an «Hysterie» mit psychotischen Episoden (was heute wohl als «Grenzfall» zwischen Neurose und Psychose beurteilt würde). Mit 19 Jahren, 1904, kam sie ins Spital Burghölzli nach Zürich, wo sie von Carl Gustav Jung behandelt wurde. Dieser hielt nach den zehn Monaten, die sie in der Klinik war, weiterhin mit ihr Kontakt. Daraus wurde endlich auch eine sexuelle Beziehung. Jung war seit 1903 verheiratet, aber er blieb nicht unempfänglich für die leidenschaftliche Liebe der jungen Russin und wurde so der erste Mann in ihrem Leben. Es begann nun eine Intrige, die bis heute nicht ganz aufgeklärt ist.* Jedenfalls wurden verschiedene außenstehende Personen und endlich auch Freud in diese Affäre hineingezogen. Sabina vermutete, daß Jungs Frau Emma an ihre Mutter einen anonymen Brief richtete: Sie solle «ihre Tochter retten, da sie sonst durch Dr. Jung zugrunde gerichtet wird». Die Mutter schrieb daraufhin an Jung, der sich mit folgendem Argument aus der Affäre zog: Da er in den letzten Jahren kein Honorar mehr erhalten habe, sei er auch nicht der Arzt, sondern der Freund der Patientin. Sonderbarerweise erklärte Jung diese Situaton auch für umkehrbar: Wenn ihm Sabi-

* Guibal, M., Nobecourt, J., Sabina Spielrein, Paris (Aubier) 1982.

nas Mutter Geld gebe, könne sie auch sicher sein, daß er ihre Tochter in Frieden lasse: «Damit sind Sie absolut sicher, daß ich meine Pflicht als Arzt unter allen Umständen respektieren werde... Mein Honorar beträgt fr. 10 pro Konsultation...»*

Unter Freuds Zuspruch («Mit Ihrem inneren Feuer heizen Sie ihre Lebensabsichten, anstatt sich selbst damit zu verbrennen. Nichts ist mächtiger als beherrschte und abgeleitete Leidenschaft») verzichteten Sabina und Jung auf ihre sexuelle Affäre.

Diese Episode zeigt nicht nur, wie begründet Freuds Mahnungen zur Abstinenz waren. Sie erweist auch seine Position als die stärkere. Jung wagte es nicht, zu seiner Beziehung mit einer früheren Patientin zu stehen. Sein Angebot, auf dem Weg über ein nachträgliches Honorar gewissermaßen alles ungeschehen zu machen, zeigt seine Unsicherheit deutlich genug. Freud blieb bei seinem Grundsatz der Abstinenz, auch wenn er bei weitem liebevoller mit seinen Patienten umging als viele seiner orthodoxen Epigonen, die jede freundliche Geste bereits für unzulässig halten. Leo Stone hat die dann entstehende masochistische Konkurrenz der Patienten in der analytischen Subkultur beschrieben: «Mein Analytiker gibt mir nie die Hand!» – «Er antwortet mir nie auf eine Frage.» – «Ich habe ihn neulich ihm Urlaub getroffen, und er hat kein Wort mit mir gesprochen.» Mit einem Kollegen beim Spazierengehen plaudern und das als Lehranalyse anerkennen, einer Patientin Blumen schenken und von einer anderen Ziegenmilch für seine kränkliche Frau entgegenzunehmen – das sind Hinweise darauf, wie Freud die Abstinenz-Regel aufzufassen pflegte.**

Dennoch blieb für Freud der Verzicht auf die verdrängten, in der Analyse neu erlebten Wünsche das Ziel der Behandlung. Aber es gab zu viele Patienten, die diesen Verzicht nicht leisten konnten, die zur Sublimierung und Kontrolle ihrer Bedürfnisse unfähig schienen. Und es gab zu viele Therapeuten, denen die Haltung des nüchternen Beobachters hinter der Couch nicht ausreichte. Sie wollten ihre Abstinenz und Neu-

---

* Ringguth, R., Der Spiegel 14/1982, S. 208.
** Der Spaziergänger war Max Eitingon, die mit Blumen Beschenkte Hilda Doolittle, die Lieferantin der Ziegenmilch im Hungerjahr 1919 Helene Deutsch. J. Cremerius, Die Bedeutung der Dissidenten in der Psychoanalyse, Psyche 36, 481–514, 1982 berichtet ausführlich über Freuds unorthodoxe, kreative Handhabung der analytischen Technik.

tralität gar nicht behalten, sie wollten sich auf eine wirkliche Gefühlsbeziehung einlassen, sie wollten nicht nur die Feststellung herbeiführen, daß die Befriedigung der Beziehungsbedürfnisse aussichtslos sei, sondern eine neue emotionale Erfahrung erleben und vermitteln. Wieder wurde jede Veränderung durch die Bedürfnisse der Patienten begründet.

Einer der ersten in *dieser* Richtung abtrünnigen Analytiker war Sándor Ferenczi. Er war überzeugt, daß die Patienten häufig an einem realen Mangel an Zuwendung leiden, den sie in der Kindheit erlitten haben. Folgerichtig sollte der Analytiker reale Zuwendung geben, um diesen frühen Mangel auszugleichen. Es zeigte sich, daß diese Meinungsverschiedenheit andere Folgen hatte als die Meinungsverschiedenheit zwischen Freud und Adler bzw. Jung. Diese Differenzen, die zur Spaltung der therapeutischen Schulen führten, betrafen die Darstellung der Psychoanalyse in der öffentlichen, bürgerlichen Welt. Die Meinungsverschiedenheit mit Ferenczi betraf die intime Behandlungssituation und hatte deshalb auch keine öffentlichen Folgen. Bis heute sagt die erklärte Schulzugehörigkeit eines neuen Helfers wenig über sein konkretes Vorgehen. Es ist eher die Form, in der er dieses Vorgehen der Öffentlichkeit vermittelt, über die öffentlich gestritten wird. Ralph Greenson, der viele Jahre später die reale persönliche Beziehung zwischen Analytiker und Patient betonte, zählt heute zu den Klassikern der Ausbildungsseminare. Er hat die Zuwendung des Therapeuten als notwendig für den Aufbau eines Arbeitsbündnisses legitimiert.*

Versuchen wir, das Bild von der Grenzgängerei des Helfers auf die Wahl zwischen Abstinenz und Befriedigung anzuwenden! Die Erfindung der Übertragung erlaubte es Freud, die Grenze zu überschreiten und doch wieder zurückzufinden zu seinem wissenschaftlichen Ich. Sein Schwerpunkt lag aus verschiedenen Gründen auf dem diesseitigen Ufer, bei Rationalität, wissenschaftlicher Forschung, bürgerlicher Verfeinerung und strikter Arbeitshaltung. Nach seinen anfänglichen Ausrutschern tat es ihm Jung wohl nach, obwohl er weniger die Übertragungsdeutung als vielmehr das bilder- und beziehungsreiche «kollektive Unbewußte» benutzte, um sich nicht mehr allzusehr mit seinen Patienten einzulassen. Ob jetzt die Deutung auf Vater und Mutter oder

* R. Greenson, Psychoanalytische Erkundungen, Stuttgart (Klett) 1982.

auf den Archetypus des alten Weisen und der Anima hinausläuft – die reale Person des Therapeuten hat eine Rückzugsmöglichkeit.

Warum haben sich die Analytiker nicht auf das beschränkt, was sie nach Freuds Meinung mit ihrer Methode behandeln konnten, nämlich die «Übertragungsneurosen»? Es lag nicht nur daran, daß ihr Markt zu eng wurde. Lange Zeit konnten die Psychotherapeuten, wollten sie standesgemäß verdienen, lediglich eine zahlungskräftige Minderheit behandeln. Ein reicher Patient mit ungünstiger Behandlungsaussicht hatte viel bessere Möglichkeiten, in analytische Behandlung zu kommen, als ein armer mit guter Erfolgsaussicht. Dennoch sind die Motive dafür sicherlich sehr komplex. Neben dem wissenschaftlichen Ehrgeiz, die Forschung über Freuds Ergebnisse hinauszuführen oder seine Behandlungstechnik abzukürzen und zu verbessern, gibt es sicher noch andere, mit der speziellen Berufswahl zusammenhängende Motive. Die Auflösung der Übertragungsneurose ist ein rationaler Prozeß. Er läßt sich mit dem Zusammensetzen eines Puzzlespiels oder der Rekonstruktion eines Tempels aus Bruchstücken und Resten der Fundamente vergleichen. Der Therapeut, welcher seine Aufgabe darin sieht, ein frühkindliches Defizit an Zuwendung auszugleichen oder eine «korrigierende emotionale Erfahrung» (Franz Alexander) zu vermitteln, geht darüber hinaus. Während Freud die rationale Konzentration und die Fähigkeit des Analytikers, Schlüsse zu ziehen, zur Hauptsache und seine persönliche Zuwendung zur unerwähnten Nebensache macht, wird hier die emotionale Auseinandersetzung betont und die Rationalität insgesamt eher geringgeschätzt. Die analysierten und analytisch belesenen Patienten, die ihre Symptome nicht geändert, aber bestens erklärt haben, rechtfertigen diesen Schritt.

Aber diese Gründe sind *auch* ein Schutzschirm für die Bedürfnisse der Therapeuten. Eine Arbeitswelt, in der die Professionellen auf ihre rationalen Leistungen reduziert werden, ist die Voraussetzung dafür, daß die «korrigierenden emotionalen Erlebnisse» so dünn gesät sind. Das gilt für die Patienten, aber auch für die Therapeuten.

Die Geschichte der Psychotherapie zeigt hier eine Entwicklung, die sich durch den Vergleich mit der Anthropologie verdeutlichen läßt. Die frühen Anthropologen – die Zeitgenossen Freuds, wie James Frazer – beschäftigten sich von einer durchaus rationalen Position aus mit den irrationalen, das Gefühl ansprechenden Riten und Mythen der Primitiven, mit ihrem Aberglauben und ihrer Magie. Es war eine Art wissenschaftlichen Kolonialismus, ein Versuch, durch geduldiges Studium der verschiedensten Berichte Ordnung und Übersicht in eine Welt zu bringen, die von den zweckrationalen, fortschrittsgläubigen Ordnungsmaßnahmen der bürgerlichen Tradition noch unberührt war. Frazer war sich noch ganz sicher, daß die Kolonisatoren den Fortschritt brachten. Für ihn war die magische Welt der Primitiven Ausdruck ihrer unvollständigen Kontrolle über ihre geistigen Kräfte. Dennoch faszinierte ihn diese Welt. Wie der Analytiker konnte er sie bereisen, jedoch eben durch seinen rational-wissenschaftlichen Paß auch wieder in seine Gelehrtenwelt zurückkehren. Das war eine Gemeinsamkeit mit Freud, der Frazer gerne las und in «Totem und Tabu» auch ausführlich zitierte.

Auf die kolonialistischen Anthropologen folgten die funktionalistischen (wie Bronislaw Malinowski), die «ihre» Primitivkulturen als teilnehmende Beobachter untersuchten und sich bemühten, möglichst genau zu verstehen, wie sie funktionierten. Die räumliche Distanz war geringer geworden, die emotionale nicht. Immerhin fingen die Primitivkulturen an, auch Merkmale sozialer Überlegenheit zu gewinnen, zum Beispiel die Freiheit von sexuellen Neurosen bei den Trobriandern. Ich vergleiche diese Periode der Anthropologie mit der psychoanalytischen Ich-Psychologie von Heinz Hartmann.* Auch hier überwiegen funktionelle, also Leistungs-Gesichtspunkte. Alles ist sehr systematisch und oft herzlich trocken. Doch allmählich – in der Anthropologie durch Claude Lévi-Strauss eingeleitet – entwickelt sich eine Strömung, in der die Beschäftigung mit den Primitivkulturen immer deutlicher dem Zweck dient, die eigene, gefräßige Zivilisation zu kritisieren, die sich da anmaßt, ihren Fortschrittsglauben blindlings auf die ganze Erdoberfläche zu projizieren. Die Anthropologen fragen sich, ob man nicht durch die eigene Kultur tief verunsichert sein müsse, um in mühevoller Arbeit die Bruchstücke der von den Weißen zerstörten farbigen Kulturen wieder zusammenzusetzen.** Ethnologen der Gegenwart versuchen, die Sehnsucht besser zu verstehen, die sich in ihren Reisen ausdrückt. Statt distanziert über die merkwürdigen

* Die anthropologische Feldforschung ließe sich mit der «Regression im Dienst des Ich» vergleichen, die der Hartmann-Mitarbeiter Ernst Kris beschrieben hat.
** C. Lévi-Strauss, Traurige Tropen, Köln (Kiepenheuer & Witsch) 1958.

Rauschmittel der Primitiven zu berichten, essen sie selbst die heiligen Pilze und trinken den Aufguß der Ayahuasca-Liane. Eine Karikatur dieser Entwicklung ist das Werk von Carlos Castaneda. Statt die Primitiven zu belehren, läßt er sich selbst von einem unterrichten. Statt die Magie zu erforschen, verzaubert er die Wissenschaft. Statt Coyote, den Trickster der indianischen Mythen, zu beschreiben, übernimmt er selbst dessen Rolle. Die indianischen Lehrmeister sind im Besitz des Wissens, und er, der Wissenschaftler mit seinem Notizblock, ist der hilflose, ratlose, einen tölpelhaften Fehler nach dem anderen begehende Lehrling. Natürlich ist Castaneda ein «Schwindler», wenn man ihn mit den Augen der bürgerlich-wissenschaftlichen Tradition betrachtet. Aber er drückt aus, was viele Menschen fühlen. Er hat die Grenze überschritten und sich «drüben» angesiedelt, zumindest in der Phantasie (hätte er wirklich zaubern gelernt, müßte er keine Bücher drüber schreiben).

Bereits Freud hat auf die Gemeinsamkeiten im Seelenleben der «Wilden» und der «Neurotiker» hingewiesen. Ich glaube, daß die Psychotherapie nicht nur ähnliche Wurzeln hat wie die Ethnologie, sondern auch eine vergleichbare Entwicklung aufweist. Der Unterschied liegt darin, daß die Wilden auf ihren paradiesischen Inseln oder an den Ufern der Urwaldflüsse ausgerottet und verdorben wurden, während die Neurotiker zunahmen. Heute ist es leichter, sich im Neurotikerland anzusiedeln, als eine Primitivkultur zu finden, die nicht längst den Bogen gegen die Flinte und die bemalten Tongefäße gegen Plastikeimer eingetauscht hat. Das Streben, eine «korrigierende emotionale Erfahrung» zu vermitteln, hat auch dazu geführt, daß die neuen Helfer gewissermaßen eine neokolonialistische Epoche einleiteten. Sie verlegten ihren Schwerpunkt in das Neurotikerland. Zu der sie umgebenden, bürgerlichen, an rationale Leistung fixierten Welt unterhalten sie noch diplomatische Beziehungen. Manche von ihnen wohnen nicht mehr wirklich in ihr, sondern in den Kolonien. Diesen Verdacht hat bereits Karl Kraus mit seinem Bonmot angedeutet, die Psychoanalyse sei ein Symptom des Leidens, für dessen Kur sie sich ausgebe.

Norm und Beziehung in der Psychoanalyse

Die gegenwärtige Entwicklung in der analytischen Psychotherapie kann noch genauer verdeutlichen, was die Unterschiede zwischen alten und neuen Helfern ausmacht. Wir haben den Psychoanalytiker als Beispiel für den Paradigmawechsel in der Helfer-Szene angesprochen. Doch gilt heute nicht mehr, was zu Freuds Zeiten galt. Die Analytiker sind gegenwärtig in sich gespalten, sie nehmen auf ihre Weise die Veränderungen auf, die vom alten zum neuen Helferberuf führen. Diese lassen sich bei ihnen besser verfolgen als bei anderen Psychotherapieprofis, die keine so lange Tradition haben. Zu Freuds Zeiten war es revolutionär neu, mit den Neurotikern zu sprechen, ihnen zuzuhören, ihre Phantasien und Träume ernst zu nehmen. Heute wird der Psychoanalytiker, der sich so verhält, wie Freud es empfohlen hat, gelegentlich als normativer Buhmann hingestellt, der undifferenziert alles über einen Leisten schlägt und nicht gelernt hat, seine Behandlungsmethode der Störung seiner Patienten anzupassen.*

Ein aktuelles Modell für diese Situation ist die Unterscheidung zwischen «strukturell» und «funktionell» ich-gestörten Patienten, die mit verschiedenen Begriffen von psychoanalytischen Autoren wie Winnicott, Balint, Kohut, Kernberg, Blanck/Blanck getroffen wird. Der strukturell ich-gestörte Patient, den es angeblich immer häufiger gibt und der auch in Freuds «klassischen» Neurotikern entdeckt wird, heißt auch «Grenzfall» oder «Borderline case». Er ist vor allem daran zu erkennen, daß er die Deutungen des Analytikers, wie sie in der klassischen Methode Freuds vorgenommen werden, nicht gut verträgt. Er reagiert verstimmt, zieht sich zurück, bricht womöglich die Behandlung ab oder entwickelt eine Verschlimmerung seiner Symptome. Das liegt daran, daß er auf einer verbalen, ödipalen Ebene nicht erreicht werden kann. Seine Störung liegt tiefer, so daß es sinnlos ist, unbewußte Konflikte zwischen seinem Ich und anderen Instanzen (Es, Über-Ich) zu deuten, weil das Ich selbst in der Behandlungssituation nur mangelhaft funktioniert. Peter Fürstenau faßt diese Situation zusammen: Der Analytiker muß dem Analysanden jene Ich-Funktion ersetzen und zur

---

* Der Gegensatz: «Soll sich der Klient der Behandlung anpassen oder die Behandlung dem Klienten?» wird hier oft zitiert.

Verfügung stellen, die dieser braucht, um sich zu verändern. Er muß «im Umgang mit dem ‹defekthaft› gestörten Patienten in der analytischen Situation die libidinöse Funktion der Zuwendung zum Patienten und der Aufrechterhaltung des Kontakts mit ihm von sich aus ausüben, bis der Patient auf Grund dieser neuen, modellhaften Erfahrung einer gesunden Beziehung zu einem Partner in der analytischen Situation fähig ist, Kontakt und Zuwendung zu Partnern selbst zu realisieren. Da der Patient auf Grund seiner strukturellen Störung dazu zunächst nicht in der Lage ist, muß der Analytiker den Kontakt zu ihm herstellen und aufrechterhalten, d. h. in den sich isolierenden, abschirmenden Patienten libidinös eindringen.»[*]

Es ist deutlich, daß hier in der psychoanalytischen Subkultur eine Parallele zu der Aufgabe des «neuen» Lehrers faßbar wird, den Schüler zu motivieren, oder zu der Aufgabe des modernen Arztes, die Compliance des Patienten zu sichern (wobei sich hinter diesen Ausdrücken verbirgt, daß der Helfer seine Hilfeleistung auch loswerden muß).

Fürstenau rechtfertigt diese Veränderung mit den Bedürfnissen der Patienten. Viele unbefriedigend verlaufende Analysen, Behandlungsabbrüche oder negative Reaktionen auf eine Therapie lassen sich seiner Ansicht nach auf ein solches unangemessenes Konzept zurückführen, das ein Normal-Ich unterstellt, wo keines ist. Der «klassische», distanzierte, an Freud orientierte Analytiker handelt «verständnislos, beziehungslos-schizoid, ‹professionell› im schlechten Sinne. Er verfehlt damit seine Aufgabe, den Patienten mit seiner Intervention affektiv zu erreichen...»[**] Hier wird deutlich, daß es einen ständigen Umwandlungsdruck gibt, der die neuen Helfer ihrer Emotionalität und Beziehungsfähigkeit zu berauben droht. Der so «alt gewordenen» Arbeitsweise setzt Fürstenau eine neue, nicht-professionelle Professionalität entgegen. Es darf eben keine Technik, keine Routine, kein kognitiv orientiertes Deuten sein, was der Therapeut aufzubringen hat. Er muß «libidinös eindringen», er muß seine Professionalität durch ihre Selbstaufhebung beweisen, indem er auf einer persönlichen Ebene den Patienten affektiv erreicht.

  [*] P. Fürstenau, Die beiden Dimensionen des psychoanalytischen Umgangs mit strukturell ich-gestörten Patienten, in: Psyche 31, 1977, S. 204.
  [**] Ebd.

In dieser Gegenüberstellung einer alten und einer neuen Technik in der Psychoanalyse wird manchmal das klassische Vorgehen zur Karikatur einer seelischen Vergewaltigung auf einer Prokrustes-Couch*. Johannes Cremerius hat die Analyse-Berichte von Heinz Kohut, einem wichtigen Vertreter der «neuen» Psychoanalyse, genau untersucht. Er fand, daß Kohut ein extrem trieb- und wunschfeindliches Vorgehen als «klassisch» hinstellt.** Cremerius hat auch versucht, die wesentlichen Merkmale der alten und der neuen psychoanalytischen Technik zusammenzufassen. Die alte nennt er «klassische Einsichttherapie oder paternistische Vernunfttechnik», die neue «korrektive emotionale Erfahrung».*** Betrachtet man diese Gegenüberstellung ebenso wie die Beschreibung von Christa Rohde-Dachser**** über die Behandlung von Borderline-Patienten, dann wird deutlich, daß der Wandel im Vorgehen analytischer Psychotherapeuten allgemeine gesellschaftliche Veränderungen spiegelt. In der klassischen Technik werden die Kontrolle des Analytikers über die Situation und die Unterordnung des Patienten betont. Dieser muß sich der Kur unterwerfen und auf die Befriedigung durch den Therapeuten verzichten, um den hohen Zweck der Befreiung von seiner Neurose zu erreichen. Das Leid des Patienten hängt damit zusammen, daß er mit infantilen Triebregungen und Phantasien nicht angemessen umgehen konnte, die er jetzt auf den Therapeuten überträgt und auf diese Weise, unterstützt durch dessen Deutungen, auch bewältigt.

Ganz anders die «neue» Behandlung. Hier sieht man die Störung durch Entwicklungsdefizite bedingt. Die Übertragung wiederholt nicht kindliche Phantasien, sondern eine wirklich erlittene Beschädigung in der frühen Mutter-Kind-Beziehung. Diese muß ausgeglichen,

* Prokrustes ist jene Gestalt der griechischen Sage, die ihre Besucher gewaltsam einem Gästebett anzupassen pflegte: Den zu kleinen renkte er die Glieder aus, den zu großen hackte er die Beine ab. Endlich geriet er an den Helden Theseus, der *ihm* diese Behandlung angedeihen ließ.

** J. Cremerius, in Kohuts Behandlungstechnik in: Psychoanalytisches Seminar Zürich (Hg.), Die neuen Narzißmustheorien, Frankfurt/Main (Syndikat) 1981, S. 75 f.

*** J. Cremerius, Gibt es zwei psychoanalytische Techniken? In: Psyche 33, 1979, S. 580.

**** Ch. Rohde-Dachser, Das Borderline-Syndrom, Bern, Stuttgart, Wien (H. Huber) 1979.

der Defekt im Ich, das kindliche Defizit müssen aufgefüllt werden. Es bestehen deutliche Parallelen zwischen der Orientierung an den «klassischen» bürgerlichen Tugenden wie Sparsamkeit, Unterordnung, Prinzipientreue, langfristiger Wunsch- und Triebverzicht, um spätere Erfüllung zu erreichen, und der «klassischen» analytischen Technik. Demgegenüber spiegeln sich die konsumbürgerlichen Haltungen der Gegenwart in der «neuen» psychoanalytischen Behandlung. Es geht um sofortige Befriedigung, um den ständigen Ausgleich eines Mangels. Während in der klassischen Abstinenz-Regelung das Gewähren in einem sprachlosen, nicht durch technische Regeln geklärten Raum blieb und die Versagungen, welchen der Patient ausgesetzt werden sollte, deutlich gemacht wurden, ist es nun umgekehrt. Die Technik der «neuen» psychoanalytischen Behandlung stellt das Gewähren in den Vordergrund. Die Versagungen, die Tatsache, daß die beziehungsgeschädigten Patienten letztlich doch «nur Therapie» bekommen, wird in den Hintergrund gestellt. Wenn der klassische Analytiker darauf bestand, daß sich sein Patient auf die Couch legte und frei assoziierte, verändert der neue Analytiker sein Vorgehen so, wie es den jeweiligen Bedürfnissen des Patienten entspricht. Während der klassische Patient frei assoziieren muß, wird der neue ausführlich unterrichtet, Schweigepausen werden vom Therapeuten überbrückt. Der Analytiker soll bei Borderline-Patienten die positive Übertragung dadurch fördern, daß er eindeutig die Partei des Patienten ergreift. In der klassischen Technik sieht der Therapeut seine Aufgabe darin, eine Situation zu schaffen, in der sein Patient möglichst gute Bedingungen erhält, Übertragungsphantasien auf ihn zu richten. Er geht davon aus, daß die Realität außerhalb der Behandlung mächtig und anziehend genug ist, um dem Patienten die Auseinandersetzung mit einer unrealistischen, regressiven Situation zu erlauben. Anders der neue Therapeut: Er sieht seine Aufgabe darin, sorgfältig die am wenigsten konflikthaften Persönlichkeitsteile aufzuspüren. Er geht dabei auch so weit, daß er freimütig über seine eigenen Gefühle (seine «Gegenübertragung») spricht, um für den Patienten als eigenständiges Individuum erlebbar zu werden und sich von illusionären Erwartungen oder paranoiden Ängsten zu befreien. Der neue Analytiker soll den Patienten bestätigen, ihm versichern, daß er liebenswert und liebesfähig ist, kurzum er soll versuchen, ihn mit einer Wirklichkeit zu versöhnen, die – viel deutlicher als beim «klassischen» Patienten – nicht nur infantile Wünsche versagt, sondern insgesamt als böse und feindlich erlebt wird.

Das heißt auch, daß der Therapeut viel mehr Möglichkeiten hat, als realer Mensch aufzutreten. Er kann das Gehäuse der Übertragungsdeutung, in dem er auch selber eingeschlossen ist, verlassen, seine eigenen Gefühle ausdrücken, als reale Person Kontakt zu der Person des Klienten aufnehmen. Er kann mit dem Klienten einen Pakt schließen, in dem sich beide Beteiligten versichern, daß die Realität nicht so schlecht ist, wie der Klient glaubt. Die Lebensfeindlichkeit einer umweltzerstörenden Gesellschaft hat inzwischen beide zu Tode erschreckt: den Patienten wie den Therapeuten. Aber indem der Therapeut dem Patienten klarmacht, daß seine Arbeitskollegen oder seine Eltern so lebensfeindlich und böse nicht sind, wie er sie phantasiert, indem der Therapeut die erste positive Bezugsperson des Klienten wird, gewinnen beide ein Stück Trost in ihrer verzweifelten Situation.

Die plötzlich in den klassischen Fällen Freuds entdeckten Borderline-Züge könnten den Verdacht wecken, daß die sogenannten «Frühstörungen» das Produkt einer neuen Mode in Diagnostik und Therapie sind. Die Anfälligkeit der Psychotherapie für sozialpsychologische Merkmale des Marketing von Dienstleistungen wurde bereits beschrieben. Aber eine solche Betrachtungsweise verkennt, daß Moden nicht beliebig sind, sondern gesellschaftliche Strömungen zusammenfassen und ausdrücken. Die Zunahme «schizoider Neurosestrukturen» (F. Riemann[*]), «narzißtischer» Störungen mit Symptomen wie «Unzufriedenheit, Selbsthaß, depressive Stimmung, Lebensunlust, Gefühl der Leere, Unfähigkeit zu lieben» (H. u. Y. Lowenfeld[**]) und die angeblich wachsende Bedeutung eines narzißtischen «neuen Sozialisationstypus» (Th. Ziehe[***]) drücken sicherlich aus, daß sich etwas verändert hat. Nur halte ich es für eine trügerische Meinung, davon auszugehen, daß es nur die Patienten sind, die über andere Symptome berichten und sich in den Behandlungen anders verhalten.

[*] F. Riemann, Die schizoide Gesellschaft, München 1975.
[**] H. u. Y. Lowenfeld, Die permissive Gesellschaft und das Über-Ich. In: Psyche 24, 1970, S. 713.
[***] Th. Ziehe, Pubertät und Narzißmus, Frankfurt/Main 1975.

Warum sollten die Therapeuten ihrerseits nicht mitbetroffen sein von dem, was Riemann «Schizoidisierung» der Gesellschaft nennt? In Extremfällen, wie in der «Berliner Schule» von Günter Ammon, ist schon gar nicht mehr auszumachen, ob nun die überall erkannten «Grenzfälle», die durch ein «Loch im Ich» gekennzeichneten Patienten, sich überhaupt noch von ihren Therapeuten unterscheiden.

Kohut bemerkt einmal, daß zu Freuds Zeiten die Kinder emotional und erotisch eher überreizt wurden. Ihre Erotik zielte auf Lustgewinn und stieß an die Verbote der Ödipus-Situation, an Kastrationsdrohung und Schuldgefühl. Heute sind die Kinder eher unterreizt, zu wenig mit Zuwendung versorgt. Erotische Stimulierung kann auch dazu dienen, ihre innere Leere zu füllen.* Brauchen auch die Therpauten mehr Reize, um über ihre innere Leere hinwegzukommen, die in einer naturzerstörenden Gesellschaft zu einer allgemeinen psychischen Erscheinung werden muß? Gerade die Unterscheidung von Konflikt und Defekt, die in diesen Grenzbeziehungen zwischen alten und neuen Neurosen oder Behandlungsverfahren eine so wichtige Rolle spielt, gilt auch für die Therapeuten selbst. Freud und seine Anhänger lebten in einem Konflikt mit ihrer Umwelt, den ihnen ihre Berufsarbeit, vor allem aber ihre theoretischen Äußerungen eintrugen. Die heutigen Therapeuten leben in keinem solchen Konflikt mehr. Sie sind mit ihren Meinungen und Lösungsvorschlägen so weit ins Abseits geraten, daß man sie viel weniger ernst nimmt als die alte Psychoanalyse, die wenigstens noch ein Ärgernis war. Wählt der heutige Therapeut diesen Beruf, um einen (eigenen) Mangel auszugleichen, mit einem (eigenen) Defekt umzugehen? Sucht er Einfühlung und Verständigung, bis er alles andere aus den Augen verlieren kann?

«Die Patientin ist Mitte dreißig und seit sechs Jahren viermal wöchentlich in psychotherapeutischer Behandlung. Während dieser Zeit trat das Symptom (das zur Behandlung geführt hatte) geringfügiger in Erscheinung und verschwand sogar für einige Jahre. Größere Fortschritte wurden auch in anderen Lebensbereichen gemacht. Sie konnte masochistische Beziehungen zu Männern und zu Arbeitgebern abbrechen, die ihre klaglose Unterwürfigkeit ausnützten. Überwältigende Angst in der Form von Pavor nocturnus verringerte sich und wurde zu einer Art Signalangst. Sie setzte ihre Ich-Funktionen

* H. Kohut, Die Heilung des Selbst, Frankfurt/Main (Suhrkamp) 1979.

aktiver ein, als ihre Passivität nachließ, doch als sie fortfuhr, ihren Tätigkeitsradius zu erweitern, kehrten die infantilen Symptome zurück.»*

So leiten Gertrude und Rubin Blanck einen Bericht über eine Analysestunde ein. Wie fast immer bei so langdauernden Analysen ist es sehr schwer zu beurteilen, welchen Anteil an der Veränderung der Klientin die Behandlung hat. Jedenfalls läßt sich die beschriebene Entwicklung kaum von dem unterscheiden, was typisch für Frauen zwischen 28 und 35 Jahren ist. Kennzeichnend für die Neigung vieler Therapeuten, das gesellschaftliche Leben auf familiäre Muster zu reduzieren, scheint die Gleichsetzung von «Männern» und «Arbeitgebern». Zu beiden unterhält die Klientin «masochistische Beziehungen», die als «klaglose Unterwürfigkeit» beschrieben werden.

Nach fünf Jahren Behandlung spielt sich eine typische Analysestunde folgendermaßen ab:

«Patientin: Wie üblich kann ich mich an nichts erinnern. Im Augenblick, als ich gestern ging, war alles weg. Futsch! Wenn ich hier die Tür zumache, ist es, als ob mein Geist auch zuschließt.

Therapeut: Na gut, aber jetzt sind Sie wieder hier, und wenn Sie sich selbst eine Chance geben, können Sie vielleicht die verschlossene Tür Ihres Geistes wieder öffnen. (Der Therapeut unterstützt die kognitive Fähigkeit, indem er zwischen Tür und Geist unterscheidet.)

Patientin: Es ist komisch. Als ich mich eben setzte, erinnerte ich mich daran, wie ich mich gestern hier setzte. Aber das ist auch alles, was mir wieder einfällt.

Therapeut: Na gut, alles, woran Sie sich erinnern, ist das Hinsetzen, und im Moment scheint Ihnen das nicht so sehr viel zu sein. Ich glaube aber, daß wir Ihre Fähigkeit, sich an etwas zu erinnern, höher einschätzen sollten – die Tür Ihres Geistes hat sich geöffnet, wenn auch nur einen Spalt.»**

Selbst wenn wir die gestelzte Ausdruckweise des Therapeuten der deutschen Übersetzung zugute halten, bleibt der Eindruck, Zeuge einer statischen, langweiligen Situation zu sein, in der keine lebendige Beziehung zwischen zwei Gesprächspartnern besteht. Die Beziehung wird durch bestimmte Interventionstechniken künstlich hergestellt, andrer-

* G. u. R. Blanck, Ich-Psychologie II. Psychoanalytische Entwicklungspsychologie, Stuttgart (Klett) 1980, S. 39/40.
** Blanck/Blanck, a. a. O., S. 40.

seits aber als reale, emotionale Auseinandersetzung vermieden. Es ist, als ob sich die Gesprächspartner nicht fünf Jahre, sondern allenfalls fünf Stunden kennen würden. Die Patientin spricht über ihr Versagen, der Therapeut versucht, sie zu stützen. Gerechtfertigt wird diese schier ins Unendliche fortführbare Art der Therapie durch den «Defekt» der Patientin:

> «Es ist klar, daß der Therapeut es nicht mit Verdrängung zu tun hat, sondern mit einer relativen Kümmerlichkeit des Selbstbildes; Erfahrung wird nicht durch affektive Bindungen zusammengehalten. Der Organisierungsprozeß kann deshalb nicht fortschreiten, weil er Selbstbild, Objektbild und Affekt nicht einbezieht, die alle erforderlich sind, um Erlebtes dem Gedächtnis einzuverleiben. Der Therapeut stützt die höchste Funktionsebene der Ich-Organisation.»[*]

Es wird nicht viel über die Patientin gesagt, aber sie scheint sowohl im Beruf wie im Privatleben leidlich klarzukommen. Es ist also überhaupt nicht anzunehmen, daß sie immer von einer Stunde auf die nächste vergißt, was sie gesagt oder gehört hat. Deshalb braucht sie auch keineswegs immer einen Therapeuten, der die höchste Funktionsebene ihrer Ich-Organisation stützt. Sie scheint ihn aber unbedingt in der therapeutischen Situation zu brauchen. Und der Therapeut hat eine Meinung von ihr, die sein Vorgehen legitimiert: Sie hat ein kümmerliches Selbstbild, nicht einmal verdrängen kann sie (als ob nicht auch die «klassische» Verdrängung gerade mit diesem «kümmerlichen Selbstbild» zusammenhinge). Kurzum, der Therapeut muß so tun, als ob er unentbehrlich wäre, als ob eine Frau, die im Alltag zurechtkommt, in der Therapiesituation ohne seine Hilfe unfähig wäre, «Erlebtes dem Gedächtnis einzuverleiben». Später wird noch deutlicher, wie der Therapeut seine Unentbehrlichkeit ausbaut, die er nun schon fünf Jahre, vier Stunden pro Woche, gepflegt hat.

> «Patientin: Während wir hier reden, kommt etwas mehr zurück. Ach ja, wir sprachen über...
> Therapeut: (Später) Was, glauben Sie, half Ihnen, sich zu erinnern? (Hier möchte der Therapeut dem Ich helfen, seine Funktionen wahrzunehmen,

[*] Blanck/Blanck, a. a. O., S. 40.

indem er einerseits der Patientin den eigentlichen Erinnerungsvorgang bewußt macht und andererseits hofft, daß diese Funktion, einmal verstanden
und ausgeübt, sich in Richtung der sekundären Autonomie bewegen
wird.)»*

Die richtige Antwort der Patientin wäre hier gewesen, «Sie, Herr Doktor!» Da sie nicht kommt, hakt der Therapeut nach.

> «Patientin: Schwer zu sagen. Es kommt so plötzlich zurück, wie es gewöhn-
> lich verschwindet. (Das Ich ist noch passiv; der Organisationsprozeß kann
> die gestellte Aufgabe nicht übernehmen.)
> Therapeut: Sie glauben nicht, daß unser Zusammensein etwas damit zu tun
> hatte? (Der Therapeut möchte jede noch so kümmerliche affektive Bindung
> erfassen, die in der Luft liegen mag.)»

Auch dieses gierige Erfassen jeder affektiven Bindung geschieht selbstverständlich nur im Interesse der Patientin. Es wird unterstellt, daß ihre
Mutterbeziehung («primäre Dyade») so kümmerlich war, daß keine
dauerhafte Besetzung von Objektrepräsentanten möglich ist. Dennoch
lebt sie in einer anscheinend stabilen Ehe. Solche Widersprüche sind
typisch für die Borderline-Fälle; die ihnen unterstellten psychotischen
Züge manifestieren sich eben nicht in der Alltags- und Arbeitswelt,
sondern mit Vorliebe in der therapeutischen Situation. Die Diagnose
einer «echten» Psychose wird dem Patienten aufgenötigt. Er sträubt
sich gegen sie. Die Borderline-Diagnose wird weit eher angenommen,
weil in ihr oft ein Therapieangebot mitenthalten ist.

Der Blickwinkel dieser am Defekt ansetzenden, stets von Subpha-
sendefiziten und mangelhafter Ich-Organisation sprechenden «neuen»
Psychoanalyse hat sich eingeengt. Es geht nicht mehr um Inhalte, um
die ungebärdigen, gesellschaftsfeindlichen Wünsche aus dem Unbewußten, sondern um die formale Organisation des Ichs, das in müh-
seliger Arbeit so weit befestigt werden soll, daß es den Anforderungen
der Industriegesellschaft wieder standhält. Das scheint oft nur durch
eine fast lebenslängliche therapeutische Begleitung zu glücken, die sich
natürlich nur eine winzige Minderheit nicht einmal besonders schwer
gestörter Patienten leisten kann (denn sie müssen immerhin arbeiten

* Blanck/Blanck, a. a. O., S. 40.

können, um den Therapeuten zu bezahlen; in den Vereinigten Staaten gibt es kaum Krankenkassen, die eine Psychoanalyse zahlen, und in Europa wird ebenfalls keine Versicherung tausend und mehr Stunden Psychotherapie finanzieren).

Diese Kritik richtet sich nicht gegen die Praxis einer das geschädigte Ich eines Patienten stützenden oder aufbauenden Theorie, sondern gegen die Einengung der Perspektive und die ständige Wiederholung eines begrenzten, in dieser Form sicherlich nicht für ein umfassendes Verständnis der narzißtischen Störungen geeigneten Vokabulars. Die Analogien zwischen den Schwierigkeiten des Erwachsenen und der nur scheinbar subtilen Rekonstruktion der Subphasen von Symbiose und Individuation in der frühen Kindheit reduzieren die Betrachtungsweise. Der Universalschlüssel eines vorsprachlichen, daher von der Wissenschaft des Therapeuten leicht kolonisierbaren Bereichs im Patienten ist mit noch größerer Vorsicht zu handhaben als die klassische «Widerstandsanalyse», die ja ebenfalls Gefahr läuft, nach dem Motto «Heads I win – tails you loose» zu geraten: Bejaht der Patient, hat der Analytiker recht; verneint er, hat der Analytiker erst recht recht. In der an einer Blanck/Blanckschen Entwicklungspsychologie orientierten Behandlung hat der Patient nicht einmal mehr die Chance zum Widerspruch und zum Widerstand. Er weiß ja nichts von dem, was vor seinem sprachgebundenen Erinnerungsvermögen in ihm war. Der Analytiker weiß das alles. Und beide leben in den vielen hundert Stunden der Therapie gemeinsam in einer frühen, heimeligen Dyade, in der es keinen bedrohlichen gesellschaftlichen Einfluß gibt. Höchstens wechselt sanft die Übungs- zur Wiederannäherungs-Subphase.*

---

* In der Übungsphase trainiert das Kind (der Patient) Ich-Funktionen, die es (ihn) unabhängiger von der Mutter (dem Therapeuten) machen. In der Wiederannäherungsphase sucht es (er) zum Gefühl-Auftanken (emotional refueling) die Nähe der Mutter (des Therapeuten).

Vorwärts in die Gegenwelt

> Wir werden wahrscheinlich die Erfahrung machen, daß der Arme noch
> weniger zum Verzicht auf seine Neurose bereit ist als der Reiche, weil das
> schwere Leben, das auf ihn wartet, ihn nicht lockt, und das Kranksein ihm
> einen Anspruch mehr auf soziale Hilfe bedeutet.
> S. Freud *

Im Sommer 1962 besuchte ein psychoanalytisch ausgebildeter Nervenarzt, der sich auf die Behandlung von Süchtigen spezialisiert hatte und
über seine Erfolge mit der klassischen analytischen Technik enttäuscht
war, eine Synanon-Gruppe an der amerikanischen Westküste. Er war
fasziniert, denn er sah einige frühere Patienten, die jetzt voller Arbeits-
und Lebensfreude waren. So bat er, an den Synanon-Begegnungsgrup-
pen teilnehmen zu dürfen, in denen sich die Mitglieder dreimal die Woche mit allem auseinandersetzten, was sie ärgerte. Er war entsetzt. Die
verbalen Angriffe waren so rücksichtslos und massiv, daß er für seine
Sicherheit fürchtete. Nur die Angst, sich lächerlich zu machen, hielt ihn
davon ab, davonzulaufen. Als endlich ein Gruppenleiter einen Schwarzen in der Gruppe ansah und ihn fragte: «He, Nigger, wie würde es dir
gefallen, wenn du schwarzes Arschloch genannt würdest?» wurde es
dem Psychiater zuviel. Er sagte, es gäbe doch wahrhafrig genug Probleme in der Gruppe, ohne daß man nun zusätzlich Rassenvorurteile
einführen müsse.

Diese Bemerkung hatte unerwartete Folgen. Der Arzt wurde zu-
rechtgewiesen, wie er es gar nicht gewohnt war. Seine Mahnung drücke
Rassenvorurteile aus. Er wolle den Onkel Tom spielen, den Schwarzen
verteidigen und ihn damit als schwächer, dümmer und unselbständiger
als den weißen Angreifer hinstellen. Der Gruppenzorn, die Beteiligung
an einer «unzivilisierten», heftigen, regressiven Auseinandersetzung

* S. Freud, Wege der psychoanalytischen Therapie, Ges. W. XII, S. 193.

hatten eine reinigende und wohltuende Funktion. Der Psychiater fühlte sich nachher wohl mit der Gruppe. Er trank lachend mit ihnen Kaffee und überlegte, für einen Helfer sehr bezeichnend, «wie wohl die Patienten meiner Privatpraxis auf eine solche Begegnung reagieren würden. Ich meinte, daß viele meiner Patienten dieses Gefühl menschlicher Verbundenheit suchten, das ich jetzt erlebte.»*

Psychotherapie hängt mit der Suche nach einem Gleichgewicht zwischen Progression und Regression in den Individuen zusammen. Der Begriff der Regression, von Freud als Rückkehr zu kindlichen Stadien der Entwicklung definiert, hat sich parallel zu der Tendenz, «korrigierende emotionale Erfahrungen» zu vermitteln, in seinem Gehalt verändert. Freud sah die Regression negativ, als chaotisches Geschehen, das für Symptombildungen mitverantwortlich ist und Abwehrfunktionen erfüllt. Bei dem zitierten Psychiater und bei der sehr ähnlichen, gleichzeitig entstandenen Urschrei-Therapie wird die Regression zum Selbstzweck. «Die Gruppe schreit. Die Spannung ist in wenigen Sekunden verschwunden, und das Gefühl der Liebe durchdringt den Raum. Die Menschen fühlen es, als die Gruppe beendet wird. Sie stehen von ihren Stühlen auf und ziehen die Mäntel an. Es gibt Umarmungen, Gelächter, Neckereien. Zigaretten werden angesteckt. Vilma sitzt allein, isoliert in ihrem Schmerz. Sie hat ihre Schutzwehr mißbraucht, um über die Gruppe zu ‹siegen› – doch indem sie das tat, hat sie verloren. Ihre Hoffnung ist die nächste Gruppe. Dort überwindet sie vielleicht die seit langem verfestigte Abwehr gegen den Zorn, der in ihrer Kindheit zu furchterregend war, als daß sie ihn hätte ausdrücken können.»**

So schildert Casriel das Ende einer Gruppensitzung, in der ganz klar ist, was «richtig», hilfreich, therapeutisch, nützlich, vom Leiter und den Mitgliedern gern gesehen ist: Gefühle herausschreien. Echte Gefühle müssen es sein. («Vilma, wenn du zornig bist, dann steh auf und schrei den Zorn heraus! Du wirst dich danach besser fühlen und wirst etwas lernen, was dir ‹draußen in der Welt› hilft.»)*** Wer sie bringt, hat den Durchbruch geschafft, auch wenn er weiter üben muß. («Das

---

* D. Casriel, Die Wiederentdeckung des Gefühls. München (Goldmann) 1975, S. 59. Amerikanische Originalausgabe mit dem Titel «A Scream away from Happiness», New York (Grosset & Dunlap) 1972.
** Casriel, a. a. O., S. 51.
*** Ebd., S. 50.

ist *dein* Schmerz, Tim und *dein* Verlangen. Sie sind schön. Sie bringen andere Menschen dazu, daß sie sich wichtig und notwendig fühlen, Tim. Weißt du das? Als du deinen Schmerz nicht zeigen konntest, konntest du auch dein Verlangen nicht äußern und bliebst allein, sogar auf einer Party. Du brauchst nicht so zu sein. Gewiß, du hast dich bemüht, einigen anderen Liebe zu geben, aber du hast bis jetzt keinem erlaubt, an dich heranzukommen. Trotzdem waren die Menschen hier interessiert genug, dir zu helfen, deine Schutzwehr abzubauen und aus dem Panzer herauszukommen, den du seit deiner Kindheit trägst. Dieser Panzer wird sich – aus Gewohnheit – wieder bilden, und du wirst immer wieder üben müssen, genau wie heute abend, um ihn abzulegen.»)[*]

Freud sagte, daß die Analytiker genötigt sind, «in der Massenanwendung unserer Therapie das reine Gold der Analyse reichlich mit dem Kupfer der direkten Suggestion zu legieren».[**]

Casriel sieht das anders. Er kritisiert an der Analyse, was Freud als ihren Vorzug lobt: die Tendenzfreiheit, den Verzicht auf Lenkung der «freien Einfälle». Der Patient soll für die «regressiven» Therapeuten nicht in die Analyse der Übertragung «eingesperrt» werden und vor sich hin sprechen, ohne den Analytiker zu sehen. Er soll mehr Befriedigung erhalten: einen Therapeuten, der ihn sieht, ihn belehrt, ihn auffordert, sein Verhalten zu ändern, seine Gefühle herauszulassen. Was Casriel dazu führte, von der Psychoanalyse abzuweichen, ist sein Eindruck, daß sie den Patienten überflüssig quält, indem sie den schmerzhaften Prozeß der Übertragungsanalyse verlängert. Die Methode der freien Einfälle sieht er als Angstmacherei: «Von den meisten Signalen abgeschnitten zu sein, vermindert nicht nur die Kritik, sondern erhöht auch die Angst. Diese Methode soll die Gefühle an die Oberfläche bringen. Aber es ist eine höllische Qual – in ihrer Negierung der fundamentalsten Aspekte menschlichen Kontakts geradezu unmenschlich.»[***]

Jemanden auf die Couch zu legen, der nicht vom Sinn dieser Maßnahme überzeugt ist, sondern sich dadurch gequält fühlt, ist ein typi-

[*] Ebd., S. 43.
[**] S. Freud, Wege der psychoanalytischen Therapie, GW XII, S. 193.
[***] Casriel, a. a. O., S. 179.

sches Zeichen der «medizinischen» Handhabung psychotherapeutischer Techniken. Der Arzt ist es ja gewöhnt (siehe S. 196), einfühlungslos zu handeln und technische Eingriffe durchzuführen, welche die Gefühle der Patienten verletzen. Vor diesem Hintergrund wird die Gegenströmung der humanistischen Therapieverfahren auch eher verständlich.

Casriel lehnt die mühevolle Arbeit an der Übertragungsneurose ab. Er will eindeutige, klare Verhältnisse – eine gefühlsgeladene Gegenwelt, in der die anderen Gruppenmitglieder als «Verstärker» verwendet werden, um den Druck zur befreienden emotionalen Äußerung zu steigern. Die Befriedigung des Therapeuten liegt darin, daß er einen großen Teil seiner Zeit in einer Gruppenwelt lebt, in der scheinbar die Atmosphäre der Industriegesellschaft aufgehoben ist. Es gibt keine Reflexion (wie in der «klassischen» Psychoanalyse), sondern Aktion, unmittelbare Wirksamkeit. Besonders wichtig ist die Äußerung von Gefühlen, die allen Menschen gemeinsam sind: Zorn und Enttäuschung, Sehnsucht und Trauer, Liebe und Haß, Angst und Schmerz. Die Grenze zu dieser Gegenwelt schützt Casriel durch wirtschaftlich-zweckrationale Argumente. Er rechnet dem Leser vor, wieviel ein Süchtiger pro Jahr durch Delikte, Strafverfolgung, Polizeiapparat und Rehabilitationsmaßnahmen kostet, welche wirtschaftlichen Verluste durch Homosexualität, Eßsucht, Medikamentenmißbrauch, Ehescheidungen, Jugendverwahrlosung entstehen. Und er rechnet auch aus, daß in einer Familie mit einem emotional gestörten Mitglied eigentlich alle Mitglieder Psychotherapie brauchen, was sich selbst mit einem Einkommen von über 20000 Dollar nicht mehr finanzieren läßt, selbst wenn es genügend ausgebildete Analytiker gäbe.

Um sich in der Industriegesellschaft zu legitimieren, müssen Helfer wie Casriel nach außen ihre Sprache sprechen und ihr das anbieten, was sie glaubt: wirtschaftliche Vorteile. Gleichzeitig ist klar, daß die Psychotherapie nie die anderen regressiven Fluchten aus dieser Gesellschaft ersetzen kann – daß sie also Drogenmißbrauch, Medikamentensucht, Fettsucht, Zigaretten- und Alkoholkonsum nicht vermindern wird, sondern neben ihnen noch eine weitere Flucht anbietet, die sich, wie jede andere eskapistische Ware, eben als «besser» hinstellen muß als die konkurrierenden Waren. Casriel akzeptiert wie viele Vertreter der Gruppendynamik und humanistischen Therapie eine Gesellschaft, die jenen emotionalen Mangel herstellt, der von ihm behandelt wird.

«Mir gefällt auch der Gedanke, daß Handel und Gewerbe die Vermenschlichung als rentable Tätigkeit entdecken könnten. Generaldirektoren, die in einer emotionalen offenen Atmosphäre aufeinander einwirken, sind signifikant produktiver – und das läßt sich durchaus messen. Ich sehe solche Vorteile für die Unternehmen in der erhöhten Leistungsfähigkeit, in der Verminderung der unrentablen Arbeit, in verbesserter Moral, geringerem Arbeitsplatzwechsel…»[*]

Natürlich sind Psychotechnik und human engineering schon entdeckt: «Vermenschlichung als rentable Tätigkeit» ist ähnlich pointiert wie wenig später der Satz, «am liebsten sähe ich, daß die Prinzipien der Vermenschlichung Wurzeln in der Familie schlügen». Der Helfer, der wohl merkt, daß er seine berufliche Bedeutung dem Versagen der Familien verdankt, erbietet sich gedankenlos, auch diese Familien zu heilen, die Eltern zu belehren, die Lehrer zu unterrichten. Er ändert dadurch nichts, weil er keinen Einfluß auf die Mechanismen hat, durch die solche Schäden zustandekommen. Aber indem er sich anbietet, etwas zu verändern, deckt er einen Mantel der Nächstenliebe über Mißstände, denen er die eigenen Existenz verdankt. Es ist wie in der Sage von Lohengrin: niemand darf den strahlenden Ritter befragen, woher er denn eigentlich kommt und was die Ursachen seines Erscheinens sind.

In dem Glauben, die Gesellschaft zu vermenschlichen, bietet ihr Casriel ein Konsumgut mehr:

«In meiner Praxis höre ich immer wieder, wie kultivierte und intelligente Menschen – erfolgreiche Geschäftsleute, Collegestudenten mit verheißungsvoller Zukunft, bürgerliche Hausfrauen, Professoren – mir sagen, daß der Gruppenprozeß ihnen etwas gebe, was sonst in ihrem Leben fehlt.

Ein Jurist erklärte mir, daß er manche Mitglieder seiner Gruppen besser kenne und verstehe als lebenslange Freunde und Berufskollegen.

Ein Vorstandsmitglied eines bedeutenden Unternehmens kehrt jedes Jahr für einige Sitzungen zu seiner Gruppe zurück, um ‹etwas Liebe aufzunehmen› und ‹von dem Elfenbeinturm wegzukommen›. (Die anderen Mitglieder dieser Gruppen wissen nicht, wer er ist.)

Ein Ehepaar (das ich als emotional äußerst gesund bezeichnen würde) kommt zwei- bis dreimal jährlich zu Gruppensitzungen – jedes Mal, wenn es ‹das Bedürfnis nach ein paar Atemzügen frischer Luft verspürt›.»[**]

[*] Casriel, a. a. O., S. 308.
[**] Casriel a, a. O., S. 309.

TEIL V
DIE WIDERSPRÜCHE
IN DER MEDIZIN

Der Helfer soll kraft seiner Person, seiner intellektuellen, moralischen und heute zunehmend auch emotionalen Fähigkeiten und Leistungen Schwächen überbrücken, an denen seine Mitmenschen leiden. Daß er beruflich tätig werden kann, setzt voraus, daß die Gesellschaft ihn auch mit einem nicht abreißenden Strom von Schützlingen versorgt. Weil der Beruf ständig bestimmte Teile seiner Persönlichkeit aktiviert und andere unterdrückt, droht um so eher die Gefahr einer Deformation, je mehr gerade der Mensch Gegenstand der beruflichen Arbeit wird. Der Beruf erfaßt dann nicht mehr abgrenzbare Teilbereiche, sondern greift tief in die Gefühlsbeziehungen, das Wunsch- und Triebleben ein. Wie diese sozialen Wirkungen genauer aussehen, untersuche ich hier am Beispiel der Mediziner. Neben allgemeinen Gesichtspunkten, die vor allem die Macht-Seite der vorgeblich «naturwissenschaftlichen» Entscheidungen von Ärzten betreffen, geht es um die persönlichen Deformationen von Medizinern durch Studium und Beruf. In ihnen wird deutlich, wie gefährlich für die Betroffenen die technische Allmacht der modernen Medizin geworden ist. Gefühlsbereiche, die für die befriedigende Gestaltung zwischenmenschlicher Beziehungen unentbehrlich sind, drohen den Zwängen der Ausbildung einer «Arztpersönlichkeit» zum Opfer zu fallen.

Der Arzt ist nach wie vor der prominenteste Helfer. Er trifft heute in vielen Fragen Entscheidungen, die weit über die Heilung von Krankheiten hinausgehen. Obwohl praktische Medizin alles andere ist als angewandte Naturwissenschaft, tun Ärzte, Gesetzgeber und viele Patienten nach wie vor so, als ob das der Fall wäre. Diese Verwendung der Naturwissenschaft rechtfertigt Entscheidungen, die ohne sie nicht zu legitimieren gewesen wären. Sie ermöglicht die Illusion, daß sich beispielsweise Arbeitsunfähigkeit, Behinderung, die Notwendigkeit zu vorzeitiger Pensionierung «objektivieren» lassen.

Das berufliche Verhalten von Ärzten ist durch eine auffällige Umformung ihres Erlebens bestimmt, die bei einem anderen Beruf in dieser Form auftritt. Sie leiden unter diesem Objektivierungszwang. Ihre Grundangst ist es, «etwas Objektives (Organisches) zu übersehen». Sie haben nie Angst, ein Gefühl oder sonstige Teile der Subjektivität ihres Gegenübers zu übersehen.

Ich selbst bin schon längere Zeit Mitglied in zwei Kollegengruppen, in denen einige Psychiater und medizinische Psychotherapeuten mit Psychotherapeuten anderer Grundausbildung (Psychologie, Theologie, Philosophie, Jura) Fälle besprechen. Wir sind alle ausgesprochen kritisch gegenüber dem klassischen Verfahren der Psychiater, wonach Geisteskrankheiten schlechthin als Gehirnkrankheiten beurteilt werden. Wir halten wenig von Diagnosen wie «endogene Depression» und verwenden sie zumindest in einem anderen Sinn als dem, der an Universitätskliniken üblich ist. Und doch ist die ärztliche Position deutlich abgrenzbar. Mir ist noch nie aufgefallen, daß ein Nichtarzt «organische» Merkmale seines Patienten zur Rechtfertigung seiner Gefühle herangezogen hätte, während das bei den Ärzten häufig der Fall ist.

Einmal hatte eine Patientin bei einem früheren Klinikaufenthalt Elektroschocks erhalten. Während die Nichtärzte versuchten, zu verstehen, weshalb sie so viele Stunden versäumte und ihre Therapeutin immer wieder unsicher machte, biß sich der Arzt an dem durch die Elektroschocks verursachten Gehirnschaden, dem Abreißen der Kontinuität des Erlebens, fest. In allen Fällen, in denen sich die Frage einer «organischen» Schädigung eines Patienten nicht völlig klären ließ, setzt bei den ärztlichen Kollegen eine Art Denkzwang ein, die sie diese (für das konkrete Vorgehen in der Therapie fast immer belanglose) Frage nicht mehr aus den Augen verlieren läßt.

Ich nehme an, daß meine Medizinerfreunde diese Gedanken verwunderlicher finden als ihr Verhalten. Ist es nicht ihre ärztliche Verantwortung, der sie nachkommen? Schreibt nicht die Regelung der Psychotherapie durch die Krankenkassen vor, daß immer ein verantwortlicher Arzt da sein muß? Ist es nicht wirklich gefährlich, etwas Organisches zu übersehen? Ich will mich hier mit der Notwendigkeit einer Abklärung von Organschäden bei Psychotherapiepatienten nicht weiter befassen. Es geht mir mehr darum, wie diese – scheinbare oder tatsächliche – Notwendigkeit ein größeres Gewicht im Bewußtsein des Arztes einnimmt als die Frage nach dem Befinden des Kranken. Woher kommt es, daß der Arzt, der einen möglicherweise pathologischen *Befund* übersehen oder nicht richtig gedeutet hat, das Bewußtsein eines Fehlers hat, keineswegs aber der Arzt, der sich rücksichtslos über das *Befinden* des Patienten hinwegsetzt, es übersieht oder mißdeutet?

Um die damit verknüpften Konflikte zu zeigen, schildere ich eine Szene aus einer Selbsterfahrungsgruppe. In ihr wurde diese «Front» während des kurzen Zeitraums eines Wochenendes faßbar. Nachdem ich aufgefordert hatte, sich möglichst offen mit den Gefühlen und Phantasien in dieser Gruppensituation auseinanderzusetzen, eröffnete ein etwa vierzigjähriger Teilnehmer: Er sei Lehrer und solle demnächst in eine psychosomatische Klinik. Dort würden auch solche Gruppen gemacht. Ein Freund habe erzählt, man werde da auseinandergenommen. So sei er gekommen, um herauszubekommen, wie das gehe. Er hasse seinen Beruf, könne keine Schule und keinen Schüler mehr sehen. Jetzt wolle er da heraus. Er sei als Lehrer gescheitert, aber er wolle es auch nicht machen wie seine Kollegen, die den Schülern entgegenkämen, nur um beliebt zu sein. Ihm liege nichts daran, beliebt zu sein. Aber kaum würde er die Schule betreten, steige sein Blutdruck enorm. Ihn interessierten ganz andere Dinge, Kunst etwa – er habe schon alle wichtigen Museen der ganzen Welt besucht, gehe oft in die Oper. Er wolle sich jetzt eine Beschäftigung im Kunsthandel suchen.

Die Gruppe reagierte sehr verschieden auf dieses Mitglied. Einige versuchten ihn zu trösten. Eine Sozialarbeiterin sagte, sie selbst hätte früher eine Gruppenerfahrung als aufbauend, nicht als Auseinandernehmen empfunden. Eine andere Sozialarbeiterin empfahl ihm, doch seine persönliche Kreativität mehr zuzulassen, sich nicht unter solchen Normendruck zu stellen. Eine Lehramtskandidatin identifizierte sich mit den Schülern und sagte, wenn sie einer davon wäre, würde es ihr Spaß machen, ihn zu demontieren. Das veranlaßte eine zweite Sozialarbeiterin zu der Äußerung, wenn so etwas hier geschähe, würde sie nicht mitmachen. Eine Studentin griff ihn heftig an, weil er so fassadenhaft und mißtrauisch daherrede, das mache sie ängstlich und wütend zugleich.

In der Gruppe waren auch zwei Ärztinnen. Sie begannen zu fragen: Was für ein psychosomatisches Leiden? Ob die psychosomatische Klinik eine Maßnahme sei, der er sich vor einer vorzeitigen Pensionierung unterziehen müsse? Ob er wirklich so krank sei, daß er nicht mehr arbeiten könne? Wie der von Anfang an auf Kampf eingestellte Lehrer siezten auch die Ärztinnen ihn und die übrigen Gruppenmitglieder. Sie ließen durchblicken, daß sie es unmoralisch fanden, sich mit vierzig Jahren pensionieren zu lassen. Der Lehrer stieg, wie zu erwarten, auf diese formalen und moralischen Argumente viel heftiger ein als auf die Versuche der anderen Gruppenmitglieder, einen herzlicheren Kontakt zu gewinnen. Er sehe überhaupt nicht ein, wieso bei einer Staatsverschuldung von fünfhundert Milliarden seine Pension noch ins Gewicht falle. Und die Ärzte hätten schon allein deshalb kein Recht, sich moralisch über ihn zu erheben, weil sie doch am allermeisten abkassierten, obwohl ihre Arbeit doch sicher nicht anstrengender sei als seine.

Zwei Sozialarbeiterinnen, eine Lehrerin und ein Psychologe äußerten sich verständnisvoll für sein Vorhaben, sich vorzeitig pensionieren zu lassen. – Schließlich werde dadurch auch ein Arbeitsplatz für einen stellenlosen Lehrer frei. Die eine Ärztin, die von Anfang an formal argumentiert hatte, betonte noch einmal ihre Verständnislosigkeit. Sie habe längere Zeit in der Arbeitsmedizin mit Patienten zu tun gehabt, die wirklich krank gewesen seien und deswegen ihren Beruf nicht mehr ausüben konnten. Demgegenüber mache er es sich reichlich bequem und sei als Beamter auch in einer günstigeren Position. Für einen Arbeiter sähe das viel schlechter aus. Wenn sie mit ihrer Arbeit unzufrieden sei, wechsele sie eben die Stelle, aber es würde ihr nie einfallen, sich pensionieren zu lassen, ohne wirklich arbeitsunfähig zu sein.

Die unterschiedliche Auffassung von Sozialarbeitern und Psychologen einerseits, Ärzten andrerseits in dieser Gruppensituation drückt einen weit verbreiteten Gegensatz aus. Die Ärzte sind an Leistungsnormen orientiert und urteilen aus einer objektivierenden Distanz. Die Sozialarbeiter und Psychologen nehmen die Leistung nicht so wichtig und orientieren sich eher an ihrer Gefühlsbeziehung zum Klienten. Woher kommt diese spezifisch «ärztliche» Einstellung?

Naturwissenschaft und Macht

Die Medizin war nicht immer ihrem Selbstverständnis nach Naturwissenschaft – und sie hatte nicht immer so viele soziale Entscheidungen zu treffen wie heute. In den Medicinalordnungen des 18. Jahrhunderts finden sich mindestens zehn Gesundheitsberufe, neben dem Doktor der Medizin (welcher praktisch nur für die Angehörigen der oberen Stände tätig ist) Wundärzte, Geburtshelfer, Hebammen, Steinschneider, Zahnärzte, Barbiere. Es wird ausdrücklich vermerkt, daß es ebenso absurd sei, für die Krankheiten eines Arbeiters oder Bauern einen Doktor der Medizin zu holen, wie einem Dorfbuben Religionsunterricht durch einen Professor der Theologie erteilen zu lassen.

Die Einheit des Ärztestandes, die sich in vielen bürgerlich bestimmten Gesellschaften zu einem Monopol der Ärzte für die Gesundheitsfürsorge entwickelte, entstand erst im vergangenen Jahrhundert. Das geschah unter dem Banner der Aufklärung, im Zug der bürgerlichen Revolutionen, die zum Beispiel auch zur Befreiung der Sklaven führten. Wenn alle Menschen gleich sind und auf einem freien Markt freiwillig ihre Arbeitskraft verkaufen, dann müssen auch die Ärzte eine gleiche Ausbildung haben, um die Krankheiten der Individuen zu behandeln. Die Idee der freien, gleichen, konkurrierenden Einzelnen ist Folge und Motor gesellschaftlicher Enwicklungen zugleich. Ihr zuzuordnen ist das Grundprinzip der Naturwissenschaft, die individuelle, erlernbare und reproduzierbare Kontrolle über die Umwelt: «Wissen ist Macht!» Die Natur wird zu etwas, das beherrscht und ausgebeutet werden muß. Ebenso wie die sozialen Bindungen ist das Leben in ihr nicht mehr Selbstzweck, sondern Mittel zu den individuellen Zwecken.

Die Medizin ist weit von dem entfernt, was sich ein Philosoph unter Naturwissenschaft vorstellt. Es gibt viele Widersprüche, die jeweils mit den dicksten «empirischen» Beweisen vertreten werden. Hinter ihnen verstecken sich handfeste wirtschaftliche Interessen. Ist Butter schädlich oder nicht? Ist Zucker gefährlicher als Süßstoff? Wie lange muß ein Patient mit Herzinfarkt oder eine Mutter nach der Geburt im Krankenhaus bleiben? Ist Acillin oder Becillin das Mittel der Wahl gegen Infektionen mit gram-negativen Erregern? Sollen wir vor allem Fett und Fleisch essen, um Zivilisationskrankheiten zu vermeiden, oder vegetarisch leben? Für alle diese Aussagen (und viele andere) gibt es Ärzte, die ihre Ansicht als naturwissenschaftlich erwiesen sehen.

Die Strategie der Naturwissenschaft, ihre notgedrungen entstandenen Lücken durch die Produktion neuer Spezialisten und Spezialgebiete scheinbar zu schließen, tatsächlich aber immer weiter aufzureißen, kann heute eine große Rat- und Hilflosigkeit nicht mehr verbergen. Ich glaube nicht, daß – wie in den Perry Rhodan-Zukunftsromanen – endlich eine noch umfassendere Spezialisierung (Nexologie, Verknüpfungsforschung, nennt sie der findige Science-fiction-Autor) die Probleme lösen wird, die eine ihrer Motive nicht bewußte Spezialisierung und Objektivierung schafft. Zur Zeit leben bekanntlich mehr Naturwissenschaftler denn je auf der Erde, sie haben mehr Macht und geben mehr Geld aus als je zuvor, und die Naturzerstörung hat parallel zu ihrer Vermehrung zugenommen. Wer darauf hinweist, wird nicht etwa widerlegt, sondern gescholten. Er wolle zurück in die Steinzeit, er wolle den Fortschritt zurückdrehen, Inquisition und Hexenverbrennung wieder einführen und was es sonst noch an moralischen Vorhaltungen gibt. Daß man eine mißliche Situation erkennen, auf ihre Ursachen hinweisen und doch keine technische Lösung vorweisen kann, das paßt eben nicht in die Denkschablonen *dieser* Wissenschaft.

Es gibt überzeugte Naturwissenschaftler, die glaube, daß der Fortschritt der Forschung endlich allen Menschen Wohlstand und Frieden bringen muß. Ein bekannter Autor naturwissenschaftlicher Bestseller – früher selbst Universitätsprofessor für Medizin – sagte mir einmal, wenn sich ethische Fragen endlich einmal binär kodieren und in einen Computer einfüttern ließen, dann wäre es möglich, jenen lästigen Rest von Schwierigkeiten dauerhaft zu beseitigen, der beispielseweise dazu führt, daß die Kernphysik mehr Menschen Angst als Freude macht. Ich muß hier an den bayrischen Vers denken: «Es wackelt der Dackel / mit dem Schwanz hin und her. Der Schwanz kann das nicht / denn der Dackel 'is ihm z'schwer!» Der Schwanz ist hier die Naturwissenschaft, der Dackel sind die Interessen der Industrie. – Nur merken wir im Unterschied zum Dackel meist nicht genau, was jetzt das größere Gewicht hat.

Interessen, die naturwissenschaftlich begründet werden, betreffen in der Medizin zwei Bereiche: soziale Kontrolle in einem bürokratischen System und der Verkauf von Dienstleistungen oder Waren. In vielen medizinischen Therapieanleitungen steht, daß der Kranke Rauchen oder Alkoholgenuß einschränken oder gänzlich aufgeben muß. Der Arzt sorgt dafür, indem er die entsprechende ärztliche Empfehlung oder den ärztlichen Rat erteilt. Das Ganze ist eine Komödie, die gerade sensiblen Ärzten viel zu schaffen macht, die genau wissen, wie oft diese Empfehlungen und Ratschläge sinnlos sind. Auch die forensische Psychiatrie zeigt deutlich, daß in der Medizin das naturwissenschaftliche Denken eine ideologische Funktion hat. Die sogenannte «Willensfreiheit», mit der die Strafprozeßordnung sich selbst legitimiert, ist naturwissenschaftlich nicht aufrechtzuerhalten; alle Forschungsergebnisse aus Genetik und Psychologie sprechen gegen sie. Trotzdem findet die forensische Psychiatrie ein scheinbar naturwissenschaftliches System, mit dessen Hilfe Menschen so eingeteilt werden können, daß die Fiktion der Willensfreiheit im System der Naturwissenschaft aufrechterhalten werden kann.*

Würde die Medizin wirklich alle anderen Interessen für das Wohl der Kranken zurückstellen, sie wäre eine radikale Macht, deren Forderungen über das hinausgingen, was etwa die «Grünen» verlangen. Umweltvergiftung, ungesunde Ernährung, Massenverkehr, sexualfeindliche Erziehung, Militarismus, psychiatrische Krankenhäuser – sie alle dürften in ihrer bisherigen Form nicht mit stillschweigender Duldung

---

* Vgl. T. Moser, Repressive Kriminalpsychiatrie, Frankfurt / Main (Suhrkamp) 1971, und A. Plack, Die Gesellschaft und das Böse, München (List) 1968.

oder gar Unterstützung der Ärzteschaft weiterbetrieben werden. Aber indem die Medizin ein unübersehbares Feld widersprüchlicher und von den Experten verwirrend interpretierter naturwissenschaftlicher Forschungsergebnisse geworden ist, kann sie alles legitimieren, was Macht hat, naturwissenschaftliche Forschung zu finanzieren und Naturwissenschaftlern Arbeitsplätze zu bieten. Der Verlust der Ganzheit in der Medizin, in der ein Arzt die gesamte Existenz des Patienten erkennt und ihn aus der Diagnose heraus heilt, wird von vielen Ärzten beklagt. Aber die Bindung der Medizin an die Naturwissenschaft hat ihre Ganzheit verzettelt. Sie wird nur noch als standespolitisches Schlagwort gepflegt, wie die blanken Panzer der Kürassiere in einer modernen Armee.

Mit der Ganzheit ist auch die Gesundheit verlorengegangen. Ivan Illich hat beschrieben, wie der Wildwuchs medizinischer Dienstleistungen in den Industriegesellschaften schon mehr Schaden als Nutzen anrichtet, während er für die Entwicklungsländer ganz verhängnisvoll ist.* Die durch medizinische Eingriffe wie Operationen, Medikamente oder «Vorsorgeuntersuchungen» verursachten Schäden mehren sich. Sie überwiegen nicht nur den möglichen Nutzen, sondern führen vor allem auch zu dem schwerwiegenden, jedoch weniger auffälligen Verlust der Autonomie der Individuen ihrer Gesundheit gegenüber. Der «gesundheitsbewußte» Bürger der Industriegesellschaft, der alle zwei Jahre zu einem Check-up in irgendeine Diagnose-Fabrik geht, weiß nicht, wieviel er damit aufgibt. Er ist sicher, das Beste für seine Gesundheit zu tun. Tatsächlich übt er sich aber nur darin, die eigene Verantwortung und Sensibilität für sein körperliches Wohlergehen abzutreten. Dabei sind wir heute mit den Ergebnissen einer langen Entwicklung konfrontiert, deren einzelne «Fortschritte» immer lockend schienen, weil der mögliche Gewinn deutlicher war als der drohende Verlust.

Es war gewiß ein auf spezifisch medizinische Weise verantwortungsbewußter und ehrgeiziger Mann, der es durchsetzte, daß man vor einigen Jahren anfing, die Brüste von Frauen in Reihenuntersuchungen zu durchleuchten, um möglichst früh Brustkrebs zu erkennen. Zu solchen Aktionen gehören Fähigkeiten, die wenig mit dem Bilderbuch-Arzt zu

* I. Illich, Die Nemesis der Medizin, Reinbek bei Hamburg (Rowohlt) 1978.

tun haben, sehr viel mehr jedoch mit einer Mischung aus politischen und technischen Fähigkeiten, kurz mit dem, was Technokraten ausmacht. Legitimiert durch das schreckliche Leiden von Patientinnen, deren Karzinom nicht rechtzeitig erkannt wird, sieht der Helfer die Möglichkeiten der Technik und der Werbung. Er sorgt dafür, daß ein Apparat konstruiert wird, der möglichst geringe Strahlenbelastung, möglichst einfache Bedienung (durch eine Helferin, während der Arzt die ganze Leistung gegenüber den Kassen als seine ausgibt und entsprechend bezahlt wird) und gut auswertbare Bilder bietet. Dazu muß er mit einem Großkonzern zusammenarbeiten, der über die entsprechenden technischen Erfahrungen verfügt und sich ebenfalls gute Verdienstchancen von dem Vertrieb dieser Maschine verspricht. Ein entsprechender Bedarf kann leicht erzeugt werden, da er ja wissenschaftlich legitimiert ist und sehr verständlich begründet werden kann, notfalls mit einigen Fotos, die zeigen, was mit Freuen geschieht, deren Brustkrebs nicht rechtzeitig erkannt wird. Alle Beteiligten wissen, daß Röntgenstrahlen selbst potentiell krebserregend sind. Aber die Frage, wie gefährlich sie sind, ist naturwissenschaftlich nicht geklärt; es ist Sache der ärztlichen Verantwortung, zu entscheiden, ob der mögliche Nutzen des Apparats für Röntgen-Reihenuntersuchungen der Brust den möglichen Schaden überwiegt.

Die Mammographie ist ein nützliches Beispiel, weil bis heute umstritten ist, ob die Vorsorgenuntersuchungen damit mehr Brustkrebskranke retten oder mehr gesunde Frauen gefährden (denn die Strahlenbelastung kann auch ein schlummerndes Karzinom wecken). Ein Zyniker würde sagen: die Medizinindustrie hat doch nur folgerichtig gehandelt, wenn sie den Bedarf an Kranken auch selber durch ihre Früherkennungsmaßnahmen produziert. Aber selbst wenn es so wäre, würde der Zyniker die Motive der Beteiligten so wenig erkennen, wie sie die Beteiligten selber erkennen. Illich hat einmal gesagt, daß ihn die Erfolgsmeldungen der medizinischen Krebsforschung an die Siegesnachrichten von General Westmoreland aus Vietnam erinnern. Ich glaube, daß dieser Vergleich mehr ausdrückt, als es auf den ersten Blick scheint. Die Amerikaner haben den Krieg verloren, weil sie alle technischen Mittel einsetzten und bis zuletzt nicht verstehen konnten, warum sie damit keine bleibenden Erfolge erzielten. Es war ein Krieg aus dem Erbe des Kolonialismus. Die kolonialistische Überheblichkeit erlitt hier eine Niederlage. Aber dem Kolonisator ist es kaum möglich, einzuschätzen, wo er nicht gewinnen kann. Er hat ja verlernt, überhaupt wahrzunehmen, was er mit seinen technischen Mitteln ausbeutet und unterdrückt. Wie sollte er die Gründe für seine Niederlage sehen? Wäre er dazu in der Lage, so wäre er kein Kolonisator.

Das Mammographie-Beispiel zeigt, worin sich der Mediziner von anderen Helfern unterscheidet. Er ist mächtiger, weil er heute über technische Mittel verfügt, deren Einsatz er nicht – wie den Einsatz technischer Mittel sonst – wirtschaftlich durch einen berechenbaren Nutzen rechtfertigen muß, sondern mit dem nur von ihm bestimmbaren «Wohl der Kranken». Daher ist auch die soziale Einrichtung, die am ehesten mit dem Medizinsystem verglichen werden kann, das Militär. Auch hier ist wirtschaftliches, marktorientiertes Denken nicht die grundlegende Rechtfertigung, sondern das Wohl des Staates, der Nation, des jeweiligen Herrschaftssystems. Soldaten dürfen nicht an ihre eigenen Interessen denken, ohne sich in ein hierarchisches System einzuordnen; Ärzten geht es häufig ebenso. Alle eigennützigen Ansprüche müssen sowohl bei Militärs wie bei Ärzten durch das vorgebliche Wohl anderer legitimiert werden. Militärs und Mediziner neigen gleichermaßen dazu, geschlossene Zirkel zu bilden, in denen Nichtmilitärs und Nichtmediziner nichts zu sagen haben. Beide haben eine sehr enge Beziehung zur Macht und zur Autorität, beide dürfen sich über Schranken hinwegsetzen, welche für alle anderen Menschen gelten, und gewinnen daraus ihr Standesbewußtsein und ihren ständischen Zusammenhalt. Der Verzicht auf körperliche Gewalt, auf die Verletzung anderer Menschen, gilt weder für Soldaten noch für Mediziner; beide brauchen allerdings eine besondere Legitimation, die nicht selten unabhängig ist vom Einverständnis der Opfer.

Der moderne Soldat ist – ebenso wie der moderne Arzt – vor allem ein hochspezialisierter Techniker, der verschiedene Apparate optimal bedienen, Situationen abschätzen und die notwendigen Aktionen rasch einleiten kann. Dieser technische Aspekt, der Ausbildung und Praxis in der Medizin so deutlich prägt, unterscheidet den Arzt von den «neuen» Helfern, die sehr viel stärker auf ihre psychologischen Einflußmöglichkeiten angewiesen sind.

Die doppelte Entfremdung

Beide Aspekte der modernen Medizin: ihr Pakt mit bürokratischer Macht und ihre technisch-naturwissenschaftliche Ausrichtung entfremden sie den emotionalen Seiten des Heilens. Verglichen mit anderen Helfern wird der Arzt ein stärkeres Bedürfnis nach Allmacht und Kontrolle, ein weniger ausgeprägtes nach emotionaler Nähe und gefühlshafter Verschmelzung mit seinem Schützling haben oder erwerben. Er wehrt oft seine Sehnsucht nach Wärme und Nähe dadurch ab, daß er rationale und kontrollierte Umgangsformen betont, auf Distanz achtet und in Konflikten fast immer mit Rechtfertigungen reagiert.

Die zunehmende Intellektualisierung und die Verminderung persönlicher Beziehungen im Medizinstudium begleitet eine Entwicklung, die als «Seelenlosigkeit» der Medizin beklagt wird. Studenten, die an nichts anderes mehr denken dürfen als an die Unmengen von Stoff, die sie sich für ihre standardisierten schriftlichen Prüfungen nach dem Mehrfachauswahlprinzip einprägen müssen, sind sicherlich besser auf die Bedienung von Geräten oder die Zuordnung von Symptomen zu Arzneimitteln vorbereitet als auf den mitmenschlichen Umgang mit emotional verunsicherten und ängstlichen Menschen. Sie sind besser darauf vorbereitet, nach objektiven Kriterien jemanden krank- oder gesundzuschreiben, als die subjektiven Reaktionen von Menschen auf Krisen in ihrer beruflichen und privaten Stiuation einfühlend zu beurteilen. Die Bürokratie macht aus dem Arzt, mehr als aus den meisten anderen Helfern, in gewisser Hinsicht selbst eine Maschine. Ihm wird selten klar, wie sehr das ganze Verhältnis zwischen Arzt und Patient sich in dem Augenblick verändern muß, in dem sich das Prinzip durchsetzte, den Mediziner zu benutzen, um zu entscheiden, ob ein Mensch wirklich krank ist oder nur so tut, als sei er krank.

Damit wurde die Entwertung des Gefühls in der Medizin zum Gesetz. Der Arzt büßte jene Seite seiner Rolle ein, die ihn zum umbedingten Verbündeten des Kranken machte. Der Kranke ging jetzt häufig nicht zum Arzt, weil er ihn brauchte, sondern weil der Arzt mit der bürokratischen Macht betraut war, über Freizeit oder Arbeitszeit, Erholung oder Mühe, berufliche oder militärische Tauglichkeit zu entscheiden.

Ein Kind, das die Phantasie entwickelt, Arzt zu werden, erlebt vor allem jene emotionalen Seiten dieses Berufs, die durch Bürokratie und Technik in der Medizin verlorengehen. Der Arzt ist eine ideale Elternfigur, ein Helfer der Schwachen, der seine Macht nur zum Wohl seiner Schützlinge nützt. Aber wer nur so träumt, wird nicht mehr Arzt. Die Leistungsanforderungen an diesen Beruf sind immer höher geworden. Studienzulassung und Studium verlangen ein hohes Maß an Selbstdisziplin, Intelligenz, Lernfähigkeit. Es ist sehr wichtig, in hierarchischen Systemen gut zu funktionieren, angefangen vom Gymnasium und an der Universität bis zur Lehrzeit als Assistenzarzt oder als Teilnehmer der Facharztausbildung. Dieser langweilige Lernprozeß, der vom Verzicht auf soviel Bequemlichkeit und Emotionalität bestimmt ist, verwandelt das Bild des liebevollen Vaters oder der sorgenden Mutter. Es gewinnt strenge Züge. Die naturwissenschaftliche Dogmatik zwingt auch dazu, eine Unmenge von sinnlosem Stoff zu pauken, ein Opfer, das sich später wie eine unsichtbare Schranke zwischen Ärzten und Nichtärzten aufrichtet.

Es geht in einer Arbeitsgruppe darum, die Legalität der Arbeit von «Laienanalytikern» zu klären. Eine Möglichkeit dazu ist die Heilpraktikerprüfung. Für sie muß eine Menge Stoff über Infektionskrankheiten gelernt werden. Während die anwesenden Psychologen und Soziologen sagen, es sei doch ein Unding, von einem erwachsenen Menschen eine solche sinnlose Paukerei zu verlangen, greift ein anwesender Arzt diese Haltung an. Er habe noch viel mehr Fakten lernen müssen, die er heute als Psychoanalytiker überhaupt nicht mehr brauchen könne. Aber es habe ihm nicht geschadet, und er habe kein Verständnis für eine solche Verweigerung. Er sei auch nicht bereit, eine illegale Ausübung der Heilkunde, wie es die Psychotherapie durch Nichtärzte (mit Ausnahme der «delegationsfähigen» Psychologen) darstelle, zu unterstützen.

Bekanntlich sind seit den Anfängen der psychoanalytischen Bewegung die Ausbildungsaufforderungen ständig gestiegen. Am weitesten von den ursprünglichen Absichten Freuds entfernt (der ein sehr breites, kultur- und sozialwissenschaftliches Wissen als notwendige Voraussetzung für erfolgreiche Ausübung der Analyse ansah) ist die Ausbildung an US-amerikanischen Instituten. Die klinisch-medizinische Ausbildung hat das Interesse für Mythologie, Kulturanthropologie, Soziologie, bildende Kunst und Literatur aufgefressen. Ich nehme an, daß sich in diesen gegen Freuds ausdrückliche Wünsche durchgesetzten Formen der psychoanalytischen Ausbildung der heimliche Lehrplan des Medizinstudiums ausdrückt: Standesbewußtsein, Opferbereitschaft, blinder Glaube an Quantitäten.

Das Unterwerfungsritual des naturwissenschaftlichen Faktenpaukens bewirkt, daß der Arzt lernt, unerbittlich gegen Bequemlichkeitsneigungen bei sich selbst und bei anderen zu werden. Das bereitet ihn auf die Funktion vor, über Gesundheit und Krankheit im Sinn bürokratischer Systeme und gemäß den Anforderungen einer Leistungsgesellschaft zu urteilen. Ähnlich wie sich alle Soldaten einer modernen Armee einem «Schliff» unterwerfen müssen, der die Bereitschaft herstellen soll, sich sinnlosen Befehlen zu unterwerfen, aber sie auch selbst zu geben, erhalten auch alle Ärzte eine Grundausbildung, die für ihre spätere Tätigkeit weitgehend nutzlos ist, jedoch die Einheit des Ärztestandes auf einer psychologischen Ebene schaffen soll.

Die Gefahren dieser Situation sind im Dritten Reich deutlich geworden. Warum sollten Ärzte, die öffentlich befugt sind, über die Gesundheit oder Krankheit Dritter zu befinden, nicht auch entscheiden können, welches Leben erhaltenswert, welches aber wertlos sei? Warum kann der Arzt, der über einen Menschen verfügt, indem er ihn krankoder gesundschreibt, ihn an die Front oder in die Etappe schickt, nicht auch entscheiden, ob ein Geisteskranker weiterleben darf oder nicht? Er ist es gewohnt, die Subjekte zu entmündigen, die Selbstmörder zu retten, den Todkranken nach seinem Gutdünken endlose Qualen oder Sterbehilfe zu gewähren. Seine ärztliche Verantwortung hat viel von dem aufgeschluckt, was es an Eigeninitiative und Selbstverantwortung im Gesundheitswesen gab.

Der einzelne Arzt ebenso wie der einzelne Patient sind Opfer einer Entwicklung, die mächtiger ist als sie. In ihr erlebt sich jeder von ihnen als Opfer des anderen. Die Ärzte stöhnen über die Bürokratie und die Forderungen nach Medikamenten, die Patienten klagen darüber, daß sie statt Zuwendung nur Formulare zum Ausfüllen oder Pillen zum Schlucken erhalten. Dieses System wird durch die Tatsache befestigt, daß die Beziehung zwischen Arzt und Patient selten offen und gegenseitig ist. Der Arzt darf nicht über seine Ängste sprechen, der Patient muß (wenn er «krankgeschrieben» werden will) die Hintergründe seiner Beschwerden verschweigen. Das «Arztgeheimnis» liegt heute vor allem hier. Die Rede vom unerläßlichen, durch die Schweigepflicht geschützten Vertrauensverhältnis ist ein mythischer Schleier, den die Helfer-Ideologie über die Realität legen will. Diese Situation wird sich wohl nicht ändern, solange der Arzt nicht seine Privilegien selbst in Frage stellt und in Frage stellen läßt. Die Aufgabe, vertrauenswürdig und zugleich unantastbarer Vertreter der Kassenbürokratie zu sein, ist so leicht zu lösen wie die Quadratur des Kreises. Gleichzeitig steigt aber der Druck auf Ärzte und Patienten, wenn bekannt wird, daß beispielsweise über ein Viertel aller verschriebenen Medikamente niemals genommen wird.

Das objektive und das subjektive Wissen

Zur seelischen Folge des Helfer-Syndroms gehört es, daß «Recht haben» und «im Recht sein» einen überaus hohen Wert besitzen. Das innere Ideal erbt die Beziehung, die den frühen Bezugspersonen galt, von denen das Kind auf Gedeih und Verderb abhängt. Je weniger dabei das Kind die Möglichkeit hatte, in seinem von den Erwartungen der Erwachsenen abweichenden Erleben einfühlend begleitet zu werden, desto weniger wird es später ertragen können, wenn es selbst oder andere von dem abweichen, was als (angeblich) objektiv richtig feststeht. Ein Beispiel ist der Psychiater Alfred Hoche, einer der Befürworter der Vernichtung lebensunwerten Lebens. In seinen Lebenserinnerungen («Jahresringe», 1935) schreibt er wenig über seine Kindheit, aber doch den einen Satz: «Aus härterem Holz war meine Mutter geschnitzt. Wir Kinder empfanden ihre Art manchmal als erkältenden Reif, der auf die Blüten unserer Phantasie und unserer Wünsche fiel.» Dieses Erlebnis führt dazu, daß die kindliche Ohnmacht nicht mehr sein darf. Die von der Mutter abgelehnten Züge wie Passivität, Unproduktivität, Bequemlichkeit, Träumerei, werden von den Betroffenen selbst als Schwäche empfunden. Gleichzeitig identifiziert sich das Kind mit dem Angreifer, dem mächtigen Erwachsenen. Das ist ein Grundmuster der seelischen Entwicklung in den leistungsorientierten Gesellschaften, das beim Helfer-Syndrom nur besonders ausgeprägt ist, weil hier der kindliche Anspruch dauernd verdrängt bleiben muß und der Umgang mit Regressionen in jeder Form problematisch bleibt. Die Kindheit ist zwar

181

weit entfernt, aber doch immer gegenwärtig, weil Abhängigkeit und Unterwürfigkeit von den *anderen* gefordert werden, von den Patienten, mit denen der Helfer zu tun hat.

Der Helfer muß seine Überlegenheit, seinen Abstand von Kindlichkeit, Gefühlsduselei und Schwäche immer wieder beweisen. Er *macht* etwas mit anderen, welche diese Eigenschaften haben. Indem er ganz klar und eindeutig anders ist als sie, bekämpft er die abgelehnten Seiten in sich selbst. In diesem Kampf orientiert er sich an einem Ideal, mit dem verschmolzen er sich unbesiegbar fühlt.

Die Medizin hat mit dem Problem zu tun, daß jeder Mensch einen Körper zu haben glaubt und gleichzeitig Körper ist. Er kann sich selbst objektiv betrachten und sich von sich selbst distanzieren. Damit werden seine Gefühle weniger mächtig, sie scheinen in distanzierter Betrachtung kontrollierbar. Diese objektive Betrachtung ist die Umgangsform der Naturwissenschaft und auch die der Bürokratie, d. h. des Militärs, der Wirtschaft und der Verwaltung. Aber während die Bürokraten in der Regel den Abstand aufrechterhalten können, der diese Objektivität ermöglicht, gelingt das in der Medizin nicht immer. Zusätzliche Maßnahmen sind notwendig. Der Arzt geht nicht nur mit einem kranken Körper um, sondern er hat auch selbst einen Körper. Er zergliedert nicht nur während des Anatomieunterrichts Muskeln, Nerven und innere Organe, sondern er spürt diese Muskeln, Nerven und inneren Organe auch in sich selbst. Die Frage ist nun, wie die naturwissenschaftliche Medizin mit einer so wesentlichen Ausgangssituation umgeht. Die Antwort ist einfach: Sie tut so, als ob es sie gar nicht gäbe. Medizinstudenten leiden oft unter einer Überidentifizierung mit den Krankheitsbildern, von denen sie lesen. Ihnen wird beim Anatomieunterricht speiübel, sie entwickeln sadistische oder sexuelle Phantasien in bezug auf die Leichen, die sie präparieren. Aber diese Erscheinungen stehen sowenig auf dem medizinischen Lehrplan wie Feigheit auf dem Lehrplan einer Kadettenschule. Sie sind Teile eines inneren Schweinehundes, den es zu überwinden gilt.

«An der rechten Bauchseite soll ich etwa einen Viertel Quadratmeter vom Fett befreien, und in der Konzentration auf diesen Ausschnitt und die richtige Handhabung von Pinzette und Skalpell ist innerhalb kurzer Zeit von meinen anfänglichen Gefühlen nichts mehr zu spüren. Anstelle dieser fange ich an, mich über klamme Finger und Schmerzen zu beklagen, die sich auf Grund der ungewohnten Handhaltung einstellen.»*

In der entwickelten Zivilisation, wo der Alltag säuberlich rationalisiert ist, muß es abgegrenzte Räume geben, in denen Probleme wie Krankheit, Tod, Verrücktheit, Angst versorgt werden. Diese existenziellen Fragen lassen sich nicht technisch lösen. Aber es ist möglich, einen Fachmann zu finden, der für sie innerhalb eines technischen Systems zuständig ist. Die gesellschaftliche Leistung der Medizin und ihrer Einrichtungen (Arztpraxen, Krankenhäuser, Ausbildungsstätten) liegt darin, daß alle Beteiligten glauben können, es geschähe auch in diesen unlösbaren Krisen «das Richtige». Um auf die erwünschte, abstandsichere Art mit Grenzsituationen umgehen zu können, die für die Einpassung des Fachmanns selbst nötig sind,** muß dieser während seiner Ausbildung die entsprechenden Fähigkeiten erwerben. Das heißt, er muß lernen, dort objektiv, sachlich und unpersönlich zu reagieren und zu handeln, wo andere Menschen betroffen sind, erschrecken, in Panik geraten oder durch ihr Mitfühlen handlungsunfähig werden. Diese innere Bereitschaft, menschlich tief anrührende Erlebnisse zu versachlichen, ist aber nicht nur eines der Leistungsopfer des ärztlichen Helfers an seine begehrte berufliche Qualifikation. Sie bildet auch die Voraussetzung, daß dieser verobjektivierende, versachlichende Helfer in der Industriegesellschaft eingesetzt wird, um zu verobjektivieren und zu versachlichen, was ohne diese Bearbeitung den Glauben an Fortschritt, Wachstum und Sinn dieser Form des Zusammenlebens gefährden würde.

Im Volksmund heißt es, daß nur das gebrannte Kind das Feuer scheut. Zur Qualifikation des Feuerwehrmannes gehört, daß er sich

---

* Hannelore Schwaiger, in H. Bollinger et al., Medizinerwelten, München (Zeitzeichen-Verlag) 1981, S. 24.

** Wie schwierig diese Einpassung ist, zeigt sich zum Beispiel darin, daß die Zusammenarbeit zwischen Nervenärzten und bürokratischen Systemen um so schwieriger wird, je mehr diese die Bedeutung der emotionalen Seiten des Verhaltens und des Kontakts zwischen Arzt und Patient betonen. Daher sind auch die «naturwissenschaftlich» orientierten Psychiater viel beliebtere Gerichtsgutachter als die tiefenpsychologisch orientierten. Ein «humanistisch» orientierter Psychiater würde wahrscheinlich von einem Gericht überhaupt nicht mehr ernstgenommen, wenn er von seiner einzigartigen Beziehung zu dem Klienten spräche.

über diese Angst wieder hinwegsetzt, d. h. lernt, objektivierend mit der Gefahr umzugehen. Das mag so weit gehen, daß der Feuerwehrmann selbst Brände legt und endlich dadurch auffällt, daß er immer der erste beim Löschen ist.* Das gebrannte Kind «weiß» auf eine andere Weise vom Feuer als das Kind, dem nur Geschichten über das Feuer erzählt worden sind. Immer da, wo es um die Veränderung menschlichen Verhaltens geht, ist diese Unterscheidung des objektiven und des subjektiven Wissens von Bedeutung. Psychotherapeuten haben jeden Tag Mühe damit, ihren Klienten zu zeigen, daß es wenig nützt, seine Symptome objektiv zu erklären. Wesentlich ist die Einsicht in ihre subjektive Bedeutung. Erst sie kann eine Veränderung herbeiführen.

Eine Gesellschaft, die mächtiger sein will als andere, wird unweigerlich gezwungen sein, das objektive Wissen höher zu schätzen. Nur dieses bedeutet auch Macht, Kontrolle und Verfügbarkeit über Dinge und Menschen. Parallel dazu muß das unzuverlässige, hochgradig persönliche subjektive Wissen eingeschränkt und entmachtet werden. Wo kämen wir denn hin, wenn hierzulande jeder junge Mann durch Fasten und einsame Meditation in der Wildnis seinen persönlichen Schutzgeist, seine Vision, seine unverwechselbare Form der Religiosität und der Veränderung der Gesellschaft entwerfen und verwirklichen würde! Bei den amerikanischen Prärieindianern herrschte diese Sitte noch vor hundert Jahren. In Europa waren in den letzten tausend Jahren für solche persönliche Visionen entweder die heilige Inquisition oder die Nervenärzte zuständig.

Da objektives Wissen dazu dient, sich einer Sache zu bemächtigen, während das subjektive sich darauf beschränkt, wahrzunehmen und zu erleben, führt die objektivierende Beschreibung im Innern der Menschen zu verheerenden Folgen. Der Stotterer ist beispielsweise das Opfer seines Versuchs, den Sprachakt zu objektivieren – je mehr Mühe er sich gibt, desto schlimmer stottert er. Der sexuell Impotente beobachtet seinen Penis, anstatt ihn zu fühlen, kein Wunder, daß er «versagt». Ich erinnere mich an eine Psychologin, die sich fürchterlich mit Überlegungen quälte, ob sie ihren Freund «richtig» liebe oder nicht.

* Ein Vergleich mit der Operationsleidenschaft eines Chirurgen wie Ferdinand Sauerbruch liegt nahe, vgl. G. Brockhaus in H. Bollinger et al., Medizinerwelten, a. a. O.

Paul Watzlawiks* Überlegungen zu jenen Situationen, in denen die Lösungsversuche der Betroffenen das eigentliche Problem verkörpern, gehören hierher.

Die Spaltung zwischen subjektivem und objektivem Wissen hängt mit der Entwicklung von Herrschaft eines Menschen über einen anderen zusammen. Sie bedingt die Entstehung verfestigter Überlieferungen, um Macht und bürokratische Kontrolle aufrechtzuerhalten. Dadurch entsteht auch die Kluft zwischen Besitzenden und Besitzlosen, wobei ein Besitz neben anderen der Zugriff zu gespeicherten (und damit objektiven) Inhalten des Wissens ist. Er wurde durch die soziale Erfindung der Schrift ermöglicht, die sicher nicht ohne Grund in den hierarchisch und autoritär organisierten Stadtstaaten Asiens und – in Ansätzen – Amerikas entstanden ist. Wie wesentlich dennoch das subjektive Wissen ist, drückt sich etwa darin aus, daß kaum jemand bereit wäre, das subjektive Wissen darum, was ein sexueller Höhepunkt ist, gegen einen Doktortitel der Sexualwissenschaft einzutauschen.

Vergleichen wir einen Professor und einen Yogi, die sich beide bemühen, herauszufinden, was das Herz ist. Der Professor geht den medizinischen Weg, studiert Anatomie, Physiologie, zerschneidet die Herzen von Tieren und toten Menschen, wertet die Daten komplizierter Maschinen aus, beschäftigt mehrere Techniker und Assistenten. Er weiß (fast) alles, was über koronare Herzkrankheiten gedruckt worden ist, einschließlich der psychosomatischen Forschung über die Infarktpersönlichkeit. Der Yogi weiß davon nichts, hat es aber durch jahrelange Selbstversenkung und Konzentration auf sein eigenes Herz dazu gebracht, daß er es in gewissen Grenzen schneller oder langsamer schlagen lassen kann. Beide, der Universitätsprofessor wie der Yogi, sind Spezialisten, die von einem schlichten Bauern bestaunt werden. Der Professor hat sicher ein höheres Einkommen, wahrscheinlich auch ein höheres Sozialprestige und mehr Macht. Er behandelt mit verschiedenen technischen Mitteln die Herzen von einigen tausend Patienten. Der Yogi unterrichtet vielleicht auch einige Schüler, aber er kann sicherlich keine Massenwirkung entfalten, nicht als Lebensretter auftreten; er hinterläßt auch keine Spur in einer geschriebenen Wissenschaftsgeschichte oder in einem Gelehrtenkalender. Man könnte mit Till Bastian

---

* P. Watzlawik et al., Menschliche Kommunikation, Bern 1972.

die Pointe in diesem Vergleich darin sehen, «daß der Professor mit der großen Masse von konventionellem Wissen wahrscheinlich etwa im fünfundfünfzigsten Lebensjahr an einem Herzinfarkt stirbt – der Yogi sicher nicht. Wer von beiden wußte nun also ‹besser› über den Kreislauf Bescheid?»*

Der Professor mag an einem Infarkt sterben oder auch nicht – jedenfalls wird ihn der Tod wie eine fremde äußere Macht treffen. Er wird, solange er bei klarem Bewußtsein ist, seine Krankheit so betrachten, wie er es gewohnt ist, als etwas Objektives, das eine bestimmte Pathophysiologie und eine bestimmte Prognose hat, das man bekämpfen oder mit dem man sich abfinden muß. Der Yogi hingegen stirbt bewußter. Er wird womöglich sogar selbst bestimmen, wann sein Herz stillstehen soll, weil er des Lebens satt ist. Sein Tod ist kein von außen kommender Feind, keine objektivierbare Organfunktionsstörung, sondern Teil eines inneren Geschehens, dem er nicht ausgeliefert ist, weil er sich nie bemüht hat, es zu unterwerfen und sich seiner zu bemächtigen.

* T. Bastian, Ärzte, Helfer, Mörder, Paderborn 1982.

Deformation als Qualifikation

«Zum Beispiel wäre die Frage zu klären, wie eng die Hauruck-Mentalität und die Uneinfühlsamkeit vieler Ärzte mit ihrer Fähigkeit zusammenhängt, aufkommende Scham- und Ekelgefühle dem Patienten gegenüber beherrschen zu können; wäre dann der sanfte, einfühlsame und zuhörende Arzt, wie wir ihn uns für die Zukunft wünschen, gleichzeitig der, der nicht mehr zupacken und zustechen kann?»*

Alexander Mitscherlich hat versucht, die mangelnde Bereitschaft der Ärzte zu ganzheitlichen, psychosomatischen Auffassungen in der Medizin durch den Beginn des Studiums «an der Leiche» zu erklären.** Dieser Hinweis verdient Aufmerksamkeit. Das anatomische Präparat ist möglicherweise die eindeutigste Form, in der ein Mensch durch einen anderen «objektiviert» werden kann; zugleich ist dieser Teil der Ausbildung ein Initiationsritual für den angehenden Arzt. Er weiß, daß er hier beweisen muß, was er aushalten kann. Er steht zum erstenmal vor einer Leiche, die nicht möglichst «schön» aufgebahrt und rituell ferngerückt ist, sondern nahe, oft häßlich, kalt, in einer extrem versachlichten Umwelt, in der alle Beteiligten sich bemühen, so zu tun, als ob das Ganze gar nichts Besonderes wäre. Der Student weiß, daß diese Haltung richtig ist und er gut daran tut, seine Angst zu verbergen. Die anderen halten es schließlich auch aus! Wenn er Arzt werden will, muß er beweisen, daß er mit dieser Situation umgehen kann. Zunächst besteht das Problem darin, «überhaupt über die Runden zu kommen, nicht ohnmächtig zu werden, sich nicht zu erbrechen, sich zu beherrschen gegenüber all den unmittelbaren Regungen, die von Herz, Hirn

---

* H. Bollinger, G. Brockhaus, J. Hohl u. H. Schwaiger, Medizinerwelten – Die Deformation des Arztes als berufliche Qualifikation, München (Zeitzeichen-Verlag) 1981, S. 11.

** A. Mitscherlich, Krankheit als Konflikt, Frankfurt/Main (Suhrkamp) 1965.

und Magen ausgehen.»* Die Prägung des Mediziners durch seinen Beruf beginnt mit diesem Zwang: Die Tabu- und Grenzüberschreitung, welche das sonst streng verbotene Berühren, Schneiden eines wehrlosen Körpers enthält, muß geleistet werden. Er kommt der Leiche näher als jedem anderen Menschen bisher; er überschreitet eine von allen anderen Mitgliedern der Gesellschaft respektierte Identitätsgrenze und muß zugleich alle damit verbundenen Gefühle hinter der technischen Bewältigung seiner Präparierarbeit zurückstellen. Damit wird seine Persönlichkeit grundlegend berührt und verändert. Die im Anatomiekurs eingeleiteten Veränderungen werden durch die späteren Studien- und Berufsanforderungen aufrechterhalten oder verstärkt. Der Arzt darf sich über die teils aus «Höflichkeit» überlieferten, teils als emotionale Sperren naturwüchsigen Beschränkungen menschlichen Verhaltens hinwegsetzen. Gesteigerte Festigkeit einer neuen Norm und einer neuen Grenze ist daher nötig. Diese Norm liefert der «medizinische Zweck», dem sich Arzt und Patient unterordnen müssen.

Man könnte sagen, daß in der Medizin Fähigkeiten erhalten bleiben mußten, die früher, vor dem «Prozeß der Zivilisation»,** Allgemeingut waren. Öffentliche Hinrichtungen galten als Massenschauspiel, und es gehörte zu einem richtigen Fest, daß alle Gäste ohne Grausen dem Zerlegen eines möglichst im Ganzen gebratenen Tieres zuschauten. Aber die medizinische Grenzüberschreitung ist nicht mehr emotional begründet. Ihr Ziel ist – im Gegensatz zur Teilnahme an öffentlicher Folter oder Hinrichtung – keine Befriedigung von offen zugelassenen voyeuristisch-sadistischen Bedürfnissen, sondern die technische Beherrschung des Körpers. Die Öffentlichkeit des Anatomieunterrichts und der chirurgischen Operation ist auf die Professionellen beschränkt. Sie hat überhaupt keine expressiven Aufgaben. Es sollen keine Gefühle ausgedrückt werden; im Gegenteil dient die Öffentlichkeit der Operation oder des Präparierkurses dazu, daß Selbstbeherrschung und technische Kontrolle durch gegenseitige Überwachung eingeübt und aufrechterhalten werden.

Die Beobachtungen von Bollinger und Schwaiger im Anatomieunterricht zeigen deutlich, daß die Ängste, aber auch die nekrophilen

* Bollinger et al., a. a. O., S. 34.
** N. Elias, Über den Prozeß der Zivilisation, Frankfurt/Main (Suhrkamp) 1977.

Wünsche im Umgang mit der Leiche aus der Kommunikation der Studenten untereinander und der Professoren mit den Studenten ausgeschlossen bleiben. Zur Antwort auf Tod, Nacktheit und Preisgegebenheit eines anderen Körpers gehört, daß mit der Leiche etwas gemacht wird. Dieser Ausweg erlaubt nicht nur, der übergroßen Nähe und der angsteinflößenden Identifizierung mit der Leiche zu entfliehen, sondern ermöglicht auch die Objektivierung der Situation und der Beziehung. Eine «Alltagstheorie» entsteht, wonach der Student von sich erwartet, daß er auch emotional tief aufwühlende Situationen bewältigen kann, indem er etwas tut. Das Vertrauen in die eigene Stärke wird an das eigene Handeln, an die technische Bewältigung geknüpft. Ein Pastoralmediziner hat mir bei einer Tagung erzählt, daß er in seinen Kursen von Ärzten verlangt, sich an das Bett eines Schwerkranken (beispielsweise in der Intensivstation) zu stellen, ohne etwas zu tun. Es war für alle eine große Belastung; einige fielen sogar in Ohnmacht, während ihnen im üblichen Klinikbetrieb diese Situation «nichts ausmacht», weil sie mit dem Kranken immer etwas *machen*.

Dieser der Abwehr von Gefühlen dienende Handlungsdrang wird durch verschiedene äußere Einflüsse verstärkt. Emsiges Tun hilft nicht nur über Angst und Ekel hinweg, sondern sichert auch die Anerkennung der Ausbilder. In der gruppeninternen Konkurrenz werden Punkte gemacht. Zugleich führt die eifrige Anwendung des «Handwerkzeugs», des Präparierbestecks, zu «Ergebnissen». Das heißt, durch technisches Handeln kann die ungeordnete, chaotische Situation der Konfrontation mit der Leiche geordnet werden. Der präparierende Student findet, was er auf Grund seines technischen Wissens erwartet. Indem er es freilegt, von Fett und Bindegewebe befreit, stellt er die Ordnung wieder her, bestätigt die Richtigkeit seines Tuns.

Diese Haltung, aus dem Chaos heraus eine klare Ordnung zu finden, bestimmt das ärztliche Handeln zutiefst. Sie führt auch dazu, daß unklare Situationen emotional abgelehnt werden. Der psychosomatisch Kranke, der kein identifizierbares Organ mit objektiven Schäden aufzuweisen hat, ist der «Problempatient», der eingebildete Kranke, die «fat file» (dicke Krankengeschichte). Der Arzt flieht immer nach vorne, er bewältigt aktiv, er macht sich selbst und anderen vor, daß Zerschneiden, Präparieren, Operieren nicht nur nicht unangenehm, sondern begehrenswert sind (so zum Beispiel bis ins hohe Alter Ferdi-

nand Sauerbruch, der nur unter Druck das Skalpell aus der Hand legte).
Hier liegt auch eine Quelle der zynischen oder peinlichen Mediziner-
witze. Ich erinnere mich an einen Medizinstudenten, der erzählte, ein
Kommilitone habe sich den Kopf einer Leiche mit nach Hause genommen, um ein Schädelskelett zu gewinnen. Zu diesem Zweck kochte er
sein Mitbringsel im Suppentopf der Wirtin und malte sich aus, welchen
Schreck die gute Frau haben würde, wenn sie einen Blick in den Topf
würfe.

Das Leid an der Allmacht

Skizzenhaft und unvollständig ist der Hintergrund entworfen, vor dem
jetzt die spezifisch «medizinischen» Seiten des Helfer-Syndroms betrachtet werden sollen. Die Phantasie, möglichst alles über den Menschen zu wissen und ihn chemisch oder chirurgisch zu beherrschen,
scheint nicht nur ein kindlich-narzißtischer Wunsch des künftigen
Arztes. Sie kann vielmehr auch die subjektive Voraussetzung dafür
sein, daß der Arzt die gesellschaftliche Forderung erfüllt, die an ihn
gerichtet wird. Daher wirkt die Berufsrolle einer Auflösung dieser Omnipotenzphantasie entgegen. Die unpersönliche Macht von Technik
und Wissenschaft gaukelt Schein-Lösungen sozialer Konflikte vor, auf
die nicht verzichtet werden kann. Die emotionalen Kosten dieser Verleugnung bekommt auch der einzelne Mediziner zu spüren. Sein hohes
Einkommen, um das er oft beneidet wird, ist fast immer bitter verdient.
Die persönlichen Deformierungen, welche der Versuch mit sich bringt,
heute gewissenhaft die Forderungen eines «Allgemeinarztes» zu erfüllen, kann oft nicht einmal mehr der Betroffene selbst übersehen. Seine
Familienangehörigen bekommen sie sicherlich zu spüren, ebenso seine
Freunde.

Der Psychoanalytiker kennt Ärzte aus vielen verschiedenen Blick-
winkeln: als Patienten, als Lehr-Analysanden, als Freunde und Kollegen, als Angehörige seiner Patienten – Ehemänner, Väter, Mütter. Ich
glaube, daß sich die Geflechte von Einflüssen, welche der Beruf auf den
Menschen und der Mensch auf den Beruf ausüben, letztlich nur an Ein-
zelbeispielen verdeutlichen lassen. Möglich ist jedoch eine Ordnung
nach Themen, die ich hier versuchen will.

Sich entziehen

Zu der berufsethischen Forderung, daß der Arzt für seine Patienten «immer da» sein muß, gehört auch eine Neigung der Mediziner, sich aus persönlichen Beziehungen herauszuhalten, zu entgleiten, offen oder versteckt zu entweichen. Im Alltag der Krankenhäuser drückt sich diese Neigung darin aus, daß viele Ärzte eine große Virtuosität entwikkeln, «außerplanmäßige» Annäherungen der Patienten nicht wahrzunehmen. Der Kranke wird gar nicht gesehen, er wird überhört oder auf die knappen, regulären Kontaktmöglichkeiten der «Visite» verwiesen. Die Praxis der Visite macht aus der ärztlichen Kontaktvermeidung eine soziale Institution. Der Arzt bestimmt Anfang und Ende der Beziehung zu dem unbeweglichen Patienten. Was zählt, ist die Fieberkurve, die Medikation, der diagnostische Scharfblick, der feste Händedruck. Schweigsamkeit und Grobheit, die von vielen berühmten Ärzten berichtet werden, scheinen bei ihnen entschuldbar, ja festigen ihren Ruf als Autorität. Sie haben schließlich an Wichtigeres zu denken als an die Gefühlsbeziehung zu ihren Mitmenschen.

Ich nehme an, daß ärztliche Leser hier einwenden werden, wie sehr das Verhalten der Patienten doch ihre zugeknöpfte, beziehungslose Art rechtfertigt. Nur ein Arzt könne sich vorstellen, was es heißt, ständig belagert zu werden von Fragen und Forderungen. Beziehungsverweigerung, das Übersehen von Personen, das Überhören von Fragen seien der reine Selbstschutz. «Wenn ich einen Schulkameraden treffe und ihm meinen Beruf sage, am Biertisch oder am Strand: immer, wenn ich ins Gespräch komme, bin ich auch dran. Mein Gegenüber ist auf einmal selber krank, oder er hat ein krankes Kind, einen behinderten Verwandten, eine mißlungene ärztliche Behandlung. Wer da nicht lernt, sich zu wehren, ist verloren.»

Doch die Art, in der sich Mediziner wehren, drückt auch ihr Leid an der ihnen zugeschriebenen Allmacht aus. Es geschieht nämlich nicht dadurch, daß sie ihre Überforderung und Schwäche offen zugeben. Das wäre sicherlich glaubwürdiger als ihr übliches Verhalten, den Frager abzuweisen und sich hinter den Normen des Fachmanns zu verstecken – «das verstehen Sie doch nicht», «ich bin dafür nicht zuständig, wenden Sie sich an die Schwester», «ich habe jetzt keine Zeit, es gibt andere, die sind viel kränker als Sie».

Damit hängt eine andere Störung zusammen, die ich bisher bei den meisten Ärzten gefunden habe, mit denen ich therapeutisch arbeiten konnte. Ich bin mir bewußt, daß solche Ergebnisse aus der durch viele Einflüsse bestimmten Praxis eines Psychoanalytikers keinem positivistischen Objektivitätsanspruch gerecht werden. Ich stelle diesen auch nicht. Mir kommt es eher darauf an, die Betroffenen – das sind Ärzte und alle, die mit ihnen zu tun haben – nachdenklich zu machen und ihnen Möglichkeiten zu vermitteln, bisher unreflektiert ablaufende Wiederholungen bewußter zu erkennen. Das heißt noch nicht, sie auch zu verändern; immerhin ergibt sich aber aus dieser Einsicht wenigstens die Chance zu einer Veränderung.

Die Angst vor Nähe

Als «Vermeidung von Gegenseitigkeit» gehört die Angst vor Abhängigkeit zu den Grundthemen des Helfersyndroms. Wer alle, mit denen er umgeht, von sich abhängig macht, wird vermeiden können, selbst den heftigen Ängsten zu begegnen, preisgegeben und abhängig zu sein. Es liegt nahe, eine lebensgeschichtliche Quelle dieser Ängste zu vermuten und sich auf die verletzenden Wirkungen eines einfühlungsarmen Umgangs mit der kindlichen Abhängigkeit zu beziehen. Doch glaube ich, daß diese Deutung auch typisch «psychotherapeutisch» ist. Sie geht von einem individuellen Muster der Entstehung von Neurosen aus und verspricht, die kleinfamiliäre Entstehung der Störung in der ebenso kleinfamiliären Behandlungssituation zu beheben. Dabei wird übersehen, daß die wachsende Bürokratisierung und Technisierung des Alltags alle Menschen in den Industriegesellschaften mehr und mehr in unauflösliche Abhängigkeiten verstrickt. Daher werden auch die Berufe immer begehrter, die Illusionen von Unabhängigkeit fördern. Der Arzt ist der wichtigste davon und daher auch der begehrteste Beruf.

Die Angst vor Nähe, unter der so viele Ärzte leiden, erscheint in einigen Fällen so, daß der Betroffene beruflich erfolgreich ist, jedoch in seinen intimen Beziehungen «kein Glück hat», «nicht die (den) Richtige(n) findet». Das Privatleben leidet unter dem Beruf mehr, als es die sachlichen Anforderungen der Karriere erklären. Die Ursache dafür liegt darin, daß die im Verlauf der Karriere eingeübten Mechanismen auch auf die intimen Beziehungen übertragen werden. Das heißt, daß man es einem Menschen, der einem etwas bedeutet, recht machen muß. Dieses Bestreben gerät jedoch dann in ein unauflösbares Paradox, wenn das, was sich dieser Mensch wünscht, eine spontane, glaubwürdige Gefühlsäußerung ist. Denn das im Verlauf der Anpassungs- und Leistungskarriere eingeübte Rechtmachen beruht gerade auf Kontrolle und ständigem Mißtrauen gegen sich selbst. «Meine Frau sagt, ich habe keine Gefühle. Ich würde es immer nur allen recht machen wollen. Ich weiß nicht, ob das so ist, ich glaube es nicht, aber ich weiß nicht, wie ich sie überzeugen soll.» Solche Äußerungen kann man von diesen beruflich erfolgreichen und persönlich deprimierten, verletzten, immer kontrollierten Männern hören.*

Der oben zitierte Mann war sich seiner Ängste vor Nähe und Abhängigkeit gar nicht bewußt. Er hielt sich und sein Leben für normal, solange seine Frau zufrieden war. Nach meinem Eindruck wird heute eine andere Form dieses Konfliktes häufiger. Hier scheint der Betroffene zunächst durchaus spontan und gefühlvoll zu reagieren. Er kann zeigen, daß er sich verliebt hat und die ersten Schritte einer intimen Beziehung zulassen (die bei dem «älteren» Typ immer verfestigt, normiert, aber dafür auch dauerhafter erscheint). Doch aus zunächst dunklen Gründen bricht einer der Beteiligten diese Beziehungen wieder ab, bevor sich ein gemeinsamer, vertrauter Alltag entwickeln kann. Oder aber, sobald dieser Alltag vorhanden ist, hören die leidenschaftlichen Gefühle auf, die sexuellen Kontakte sterben ab. Die Betroffenen rechtfertigen diese Veränderung damit, daß sich ihre Gefühle geändert haben. Solche Vorgänge gehören doch zu einer emotionalen Beziehung! Da könne man eben nichts machen als abwarten oder als sich trennen. (Es wäre möglich, hier aktive und passive Verarbeitungsformen zu unterscheiden. Wer zu der ersten neigt, sucht immer wieder den Abbruch einer alten Beziehung und hofft auf den Aufbau einer neuen mit einem «richtigeren» Partner. Wer eher passiv reagiert, bleibt zwischen der Angst vor dem Verlust und der Angst vor Nähe hängen und wartet allenfalls darauf, daß sein Partner irgendwann die ständigen Rückzugsmanöver nicht mehr erträgt und die Beziehung beendet.)

* Vgl. W. Schmidbauer, Die Angst vor Nähe, Reinbek bei Hamburg (Rowohlt) 1985.

Die Angst vor Schwäche

Erhält man (wie im Verlauf einer analytischen Behandlung) die Möglichkeit, solche Schicksale genauer zu untersuchen und die entsprechenden Abläufe in mehreren Wiederholungen zu verfolgen, ist die erste Reaktion Verwirrung. Woher kommt es, daß diese klugen, anziehenden, emotional ansprechbaren und feinfühligen Menschen die meiste Zeit alleine sind und unter ihrer Einsamkeit leiden? Warum verstehen sie es nicht, sich die Menschen, die sie lieben, in irgendeiner Form nutzbar zu machen, anzunehmen, was diese geben? Warum fliehen sie innerlich, wenn sie jemanden gefunden haben, der bereit wäre, ihnen die ersehnte Geborgenheit zu geben? Warum ändern sie sich nicht, auch wenn sie sehen, daß sie sich selbst und ihren Freunden oder Partnern Leid zufügen?

Eine erste Antwort darauf ist: Weil sie es sich und (projizierend) den anderen ersparen wollen, schwach zu sein. Diese Schwäche, die so ängstlich gemieden wird, umfaßt jene Bereiche der Person, die nicht zu dem beruflichen Leistungsideal passen. Hier wird auch der Einfluß der verschiedenen Berufe deutlich faßbar. Je stärker der Beruf als Ausbildung des «ganzen Menschen» aufgefaßt wird, desto heftiger wird er auch das Privatleben mit beeinflussen. Wenn das Vermeiden von Äußerungen der Angst, Betroffenheit, Abhängigkeit, Kränkung zum Berufsbild gehört, wie bei den Medizinern, dann wird die Vermeidung von Kontakt zu einem Mittel, dieses Selbstbild aufrechtzuerhalten.

«Es tut mir leid, ich kann nicht kommen, es ist mir alles zuviel. Heute morgen war ich beim Anwalt für die neue organisatorische Regelung der Praxis, und um drei Uhr habe ich wieder Patienten, und am Abend die Gruppe – ich steh das kreislaufmäßig nicht durch.»
«Aber sag doch dann lieber eine Therapiestunde ab, oder laß die Gruppe von der Coleiterin machen. Es ist doch nicht so anstrengend, wenn du zu mir zum Spaghettiessen kommst!»
«Ich kann doch nicht alle meine Termine absagen. Ich hab das doch neulich schon gemacht. Ich schaff das einfach nicht. Ich will euch auch nicht noch mal was vorjammern. Es ist schon schlimm genug, daß ich da gar nicht weiterkomme. Sei mir nicht böse, ich muß mich jetzt hinlegen, damit ich dann weitermachen kann.»
«Ich würde mir halt wünschen, daß du es dir auch als Entlastung vorstellen kannst, wenn du hier mit uns ißt und dich nicht ganz zurückziehst.»

«Hör mal, du weißt ja, wie es mir in letzter Zeit geht. Ich muß jetzt erst mal an meine Patienten denken, bevor ich Ferien machen kann. Und ihr habt mir ja neulich schon zugehört, als ich euch gezeigt habe, wie's mir geht, und ich schäme mich, daß ich da gar nicht weiterkomme, ich bin schließlich selber Therapeut…»

Dieser Dialog mit einem Arzt, der die Einladung eines Freundes zum Mittagessen absagt, enthüllt die professionelle Deformation des Umgangs mit der Schwäche. Sie zu zeigen, verspricht keine Entlastung, sondern nur eine neue Aufgabe, die schon einmal («ich habe doch neulich») erledigt wurde. Der betroffene Therapeut fühlt sich tatsächlich wohler (genauer: weniger unwohl), wenn er mit den Schwächen anderer umgeht oder eine Gruppe leitet. In dieser Situation unterstützt seine berufliche Rolle seine Abwehrmechanismen. Er bleibt Herr seiner selbst und behandelt die Ängste und Depressionen anderer, während seine eigenen Ängste und Depressionen verborgen bleiben können. In dem intimen Gespräch mit einem Freund wäre diese Distanzierung nicht länger möglich. Er geriete in Gefahr, seine Schwächen zu zeigen: einen Bereich, den er mit allen Menschen teilt. In ihm gibt es keinen Fortschritt, keine kontrollierbare Leistung, sondern nur die Begegnung mit den zyklischen Lebensäußerungen, mit Gefühlen der Angst und der Sehnsucht nach Nähe, die durch Anteilnahme erleichtert, aber nicht ein für allemal bewältigt werden können. Gerade diesen Teil, den er bei anderen annehmen kann, lehnt er bei sich selbst ab. Spezifisch «ärztlich» ist dabei noch die Selbstdiagnose («kreislaufmäßig»), die ebenfalls eine Distanzierung von den bedrohlichen Geborgenheitswünschen erlaubt. Interessant ist die Verknüpfung von Ängsten vor Stillstand («ich bin noch nicht weitergekommen») mit der Sorge um die Patienten, die «weiterkommen» müssen.

Regelung des Mitgefühls

In einer Therapiegruppe, an der zwei Ärzte und eine Ärztin teilnehmen, spricht die Ärztin über ihre Absicht, auszuscheiden. Es bringe ihr nichts, jedesmal still dazusitzen, aber sie wisse auch nichts zu sagen. Es scheine ihr wehleidig, sich so in seine Probleme zu vertiefen, und sie könne sich nicht vorstellen, daß es ihr jemals etwas nützen werde – aber sie fühle sich auch gar nicht imstande, es überhaupt zu versuchen. Es sei doch so: Manche Probleme könne man lösen und andere nicht, und damit müsse man sich eben abfinden, anstatt ewig herumzujammern. Und wenn sie hier an ihre Schwierigkeiten denken würde, fielen ihr immer Leute ein, denen es wirklich schlecht gehe, ein Oberschenkelamputierter etwa, ein Patient von ihr, der ganz allein sei, sich nicht helfen könne, am liebsten sterben würde, aber selbst dazu nicht die Kraft aufbringe. Aber solchen Leuten würde ja auch in der Psychotherapie nicht geholfen.

An dieser Stelle schaltet sich einer der Ärzte ein. Er verstehe sie jetzt überhaupt nicht mehr. Wenn sie aussteigen wolle, gebe sie ein schwaches Bild. Sie sei ja noch gar nicht eingestiegen. Und wenn ihn ein Floh steche, so tue ihm das mehr weh, als wenn... (hier macht er eine Pause; der Vergleich mit dem abgeschnittenen Bein scheint ihm doch zu gewagt) ...jemand anderem einer über den kleinen Finger gefahren sei. Natürlich, dem mit dem Finger würde er helfen. Aber leid tun würde er sich selber mehr, denn durch den Flohstich sei schließlich *er* verletzt.

An diesem Stück Interaktion läßt sich die professionelle Deformation des Umgangs mit Schwäche und Mitgefühl verdeutlichen. Die Ärztin, die ihre eigenen Gefühle bagatellisiert und mit sich selbst umgeht wie mit einem nörgenden Patienten («es gibt schließlich welche, die sind noch viel kränker als Sie/ich»), provoziert einen ebenso extremen Widerspruch. Der Arzt leugnet die Macht des Mitgefühls völlig – selbst der kleinste Stich in der eigenen Haut ist emotional ernster zu nehmen als die größte Verletzung des anderen, des Patienten, mit der rein sachlich und technisch umgegangen wird. Man darf entweder nur mit sich selbst oder nur mit den Patienten Mitgefühl haben – Hauptsache, das leidige Gefühlsproblem ist eindeutig geregelt!

Ein Gruppenmitglied forderte die Ärztin auf, doch etwas mehr von den Schwierigkeiten zu erzählen, die angeblich zu banal seien, um sie in der Gruppe zu erwähnen. Sie berichtete von ihren heftigen Depressionen, die mit dem Berufsanfang verknüpft seien. Sie habe immer das Gefühl, zu versagen, nicht genug zu leisten. Und sie könne einfach nicht abschalten, auch zeitlich nicht. Wenn sie um vier Uhr eigentlich nach Hause gehen könne, müsse sie doch noch den Patienten anschauen, der fünf vor vier aufgenommen wurde. Und dann sei sie eine Stunde beschäftigt, weil sie das alles ganz gründlich machen wolle. Und wenn dann um fünf noch die Angehörigen eines Patienten kämen, mit denen man sonst nie reden könne, dann müßte sie sich natürlich mit denen auch noch beschäftigen. Nie könne sie nein sagen, nie ihren Ärger über die ganze Überforderung ausdrücken. Nur ihr Freund, der zur Zeit zu Besuch sei, der kriege dann alles ab. Sie werfe ihm zum Beispiel vor, daß er nicht kochen könne. Und wenn er es dann versuche und sich an den Herd stelle, dann könne sie ihn nicht lassen, würde ihn ständig beaufsichtigen und ihm dreinreden, bis es Streit gäbe. Manchmal würde sie sich dann regelrecht mit ihm prügeln, und nachher sei es wieder gut.

Diese Beschreibung enthält viele Teile der sogenannten «depressiven Persönlichkeitsstruktur»: die Aufopferung für die Patienten, die Unfähigkeit, nein zu sagen (was bereits als aggressiv erlebt wird), die selbstquälerische Verarbeitung von Allmachtsphantasien. Doch ist diese Ärztin nicht traurig, sondern mürrisch und gereizt. Sie verzichtet nicht auf den Allmachtsanspruch, sondern ruft sich zu neuer Anstrengung auf. Die Selbstkritik weicht gerade der Trennung, dem Verzicht auf die Omnipotenz aus. Das Beispiel mit dem Freund, der kochen und sie versorgen soll, dann jedoch ständig beaufsichtigt und kontrolliert wird, gehört in diese Richtung.

Tiefenpsychologisch läßt sich dieses Verhalten als Abwehr der Sehnsucht nach einer symbiotischen Verschmelzung mit einer idealen Elterngestalt durch Identifizierung mit ihr deuten. «Ganze» Geborgenheit läßt sich nur passiv erleben. Doch ist gerade diese Passivität bei den beschriebenen Personen so angstbesetzt, daß sie überwacht und kontrolliert werden muß. Die Helfer-Rolle ermöglicht scheinbar, diese Geborgenheit aktiv und kontrolliert zu suchen, indem man sich mit der idealen Elterngestalt identifiziert, die so schmerzlich vermißt wurde.

Doch gleicht dieses Unternehmen dem Versuch, der in einer nicht ohne Grund vielzitierten Erzählung beschrieben wird. Ein Mann sucht unter der Straßenlaterne seine verlorene Taschenuhr. Ob er sie denn da auch verloren habe? Nein, dort hinten. Und warum er nicht dort suche, sondern an der falschen Stelle? Dort hinten ist es zu dunkel; hier habe ich wenigstens Licht! In dieser Lage finden sich alle, die das verlorene Paradies der Kindheit mit den Mitteln wiedergewinnen wollen, die ihnen Wissenschaft und Technik in die Hand geben. Zu ihnen gehören nicht nur die Ingenieure und Techniker, sondern auch die Helfer und Heiler. Und vielleicht ist dieses verlorene Paradies gar nicht in der

Kindheit verloren worden, sondern war es schon vor der Geburt: Indem die Gesellschaft in ihrer zweckrationalen Omnipotenzphantasie Macht durch Wissen und Kontrolle verspricht, nimmt sie den Menschen in ihren Berufen jede Möglichkeit, kindlich zu bleiben: träumerisch, selbstvergessen, gleichgültig gegen Normen und Bürokratien. So bleiben sie an den Traum von der seligen Kindheit gefesselt, und psychotherapeutische Theoretiker verwalten mit ihnen diese Sehnsucht, kanalisieren sie in Behandlungsstunden, versprechen, die Kindheit «aufzuarbeiten», wo sie doch selber *darin* arbeiten wollen.

Verantwortung statt Liebe

Es ist sicher kein Zufall, daß solche Gedanken über die subjektiven Ansprüche an einen Beruf schlechthin hier zu Wort kommen. Überlegungen zum spezifischen Helfer-Syndrom von Ärzten können gar nicht unabhängig von den leistungsgebundenen Formen der Sozialisation in den Industriegesellschaften angestellt werden. Sie ist es, die das Paradies der Kindheit zerstört, die Eltern einfühlungslos macht – sie müssen ja nicht nur auf Grund ihrer persönlichen Neurose, sondern vor allem als Träger gesellschaftlich vermittelter Einstellungen dafür sorgen, daß ihre Kinder «etwas werden». In der oben beschriebenen Sitzung der Therapiegruppe fragte ich die Ärztin, was ihr denn zu ihrer Angst einfiele, Schwäche zu zeigen und unvollkommen zu sein. Sie berichtete, sie hätte sehr darunter gelitten, daß sie, nachdem sie in den vier Klassen der Grundschule immer die Beste gewesen sei, im Gymnasium nicht mehr die Klassenerste war. «Warst du die Zweitbeste?» – «Ja.» Sie erzählte dann weiter, sie hätte sich später eng an eine andere, ebenfalls sehr gute Schülerin angeschlossen und versucht, in allem so zu werden wie sie. Erst die Pubertät und die Beziehungen mit Männern hätten diesen Versuch, Geborgenheit durch Gleichheit zu gewinnen, beendet.

«Geborgenheit durch Gleichheit», ist hier ein wichtiges Thema. Ich glaube, daß die typischen Beziehungsprobleme erfolgreicher Akademiker, zu denen auch die Ärzte gehören, mit diesem Satz zusammenhängen. Er ist die Folge einer erziehungsbedingten Geringschätzung der spontanen Teile des Erlebens. Die Vorbedingung einer Karriere in den bürokratisch kontrollierten Systemen ist die Bereitschaft, sich den Forderungen an eine bestimmte Position und Funktion bedingungslos anzupassen. Wenn in den fünfzehn bis zwanzig Jahren der schulischen und akademischen Vorbereitung auf den Beruf vor allem diese Fähigkeiten eingeübt und belohnt werden, dann liegt es sehr nahe, diese Mechanismen auch auf die Gestaltung der intimen Beziehungen anzuwenden. Hier besteht das größte Risiko, der höchste Anspruch auf emotionale Erfüllung – warum sollte man hier anders vorgehen als in den Lebensbereichen, in denen man doch Erfolge vorzuweisen hat, in denen sich bestimmte Verhaltensformen bewährt haben?

Der beruflich erfolgreiche Akademiker hat lange genug gelernt, daß seine Gefühle der schlechteste Teil von ihm sind, seine intelligente Anpassung hingegen der beste. Jetzt begegnet er einem Menschen, der ihn liebt. Er glaubt auch, ihn zu lieben; ganz sicher ist er sich nicht, denn er hat geübt, seinen spontanen Empfindungen zu mißtrauen, er zögert, Worte wie «Ich liebe dich» in seinen seelischen Haushalt aufzunehmen. Sie scheinen ihm undifferenziert und abgegriffen; er kann seine Selbstkritik nicht zum Schweigen bringen und sich ganz von einem Gefühl beherrschen lassen. Aber er kann etwas anderes: Er kann sich bemühen, innerhalb der Beziehung zu funktionieren, wie in einem bürokratischen System auch. Er kann alles tun, wovon er meint, daß es sein Partner will oder daß es «richtig» ist. Dann erwartet er, daß dieser zu ebenso kontrollierbaren Gegenleistungen bereit ist. Auf diesem Weg bleibt eine Liebesbeziehung, in der sich beide Partner ganz geborgen fühlen, unerreichbar. Jede Form der Leistungskontrolle teilt den Menschen auf in einen Teil, der tüchtig ist und die Norm erfüllt, und in einen anderen, der untüchtig ist und die Norm nicht erfüllt. Die Gefühlsäußerungen werden in der Regel dem zweiten Teil zugeschlagen. Es gibt Pseudo-Ausnahmen davon, die sich vor allem in den Selbsterfahrungsgruppen und in der Psychoszene entwickelt haben.

Die Ärzte sind einerseits die Akademikergruppe mit der höchsten Anpassungsforderung im Studienzugang, wahrscheinlich auch mit einer der höchsten während des Studiums und im Beruf. Wesentlicher noch scheint mir die Richtung dieser Forderungen: Gefühlskontrolle und die Bereitschaft, auch unter emotionalem Druck rational zu funktionieren, sind bei ihnen extrem ausgeprägt. Gleichzeitig ist diese Anpassungs- und Funktionsbereitschaft von vornherein besonders auf andere Menschen, auf ihre Befreiung von Leid gerichtet. Daher kommt es, daß Ärzte besonders dazu neigen, in ihren intimen Beziehungen Liebe nicht als Gefühlsausdruck, sondern als Leistungsbereitschaft zu leben.

Die bereits erwähnte Ärztin lebt getrennt von ihrem Freund und kann sich nicht entscheiden, ihren Bekanntenkreis aufzugeben und zu ihm in eine weit entfernte Stadt zu ziehen. «Ich wäre dann ganz auf ihn angewiesen, das halte ich nicht aus.» Er versucht seinerseits, die äußeren Schwierigkeiten zu überwinden, die seiner Umsiedlung im Weg stehen. Bezeichnend ist hier, daß die Ärztin ihrem Partner nicht zutraut, ihren Bekanntenkreis zu ersetzen, während sie sich anscheinend ohne weiteres in der Lage sieht, ihrem Freund das anzubieten. Der Arzt, der sich mit ihr über die Regelung des Mitgefühls auseinandergesetzt hat, ist wegen seiner Beziehungsschwierigkeiten vor zwei Jahren in die Gruppe gekommen. Er erzählte damals, seine zweite Ehe stehe vor dem Scheitern, obwohl er sich solche Mühe gegeben habe, nicht die Fehler der ersten Ehe zu wiederholen. Seine erste Frau sei gefügig gewesen, seine frühere Sprechstundenhilfe, doch habe sie ihn schon bald nicht mehr sexuell gereizt. Seine zweite sei emanzipiert, sie setze sich mit ihm auseinander, aber er könne es nicht vertragen, wenn sie sich ihm gerade in den schönen Stunden, etwa im Urlaub, sexuell verweigere. Sie seien wegen der ständigen Streitereien auch schon übereingekommen, eine Ehe auf Distanz zu führen und sich nur am Wochenende zu treffen.

Was diesem Arzt immer wieder in seinen Beziehungen Schwierigkeiten machte und sich in der Gruppe nur ganz langsam veränderte, war sein Draufgängertum. Er pflegte heikle Themen wie eine Mutprobe anzugehen. Wegen seiner scheinbaren Gefühllosigkeit und Härte angegriffen, wehrte er sich mit der Behauptung, daß *er* sich wenigstens traue, etwas zu sagen. Mitten in der Auseinandersetzung mit der Ärztin sagte er etwa: «Ich schau jetzt schon die ganze Zeit deine Brustwarze an. Sie gefällt mir... Jetzt bin ich aber froh, daß ich mich getraut habe, das zu sagen.»

Seine Einstellung zu seinem Privatleben ließ sich dahingehend zusammenfassen, daß er sich auf eine radikal selbstbezogene Position zurückzog, stets kampfbereit, von tiefem Mißtrauen gegen alle nicht ebenso egoistischen Äußerungen seiner Partnerinnen erfüllt. Er wolle schauen, daß er zu seiner Befriedigung komme, und die anderen sollten es genauso tun. Er streite sich gerne, aber er könne auch gut Frieden machen. Während er zu Beginn der Therapie überzeugt war, seine Unfähigkeit, die richtige Frau zu finden, sei schuld an seinen Schwierigkeiten, erkannte er allmählich, daß er eine nahe, liebevolle Beziehung mied, weil sie ihm zuviel Angst machte. Er hätte in ihr seine weicheren Gefühle, seine Wünsche nach Bindung und Geborgenheit, deutlicher erleben können, als er es wagte.

Natürlich hing diese Angst mit seiner Kindheit zusammen, aber ich nehme an, daß er in einem anderen beruflichen Zusammenhang mehr Möglichkeiten gehabt hätte, mit seiner Angst vor Schwäche umgehen zu lernen. Darüber hinaus war seine Kindheit ebenfalls von den medizinischen Deformationen der intimen Beziehungen bestimmt: Er stammte aus einer Arztfamilie und hatte die Praxis seines Vaters übernommen. Härte gegen sich selbst und Leistungsfixierung sind in solchen Familien Tradition.

Auch der zweite Arzt in der Therapiegruppe stammt aus einer solchen medizinischen Dynastie. Sein Verhalten war geradezu entgegengesetzt, nämlich sehr zurückhaltend. Er war der einzige, der nach den Gruppensitzungen nie mit den anderen noch in eine Kneipe ging, was er zunächst damit begründete, es sei unanalytisch, daß der Gruppenleiter solche Dinge dulde. Er hatte sehr viel über Psychotherapie gelesen, was seine ständigen Zweifel und Ängste nur steigerte, die bei allem auftraten, was außerhalb seiner beruflichen Rolle lag. In ihr war er außerordentlich tüchtig und erfolgreich: dennoch schilderte er sich als Mediziner, der zum Arzt nicht geeignet sei und besser technischer Zeichner geworden wäre. Trotzdem sei die Berufsrolle – vor allem in der Forschung – das einzige, was ihm Sicherheit gebe. Seine persönlichen Beziehungen seien alle gescheitert, weil er niemanden lieben könne. Es sei auch unverantwortlich von ihm, eine Frau an einen so gestörten Menschen zu binden. Deshalb sage er immer gleich, daß aus einer Beziehung zu ihm nichts werden könne. Er beneide alle, die es sich leichter machen könnten – immer wenn die Sekretärinnen und MTAs aus der Klinik gingen, pünktlich zu ihrem Feierabend, wäre er gerne wie sie. Einmal, als er schon mehrere Jahre in der Gruppe war, erzählte er eine Phantasie, die den Gegensatz zwischen der Helfer-Fassade und dem Kind dahinter sehr deutlich zeigt. Er stellte sich vor, wie er als kleiner, etwa zweijähriger Junge mit den ganzen Frauen – Schwestern, Sekretärinnen, MTAs – aus der Klinik gehe und sie ihn dann in einer Art Feier auf den Tisch stellen und alle bewundern würden.

An ihm wurde mir deutlich, wie die Angst vor Nähe mit dem Empfinden der einseitigen Verantwortung und Sorge für das Liebesobjekt zusammenhängt. Wer in seinen intimen Beziehungen die eigenen Wunschäußerungen als Ausdruck einer dem anderen nicht zumutbaren Schwäche und Bedürftigkeit ansieht, gerät in ständige Spannung. Er soll ja, obwohl er gar nichts mehr fühlt, sondern nur funktioniert, liebevoll sein, alles tun, was man tun müßte, wenn man der Anpassungsnorm «Liebe» entsprechen will. Wegen der emotionalen Unsicherheit müßte das Gefühl ständig bewiesen werden. Mißlingt das, so wird doch sein Mangel beklagt, die eigene Gefühlsarmut angeschuldigt. Dieser Arzt kritisierte sich wegen seiner Kälte und Empfindungslosigkeit und war andrerseits ungeheuer besorgt und bemüht. Eine verlassene Freundin überhäufte er noch nach Jahren mit Geschenken. Obwohl sie längst in einer neuen Beziehung lebte, war er überzeugt, ihr etwas schuldig zu sein.

Die Intimitätsschwäche hinter der omnipotenten Fassade so vieler Ärzte ist oft schwer aufzufinden. Sie wird erst nach längerer Bekanntschaft deutlich und ist sicher kein Gegenstand für empirische Sozialforschung mit Fragebögen. Der Arzt fühlt sich sehr verpflichtet, ein heiles Privatleben vorzuführen. Er wird selbst dort, wo Diskretion zugesichert ist (wie in einer Psychotherapie) erst nach einiger Zeit über seine Ängste sprechen. Ich beschreibe jetzt den analytischen Prozeß, in dem sich diese Schwäche bei einem hochbegabten Mediziner herausstellte. Auch er stammte aus einer Arztfamilie. Zunächst ging es um seine periodischen Anfälle von Verzweiflung. Sie traten auf, wenn er sich von einer Frau trennen «mußte», die ihn liebte, weil er sie nicht liebte, oder umgekehrt, wenn sich eine Frau nicht mit ihm einließ, die er zu lieben glaubte. Ich versuchte zunächst, ihm zu zeigen, daß seine Schwierigkeiten nicht darauf zurückzuführen waren, daß er nicht die richtige Freundin fand. Es sei nicht sein Schicksal, allein zu bleiben, sondern seine Inszenierung. Die wirkliche innere, hier zu bearbeitende Auseinandersetzung spiele sich in den Beziehungen ab, in denen er sich von einer Frau trennen wolle, die ihn offensichtlich liebe, nicht in den (von ihm sehr in den Vordergrund gerückten) Beziehungen, in denen er vergeblich versuchte, eine abweisende oder bereits gebundene Frau zu erobern. Mein Analysand nahm mir diese Deutungen zunächst sehr übel. Er glaubte, ich wolle ihn da zu einem Leben vergattern, das ich schließlich selbst nicht führe. Er wisse, daß ich mich von meiner Frau getrennt habe. Er wolle das jetzt nicht ausbaden. Es sei doch klar, daß er Ch., seine jetzige Geliebte, nicht liebe. Es sei eine Qual für ihn, ihr etwas vorzumachen. Es fehle einfach das gewisse Etwas. Da sei nichts zu machen.

In einer Beziehung, die er abgebrochen hatte, weil er die Frau nicht liebte, hatte er das sexuelle Zusammensein immer als «ihre Sexualität» empfunden. In einer darauf folgenden Beziehung, die wenig später durch die Frau abgebrochen wurde, weil sie ihren Freund nicht verlieren wollte, erlebte er «seine Sexualität». Es gab uns viel zu denken, daß diese von ihm sehr idealisierte und gerade wegen ihrer erotischen Ausstrahlung gesuchte Bekannte in den Auseinandersetzungen um die Trennung sagte, sie hätte sexuell nie etwas empfunden, sie sei völlig frigide. Er konnte nun sehen, wie leicht er sich von den Gefühlen anderer verwirren und aus seiner eigenen emotionalen Position heraustreiben ließ. Es wurde auch deutlicher, daß es gerade diese schleichende Entfremdung war, die ihn Beziehungen abbrechen ließ, in denen er sich wegen der emotionalen «Stärke» der Partnerin selbst mehr und mehr gefühllos erlebte. Diese «Stärke» lag in der Fähigkeit, zuzulassen, was er selbst als «Schwäche», als unkontrolliertes, irrationales Verhalten empfand. Er mußte die ganze Beziehung beenden, weil er sich innerhalb der Beziehung nicht abgrenzen, seine eigenen Wünsche unabhängig von den Ansprüchen der Partnerin erleben und verwirklichen konnte. Es gelang mir jetzt auch besser, mich ihm verständlich zu machen. Er fand nicht mehr, daß ich ihn normativ zu einer Bindung drängte, die er emotional nicht vollziehen konnte, sondern sah, daß ich auf seiner Seite war und versuchte, ihm zu mehr Klarheit und Durchsetzung in seinen stets von symbiotischen Neigungen bestimmten Beziehungen zu verhelfen. Das drückte auch aus, daß er genauer die Grenze zwischen mir und ihm wahrnehmen konnte. Es war ihm jetzt auch möglich, sich vorzustellen, daß er sich liebevoll und doch deutlich abgrenzen konnte. Bisher erlebte er nur die Wahl zwischen liebevollem Verhalten um den Preis der Selbstaufgabe einerseits, und Lieblosigkeit, Härte und Kälte als Mittel der Abgrenzung andrerseits.

Ich hoffe, es ist deutlicher geworden, wie die spezifischen Merkmale der medizinischen Profession die Persönlichkeit der Ärzte beeinflussen. Ich nehme an, daß man in der psychotherapeutischen Arbeit diesen Einflüssen viel mehr Aufmerksamkeit schenken sollte, als es bisher geschehen ist. Es entspricht unserem an Warenprinzipien orientierten Denken, eher die Dienstleistung Psychotherapie zu verlängern, als uns zu fragen, welche Hindernisse denn einer Veränderung entgegenstehen. Wir handeln da nicht viel anders als die Ärzte, die eher Abführ- und Schlafmittel verschreiben als die Lebensweise des Patienten zu verändern. Das Mittel zu verschreiben steht ganz in ihrer Macht. Eine echte Veränderung würde eine persönliche Auseinandersetzung erfordern, für die im Medizinsystem wenig Raum ist. Arzt und Patient müßten sich auf eine unsichere, offene Situation einlassen. Wir wissen, daß das Medizinsystem dieses Problem anders löst: Abführ- und Schlafmittel werden in Massen verschrieben, und gleichzeitig wird als Lehrmeinung aufrechterhalten, daß es nicht geschehen sollte.

Ähnlich machen sich die Psychotherapeuten nur selten klar, welche Einflüsse aus der beruflichen Rolle und der gesellschaftlichen Situation ihren Bemühungen so entgegenwirken, daß die Behandlungen immer länger werden müssen. Ich glaube durchaus, daß die vor einem halben Jahrhundert unvorstellbar langen Lehranalysen der Gegenwart «notwendig» sind, weil sie an Analysanden ansetzen, deren berufliche Rolle häufig jene Entwicklungen ständig wieder lähmt, die in der Analyse eingeleitet werden sollen. Gleichzeitig wird der Beruf nicht kritisch reflektiert, weil ja der Analytiker von diesen Überlegungen ebenso betroffen ist wie der Analysand. Gerade die Situation der Lehranalyse erlaubt es beiden – dem Helfer wie dem Schützling –, ihre spezifischen beruflichen Abwehrsysteme aufrechtzuerhalten und zu schonen.

Der Analysand hat keinen Grund, die Profession des Therapeuten in Frage zu stellen, will er doch selbst einer werden. Er hält sich an die Regeln und ist ein so angenehmer und gut zahlender Patient, wie es kein wirklich Kranker wäre. Andrerseits hat der Lehranalytiker (wenn die institutionelle Aufnahmeprozedur einmal abgeschlossen ist) auch keinen Grund mehr, die berufliche Motivation zu analysieren und die beruflichen Abwehrformen offenzulegen: zu nahe lägen Schlüsse auf ihn selber. So tut keiner dem anderen weh, beide stabilisieren sich in ihrer beruflichen Rolle. Um das Gewissen hinsichtlich der oft merkwürdig entleerten Qualität dieser Analyse zu beruhigen, legt man an Quantität zu, was eben noch vertretbar ist. Im deutschen Psychotherapiesystem führt das dazu, daß beispielsweise die Ausbildungsinstitute mindestens 600 Stunden Analyse für die Therapeuten verlangen, während die Patienten meistens nur 240, oft sogar nur 100 Stunden bewilligt erhalten. Ich versuche den sehr begrenzten Einfluß, den ich in «meinem» Ausbildungsinstitut habe, dafür geltend zu machen, daß die Lehranalyse keine vorgeschriebene Länge über ein Mindestmaß von 240 Stunden hinaus haben muß. Sie ist dann freiwillig. Die Teilnahme an einer Therapiegruppe (nicht an einer Selbsterfahrungsgruppe, in der wiederum die künftigen Therapeuten unter sich sind) oder an Selbsthilfegruppen ohne Leiter sollte ein wichtiges Teilstück der Ausbildung sein. Die Analyse ist weniger mächtig als die Prägungen der Berufsrolle, wie das Schicksal der «Laienanalyse» gezeigt hat. Nur wenn diese Ohnmacht verdeutlicht wird, eröffnen sich neue Entwicklungsmöglichkeiten.

TEIL VI
HELFER, ERFOLG
UND MACHT

Wie lassen sich die berufsbedingten Umgestaltungen der Gefühlsbeziehungen bei Helfern in ihrem Alltag bemerken? Diese Frage wird hier an einer künstlichen, jedoch relativ alltagsnahen Situation untersucht: einer psychoanalytischen Selbsterfahrungsgruppe speziell für Angehörige der helfenden Berufe. Hier wird deutlich, wie die Helfer mit den kindlichen, regressiven, «schwachen» Seiten ihrer Person umgehen, die sie im beruflichen Alltag aus ihrem Erleben ausschließen müssen.

Beobachtungen in einer
Selbsterfahrungsgruppe

Das Helfer-Syndrom wurde als Identifizierung mit dem Über-Ich und Ich-Ideal der «selbstlosen» Hilfe beschrieben. Solche Identifizierungen mit einem gesellschaftlich vorgeformten Ideal gibt es in allen Kulturen; in den entwickelten sicherlich mehr als in den primitiven. Voraussetzung für das Helfer-Syndrom ist, daß die Gesellschaft eine individualistische Entwicklungsphase erreicht hat. Soziale Hilfe findet nicht mehr als Tauschaktion zwischen Nachbarn und Familienangehörigen statt, ist nicht mehr in der rituelle Teilen der steinzeitlichen Jägerbanden eingegliedert. Vielmehr ist Helfen zu einem Beruf geworden, zu dem sich ein Individuum berufen fühlt und/oder den es zu seinem Broterwerb ausübt.

In der modernen Gesellschaft spielen Über-Ich-Identifizierungen eine große Rolle. Sie entscheiden häufig über Erfolg und soziale Geltung. Der Einzelne muß bereit sein, seine spontanen Unlustregungen gegenüber der beständigen Konzentration, welche ihm seine Arbeit abfordert, zu unterdrücken. Es ist heute deutlich geworden, daß viele Individuen durch diese Leistungsanforderungen kein ausgewogenes Gleichgewicht zwischen Progression und Regression mehr herstellen können. Das heißt, daß die progressiven, an der gesellschaftlichen Leistungsnorm orientierten Verhaltensweisen und Erlebnisinhalte nicht in zyklischem Wechsel durch die regressiven, kindlich-emotionalen Verhaltensweisen abgelöst werden. Eine Folge ist die wachsende Zahl «psychosomatischer» Krankheiten, die mit fixierter Progression (Schlaflosigkeit, Herzinfarkt, Bluthochdruck) oder «körpergewordener» Regression (Magenbeschwerden, Atembeschwerden, ständige Müdigkeit) zusammenhängen. Psychopharmaka sind die bald am meisten verschriebenen Medikamente. Sie wirken vorwiegend gegen die Unfähigkeit des progressiv Fixierten, sich zu entspannen und Ruhe zu finden, gegen seine Angst vor Regression, vor dem Verlust von Steuerung und Kontrolle, den er unbewußt ersehnt und bewußt fürchtet.

Gleichzeitig wird aber von innen – durch die unterdrückte, im Körper gespeicherte Sehnsucht nach Entspannung und Regression – wie von außen – durch die auf einen sofortigen, paradiesischen Zustand ständig hinflüsternde Konsumwerbung – die Regressionssehnsucht stimuliert.

Was unterscheidet nun den Helfer in seiner Über-Ich-Fixierung von anderen Menschen, die ebenfalls an einem Leistungsideal festhalten und sozial etwas gelten wollen? Er idealisiert die eigenen Werte und setzt sie nicht – wie zum Beispiel der erfolgreiche Politiker oder Manager – zweckrational ein, um Erfolg zu haben, Macht zu gewinnen. Zwischen öffentlicher Fassade und privatem Egoismus zu trennen, wie der öffentlich untadelige, persönlich jedoch berechnende Politiker, lehnt er ab. Vielmehr glaubt er an das «Gute» und an die Möglichkeit von Ganzheit und Harmonie. Der «gewöhnliche» Erfolgsmensch hat sich damit abgefunden, daß der Mensch des Menschen Feind ist, daß sich die progressiven und regressiven Erlebnisformen unversöhnlich gegenüberstehen. Der Helfer hält an dem Glauben fest, daß durch Erfüllung des progressiven Ideals, durch unermüdlichen persönlichen (oder politischen) Einsatz am Ende Harmonie unter den Menschen und zwischen seinem eigenen progressiven und regressiven Anteil hergestellt werden kann. Gewiß gibt es viele Ausnahmen von einer solchen Typisierung, aber dieser Gegensatz von «Machern» und «Fühlern» läßt sich häufig beobachten.

Ich möchte jetzt versuchen, anhand einer Selbsterfahrungsgruppe für Angehörige der helfenden Berufe die Über-Ich-Problematik der Helfer genauer zu untersuchen. Mir scheint, daß sich die Form dieser Gruppenarbeit gut für qualitative Sozialforschung eignet. Die Teilnehmer sind sehr motiviert, ehrlich über sich zu sprechen, weil sie auch eine Lösung ihrer emotionalen Schwierigkeiten suchen. Sie handeln nicht als Gegenstand von Forschung, sondern als emotional engagierte Subjekte. Der Leiter gewinnt durch die analytische Methode, die er anwendet, die Legitimation, als Beobachter teilzunehmen und ohne Handlungsdruck zu verfolgen, was in der Gruppe geschieht. Er kann sich in den Pausen mit seiner Coleiterin besprechen und wiederum seine Beobachtungen reflektieren. Der Rahmen der Gruppe sieht so aus, daß sich die Teilnehmer fünf Tage lang jeden Tag etwa sechs Stunden zu einer nicht strukturierten Gesprächssituation treffen. Es sind Angehörige verschiedener helfender Berufe: zwei Diplom-Psychologinnen in analytischer Ausbildung, eine Sozialpädagogin, eine Religionspädagogin, die einem Orden angehört, ein katholischer Geistlicher, ein Psychotherapeut (der früher als Lehrer gearbeitet hat), eine Sprachtherapeutin, eine Physiotherapeutin, ein Hochschuldozent für Pädagogik und fünf Ärztinnen. Frauen sind also sehr stark überrepräsentiert, was sich als Ausdruck ihrer größeren Bereitschaft deuten läßt, ihre Gefühle mitzuteilen, über ihre Motive zu dem helfenden Beruf zu reflektieren und sich Hilfe von anderen zu holen.

Ich werde jetzt jeweils einen Schlüsselsatz eines Gruppenmitglieds zitieren und versuchen, anschließend den Zusammenhang darzustellen, in dem er gesagt wurde.

«Ich fühle mich so voller Probleme, und da hat es doch keinen Sinn zu schweigen. Deshalb finde ich, daß wir jetzt die Schwierigkeiten von Felicitas besprechen sollten. Du sagtest doch vorher, daß du mit deinem Chef in der Beratungsstelle nicht zurechtkommst?»

Elisabeth, eine braungebrannte, modisch-lässig gekleidete und sehr weiblich wirkende Ärztin ist die Sprecherin. Die Zeit ist etwa eine Stunde nach Beginn der Gruppenarbeit, nachdem sich alle Mitglieder vorgestellt und kurz erklärt haben, woran sie gerne in der Gruppe arbeiten würden. Danach entsteht eine Pause. Keiner spricht. Die Beziehungen sind noch kaum geklärt; sich äußern heißt auch, in das kalte Wasser springen, eine «Schwäche», etwas Persönliches preiszugeben, ohne viel von den anderen zu wissen. Elisabeth hat in dieser Vorstellungsrunde am meisten von sich gesagt. Sie hat bis vor kurzem an einer Klinik gearbeitet, zuletzt bis zu achtzehn Stunden am Tag, weil sie zwei Stationen betreuen mußte und daneben noch viele intensive Gespräche mit den Patienten führte. Und jetzt habe sie beschlossen, aufzuhören, eine Zeitlang mehr für sich zu tun– und gerade zu dieser Zeit habe sich ihr Freund von ihr getrennt.

Wie läßt sich verstehen, daß Elisabeth, die selbst Schwierigkeiten hat, nun Felicitas auffordert, über *ihre* Schwierigkeiten zu sprechen? Sie ist ungeduldig, sie möchte, daß «etwas geschieht», aber sie kann sich dieses Geschehen nur so vorstellen, daß jemand erscheint, dem sie sich zuwenden und mit dem sie sich beschäftigen kann, jemand, der «etwas hat». Es ist zu erwarten, daß ihr Beruf sie in dieser Rolle festlegt, und sie ihn andrerseits gewählt hat, um sie spielen zu können. Doch die Suche nach der Befriedigung regressiver Bedürfnisse (Schutz, Geborgenheit, Zuwendung, Bestätigung) mit progressiven Mitteln führt zu keinem Ergebnis.

Elisabeth findet nur immer neue Patienten, die sie auszehren – und sucht eine Lösung dieser Spannung immer im nächsten Patienten, wie ihr Verhalten in der Gruppe zeigt. «Ich lasse mich von den Kranken auffressen» heißt dann: «Ich nötige die Kranken, mich aufzufressen, weil sonst etwas noch Bedrohlicheres geschehen würde.»

In der Gruppensituation kann diese Rolle nicht mehr unreflektiert bleiben. Der Pädagogik-Professor, Ulli, greift ein und sagt, er sei froh, daß Elisabeth nicht ihn «aufgerufen» habe. Felicitas sagt, sie sei noch nicht so weit, daß sie in der Gruppe reden könne – einen Tag später wäre sie für eine solche Aufforderung dankbar. So kommt Elisabeth dazu, von sich zu sprechen. Sie erzählt von ihrer Arbeit, wo nach einer Kündigung der Chef sie beauftragte, für zwei Stationen zu sorgen (Felicitas hatte «Probleme mit ihrem Chef»). Sie hätte diese Belastung nicht ertragen, wenn sich nicht ihr Freund so liebevoll verhalten und sie immer gestützt hätte. Aber eben diese Beziehung sei an ihrem letzten Arbeitstag zerbrochen. Der Freund sei ganz anders als sie, ein arbeitsloser Künstler, der in den Tag hinein lebe, ohne Erfolg Theaterstücke schreibe und seinen bürgerlichen Beruf als Computerfachmann nicht mehr ausüben wolle. «Er ist ein ganz sensibler Mensch, mit dem ich alles reden kann. Mir ist das Künstlerische auch wichtig. Aber ich bin jetzt 36, ich wollte ihn heiraten, Kinder haben, und das kann ich nicht, wenn er nicht auch arbeitet und die Verantwortung für den Lebensunterhalt mit übernimmt. Und da habe ich ihm gesagt, als er wieder vom Arbeitsamt kam und nichts hatte, mach doch irgendwas, und wenn du bei der Post arbeitest. Das hat ihn sehr gekränkt. Und am ersten Abend, als ich nicht mehr arbeitete, hat mich eine Patientin angerufen. Ich sollte sie besuchen. Eigentlich war ich ja mit Hans verabredet, aber ich dachte, er hat Verständnis und bin hingefahren. Dann haben wir bis in die Nacht hinein geredet. Hans war sehr sauer, daß ich ihn nicht angerufen hatte. Da hat er mir einen Brief geschrieben, er hält es nicht mehr aus mit mir. Er liebe mich, aber er könne nicht mit mir leben. Das hat er schon sechsmal getan, aber bisher bin ich jedesmal zu ihm hingefahren und habe ihn überzeugt, daß wir zusammenbleiben. Diesmal habe ich das nicht mehr gemacht. Ich muß das jetzt durchstehen, ich muß es mir abschminken, daß ich noch einmal heiraten und Kinder haben werde.»

Elisabeth ist auf eine progressive Position festgelegt. Ihre regressiven Bedürfnisse erlebt sie als gefährlich. Um sie zu kontrollieren, werden sie in den Partner verlegt. Der Partner wird unbewußt aufgrund seiner Eignung für diese regressive Rolle ausgewählt und in ihr festgehalten. Solange sie durch ihre Berufsarbeit zusätzlich auf die progressive Position festgelegt bleibt, funktioniert dieses Gleichgewicht zwischen der chronisch mit Arbeit überlasteten Ärtzin und dem arbeitslosen, sensiblen, künstlerischen Freund, der «immer für mich Zeit hat». Er ist gewissermaßen das Phantasiebild der allgegenwärtigen, stets spendenden Mutter; er kann es sein, denn real wird nur selten und nur wenig von ihm verlangt. Der Wunsch, mit der Berufsarbeit auszusetzen, gefährdet dieses Gleichgewicht. Elisabeth ist nun nicht mehr selbst die progressiv-allmächtige Mutter, die stets für andere da ist und den Schatten des regressiv-ohnmächtigen Babys auf den Freund projiziert (der zugleich die immer gegenwärtige Mutter zu sein verspricht, eben weil Elisabeth ohnedies kaum Zeit für die Beziehung hat). Sie sucht wirkliche Geborgenheit, aber sie kann sich nicht fallenlassen, sondern muß erst das Bett machen: Sie muß Hans verändern, muß ihm die Seiten abgewöhnen, die sie vorher so angenehm an ihm fand, und ihm neue angewöhnen, die sie bisher selbst verkörpert hat, wie Orientierung an der Arbeitswelt. Die Über-Ich-Fixierung drückt sich darin aus, daß Elisabeth die real mögliche Geborgenheit bei einem Mann, der sie liebt, jedoch seinen Lebensstil nicht ihretwegen ändern will, gar nicht wahrnehmen kann. Wenn sie sich von ihrem progressiv festgelegten Über-Ich befreien möchte, kann sie nur entweder alle Kontrolle über Arbeit und Lebensunterhalt selbst in der Hand behalten, oder aber sie muß einen Zwilling herstellen – einen Hans, der genau gleichviel Verantwortung übernimmt, der genauso ist wie sie selbst. (Ich halte es für ein wichtiges Unterscheidungsmerkmal von Über-Ich-bestimmten und Ich-bestimmten Beziehungen, daß bei den ersten der Partner «gleich» sein muß* und erst dann geliebt werden kann, während er bei den zweiten verschieden sein darf und in oder auch trotz dieser Verschiedenheit Liebe und Gegenliebe erlebt werden können.) In der Realität hat sich Elisabeth vor der Regression, die sie unbewußt fürchtet und bewußt in die Form «heiraten, Kinder haben» faßt, durch die von ihr mitinszenierte Trennung geschützt. Sie kann sich durch neue Phantasien von einem «richtigen» Partner, mit dem ihr die regressiven Erfüllungen möglich wären, entlasten. Andrerseits besteht auch die Gefahr einer bösartigen Regression, einer Suche nach Ruhe im Selbstmord. Darüber spricht sie an diesem ersten Abend nicht in der Gruppe, sondern erst nachher mit Helga, einer der Psychologinnen.

«Ich glaube, du willst mit einem Strolch eine bürgerliche Ehe führen!»

Ein ähnliches Dilemma wir Elisabeth schildert zwei Tage später Dora, eine junge praktische Ärztin, die neben ihrem Beruf auch noch allein ein vierjähriges Kind versorgt. Elisabeths quälenden Überlegungen, ob die Trennung von Hans richtig gewesen sei, setzt sie rivalisierend die Überzeugung entgegen, ihre Trennung von Norbert sei eine Leistung, auf die sie stolz sei – und dennoch könne sie bis heute nicht verstehen, weshalb sie ihr so schwergefallen sei. Dora ist in der Gruppe schon am ersten Abend aufgefallen, weil sie sehr hektisch spricht und mit einer Sicherheit über Anwesende und Abwesende urteilt, welche Verblüffung und Gelächter auslöst. Sie sagt zum Beispiel: «Und als er auch was für dich hätte tun müssen, ist er gegangen!» Norbert sei auch so ein Mann gewesen – der Ehemann einer guten Freundin, unsolide, ein Alkoholiker, aber er habe gewußt, was er wolle. Weil die Freundin ihre Kanzlei als Steuerberaterin aufbauen mußte, hätte sie vorgeschlagen, daß Dora und Norbert zusammen mit den Kindern auf Urlaub fahren sollten. Und da sei es bald dazugekommen, daß sie mit Norbert geschlafen habe. Er hätte sie sehr fasziniert, er habe die ganze Verantwortung für die Beziehung auf sich genommen, allerdings auch gefor-

---

* Entweder dem Selbst, dem Ideal-Selbst oder einem idealisierten Selbst-Objekt. Diese Über-Ich-bestimmten Beziehungen sind oft «symbiotisch», d. h., keiner der Beteiligten darf unabhängig *und* liebenswert sein. Die Gemeinsamkeit läuft über eine Norm der Beziehung, zu der keine Distanz besteht; es ist zum Beispiel durchaus möglich, mit der Norm «offene Ehe» symbiotisch umzugehen.

dert, seine Frau dürfe nichts erfahren. Sie habe eingewilligt, weil sie dachte, es sei nur für den Urlaub und dann vorbei. Aber nein, Norbert sei auch nachher immer wieder zu ihr gekommen, und jedesmal habe sie sich vorgenommen, ihn wegzuschicken, und jedesmal sei sie schwach geworden. Hier fängt Dora an zu weinen, sie findet schrecklich, daß sie so unmoralisch und inkonsequent war – oder weint sie nur Norbert nach, trauert sie um den Verlorenen, von dem sie sich trennen konnte, weil er endlich nach einem alkoholbedingten Verkehrsunfall den Führerschein verlor und sie deshalb nicht mehr besuchte und bedrängte? So hätte sie zu ihm fahren müssen – und das stärkte ihre Fähigkeit, nein zu sagen.

Ein zur Aufnahme regressiver Projektionen besonders geeigneter und dabei auch sehr zuverlässiger Partner ist das Kind. Dora spricht begeistert von ihrem kleinen Sohn. Sie ist sich ganz sicher, daß sie sich von dessen Vater noch während der Schwangerschaft trennen mußte, weil aus einer Ehe doch nichts geworden wäre. Aber die Beziehung mit Norbert beschäftigt sie sehr und macht sie auch sehr traurig. Sie versucht, sich mit den Mitteln der medizinischen Abhärtung zu befreien. Er habe ein Alkoholproblem, und Alkoholiker seien zu festen Bindungen nicht in der Lage. Sie hingegen sei diese Lebensform mit den entweder verheirateten oder chaotischen Männern satt. Sie sehne sich nach einer ganz bürgerlichen Ehe. Aber die Männer dafür finde sie uninteressant – wie jüngst einen vierzigjährigen Junggesellen, der zwar einen faszinierenden Beruf habe, aber noch bei seiner Mutter wohne und den ganzen Abend stocksteif auf seinem Platz gesessen habe. Da könne man doch sehen, daß daraus keine gute Beziehung werden könne! Sie denke immer wieder an diesen Mann, aber sie fände dann auch wieder viele Einwände, seinen Bauch, seine Mutter, seine Solidität. Einmal habe er sie auf einem Fest sogar geküßt, aber das sei auch nichts gewesen.

Die Gruppe wird immer ungeduldiger. Sie fühlte sich an der Nase herumgeführt, weil Dora erst so getan hat, als ob sie mit dem «seriösen» Mann überhaupt nichts angefangen hätte, und sich dann doch herausstellt, daß es schon zu Zärtlichkeiten gekommen ist. Endlich faßt der katholische Geistliche seinen Protest in den oben zitierten Satz: Du willst mit einem Strolch eine bürgerliche Ehe führen! Dora lacht und überlegt, ob sie ihren Widerwillen vor dem «seriösen» Mann überwinden kann.

«Ich habe Angst, daß mein Freund mich verläßt, weil ich keinen Orgasmus habe.»

Lucie, eine 27jährige Physiotherapeutin, sagt das am zweiten Tag. Sie fühlt sich ständig unter dem Druck von Forderungen, die sie einerseits erfüllen möchte, weil es ihr sonst «zu wenig» wäre, andrerseits aber nicht erfüllen kann. So reicht es ihr nicht, ihre Arbeit als Physiotherapeutin zu leisten, die Bewegungsübungen und Massagen zu machen und damit genug, sondern sie sucht auch das Gespräch mit den Patienten, möchte die seelischen Hintergründe ihrer Verspannungen und Schmerzen aufklären. Darin fühle sie sich aber oft überfordert. – Schließlich habe sie keine Psychotherapie gelernt, obwohl sie viel darüber liest und an Gruppen teilnimmt. – Aber sie erreiche es auch, bei den Patienten gut anzukommen und beliebt zu sein. Eigentlich sei es wohl ihr Hauptproblem, daß sie immer arbeiten müsse, um sich geliebt zu fühlen. Und wo sie nichts tun könne, sei sie schrecklich unsicher. Das betreffe vor allem die Beziehung zu ihrem Freund. Er wohne an einem anderen Ort, sie könnten sich nur am Wochenende sehen und zwischendurch telefonieren. Und wenn er dann nur zögernd sage, daß sie ihm fehle und daß er sie liebe, sei sie ganz unglücklich. Am schlimmsten sei aber, daß sie zu keinem Orgasmus komme. Sie habe immer wieder Angst, daß er sie deshalb verlassen würde.

Lucie schildert ihre Familiensituation. Ihre Mutter hat sie nie gelobt und ihr immer das Gefühl vermittelt, sie müsse sich mehr zurückhalten, sie sei eigentlich zu geltungsbedürftig. «Sie hat an mir immer nur gesehen, was sie kritisieren konnte, und als ich meine Praxis aufmachte, hat sie gesagt, ich würde das nicht schaffen.» Anscheinend hat sich Lucie gegen diese Mutter durch die Verinnerlichung eines harten, progressiven Über-Ichs gewappnet: So wird die einzige Leistung, die ihr nicht gelingt, eben die Hingabe an ihre regressiven, leistungsfreien Bereiche. Doch erfaßt diese Betrachtungsweise nicht genügend, daß Lucie andrerseits extrem bestätigend mit anderen Gruppenmitgliedern und wohl auch mit ihren Patienten umgeht. Sie versäumt keine Gelegenheit, jemandem etwas Freundliches, Lobendes zu sagen. Teile des Über-Ichs entsprechen offensichtlich dem Introjekt einer idealen Mutter, die gerade jene Seiten aufweist, welche Lucie an ihrer realen Mutter so sehr gefehlt haben. Das Helfer-Über-Ich unterscheidet sich in seinen progressiven «Härte»-Bereichen vom Manager-Über-Ich. Dieser ist nach außen hart. Seine Leistungsbezogenheit geht darauf, andere zu übertreffen – Rivalen im Betrieb, Konkurrenten – und zu diesem Zweck auszuteilen, sich durchzuboxen, aber auch «hart» zu arbeiten. Lucies Über-Ich ist «nach innen» ebenso hart. Sie arbeitet viel, hält sich an ihre Termine. Nach außen ist sie gefühlvoll und freundlich. Sie setzt ihre Konzentration und Energie dafür ein, daß ihre Patienten zufrieden sind. Diese Zufriedenheit – das Leuchten in den Augen der Klienten – tritt an die Stelle des finanziell oder durch den Prestigegewinn meßbaren Erfolges des Managers.

Härte nach außen oder nach innen sind Beschreibungen, welche die phänomenologischen Qualitäten der verschiedenen Über-Ich-Strukturen erfassen sollen. Diese Qualitäten hängen anscheinend damit zusammen, welche Re-Introjektionen projizierter Ich-Ideale im Verlauf der Entwicklung stattgefunden haben. Einfacher gesagt: das Kind ist nicht nur plastisches Material, das den Stempel der elterlichen, schulischen, massenmedialen Erziehung aufnimmt. Es hat vielmehr die Möglichkeit, aus diesem prägenden Material ein eigenes Phantasiebild zu formen, mit dem es sich dann identifiziert. Dieses Bild ergänzt oft die realen Eltern um Eigenschaften, die ihnen gerade besonders fehlen. Lucie versäumt fast nie, Schritte von Gruppenmitgliedern zu feiern und zu loben – von ihrer Mutter behauptet sie, sie habe nie etwas an ihr gelobt.

Von den gotischen Steinmetzen sagt man, sie hätten ihre Figuren und Verzierungen stets gleich sorgfältig gemeißelt, ob sie nun jedem menschlichen Blick verdeckt oder sichtbar waren. Ihr Betrachter war Gott, der alles sieht. Später, im Barock, gingen die Bildhauer dazu über, «auf Effekt» zu arbeiten. Sie führten nur die Schauseite einer Plastik aus und ließen im Rohzustand, was unbemerkt bleiben würde. Ein Psychoanalytiker könnte sagen, daß das barocke (bürgerliche) Über-Ich differenzierter war als das gotische. Der Zweck der Statue bestimmte, was ausgeführt wurde und was nicht. Das undifferenzierte Über-Ich verbietet die Nachlässigkeit (Regression) pauschal und generell. Das differenzierte verbietet sie nur da, wo sie unzweckmäßig ist.

Aber es wäre zu einfach, nun dem Helfer ein gotisches Über-Ich zuzuordnen. Gewiß, er will «wirklich» gut sein, während der Politiker / Manager nur da «gut» (im Sinn von progressiv, normerfüllend, leistungsorientiert) ist, wo es für seine Karriere, seinen Machtgewinn nützlich erscheint. Es macht einen Unterschied, ob man ein Ideal «ganz

ernst» nimmt und wirklich erfüllen möchte, oder ob man es zweckmäßig einsetzt, um bestimmte, konkrete Ziele zu erreichen. Helfer wollen
häufig die christlichen Ideale der Brüderlichkeit und Nächstenliebe
ganz und *persönlich* erfüllen, während Politiker nicht selten diese Ideale
benützen, um verdeckte Ziele zu erreichen. «Ganz erfüllen» heißt
nicht, daß der Helfer keine narzißtischen Ziele erreichen will. Er kann
jedoch nicht berechnend mit den Idealen umgehen. Es ist ihm ernst mit
ihnen, und er muß seinen möglichen narzißtischen Gewinn eher dem
Zufall oder dem lieben Gott überlassen. Daher ist der Helfer auch in
seiner idealen Welt dem Politiker überlegen, weil er ein besserer
Mensch ist, wie sehr er auch an Schuldgefühlen und Skrupeln leiden
mag. Er hat immerhin seine Ideale. Andrerseits ist in der realen Welt der
Politiker dem Helfer überlegen, weil er sich gar nicht ernsthaft auf die
Konkurrenz einläßt, ein guter Mensch zu sein. Er will die Macht, und
leidet auf dem Weg zu ihr nur wenig unter Schuldgefühlen und Skrupeln.

*«Ich sehe hier viele Menschen, die mir menschlicher und liebevoller vor-
kommen als die Christen, die ich kenne. Und sie sagen, sie sind keine
Christen und glauben nicht an Gott. Das macht mich unsicher und verzweifelt, obwohl ich mich hier sehr wohl fühle.»*
Fritz, der katholische Geistliche, beschreibt am dritten Tag seine Situation. Er ist seit einigen Monaten krankgeschrieben, wegen eines al-
lergischen Leidens, das er selbst für psychosomatisch hält. Er habe die
Kraft zu glauben in den zehn Jahren verloren, die er in der Kirche arbeite. Das sei vor allem in seiner letzten Stellung deutlich geworden, wo
er sich zunächst sehr gewehrt habe, als Kaplan zu einem alten, sehr
konservativen Pfarrer zu gehen. Aber die Gehorsamkeitspflicht habe
ihm keine andere Wahl gelassen. Und je mehr er am Sinn seiner Arbeit
zweifle, desto schlimmer seien die Schmerzen geworden. Schon als
Kind, beim Ministrieren, habe er solche Schmerzen gehabt. Dann habe
der Vater gesagt: «Bub, wenn's dir da so weh tut, darfst du im Bett
bleiben.»
    Es wird deutlich, daß sich Fritz schon immer als oppositionellen,
radikalen Christen verstanden hat, der in der Kirche bleiben und die
Kirche von innen heraus verändern will. Er identifiziert sich mit Jesus.
Wenn er in das Bischofsamt kommt und alle die Türen mit den klerika-

len Beamten dahinter sieht, überlegt er sich, was der Herr Jesus gesagt hätte, wenn er diesen Verwaltungsapparat sähe. Solange er als Kaplan arbeitet, kann er gewissermaßen den jungen, alternativen Geist in der Kirche verkörpern. Aber es ist längst Zeit, daß er sein Pfarrexamen macht und verantwortlich mit einer Gemeinde arbeitet. «Da wärst du doch König in deinem Reich, und nicht einmal der Bischof könnte dich absetzen, wenn du nicht was ganz besonders Schlimmes anstellst», versucht Schwester Renate, die sich sehr für Fritz einsetzt, ihm die Pfarrstelle schmackhaft zu machen. «Hast du schon dein Pfarrexamen gemacht?» «Nein, ich mache doch kein Examen, das keines ist, wo ich gar nicht durchfallen kann», sagt Fritz. –

«Ich gehe doch in keinen Verein, der *mich* als Mitglied nimmt» ist eine ähnliche Formel wie «ich mache kein Examen, wo ich nicht durchfallen kann!» Beide Male geht es um den Gegensatz von real und ideal: Da ich selbst mich so weit von meinem Anspruch entfernt fühle, ist doch nicht viel von dem Verein zu halten, der mich *jetzt* schon als Mitglied haben will. Der Zusammenhang zwischen Über-Ich-Identifizierung und Unabhängigkeit wird hier deutlich. Der soziale Kontakt scheint weniger wichtig als die Erfüllung der eigenen Idealvorstellungen. Bei Fritz gewinnt das Pfarrexamen ebenso wie die Beendigung seiner Kaplanzeit die Bedeutung einer Schwelle. Wer sie überschreitet, muß – so scheint es ihm unbewußt – den Anspruch preisgeben, die Veränderung weiterhin zu verkörpern. Er kann nicht mehr mit seiner Jesus-Identifizierung den Diözesanbeamten gegenübertreten, er ist selber einer. So sehr Fritz die Kirche in Frage stellt – alles andere stellt er noch mehr in Frage. Auch seine Kirchenkritik bindet ihn an die Kirche. Dieser Versuch, die christlichen Werte mit einem mehr als konventionellen, vorgegebenen, in die kirchliche Institution eingebetteten Inhalt zu füllen, ist für die Beziehung vieler Helfer zur Kirche kennzeichnend. Sie versuchen gewissermaßen, die Eltern oder die Kirche auf der Über-Ich-Seite zu überholen. Sie versuchen, «wirkliche» Christen zu sein, die sich von den Nenn-Christen und noch viel mehr von den Karriere-Christen unterscheiden, welche sich die theologische Charaktermaske umbinden wie ein Politiker die christlich-soziale. Hier findet sich eine andere Variante der bereits erwähnten Erscheinung, daß die Helfer gesellschaftliche Wertvorstellungen über menschliches Verhalten «wirklich» ernst nehmen, daß sie versuchen, sie mit Substanz zu füllen, während sie anderswo (auch im Urteil der Helfer) nur noch Hülse und Maske sind. Die heftigste Aggression dieser Helfer richtet sich dann gerade gegen die hohle Verwendung von Werten, um die sie selbst sich noch ernstlich bemühen. Der Jähzornige, der Dieb findet weit mehr Verständnis bei ihnen als der Monsignore, welcher sich mit sanftem Ellbogeneinsatz die Karriere ebnet, oder der Lehrstuhlinhaber, der sich durch die Angebote der chemischen Industrie korrumpieren läßt. Kurzum, menschliche Schwächen werden nicht schlechthin verziehen, sondern nur da, wo sie nicht in der gleisnerischen Maske der scheinbaren Über-Ich-Identifizierung daherkommen. Der Helfer ist nicht «politisch» in dem Sinn, den das Wort in der Umgangssprache hat und wo es heißt, Wertvorstellungen und emotionale Beziehungen möglichst geschickt zum eigenen Vorteil zu nutzen.

Fritz hat seinen Beruf gewählt, um etwas zu bewirken. Er wollte etwas zur Verfügung haben, was über die üblichen menschlichen Hilfsmittel hinausgeht, nämlich das Gebet und die Sakramente. Und jetzt erlebt er, daß viele Menschen, die er mehr bewundert als seine Mitpriester, auf diese sakramentalen Hilfen nichts geben. Er findet es sinnlos, nur deshalb eine Messe zu lesen, weil einige Leute siebzehn Mark gezahlt haben – gleichgültig, ob ihm jemand zuhört oder nicht, ob jemand den Ritus mit Engagement erfüllt oder nicht. Da werden die Schmerzen besonders schlimm, oder er schenkt ihnen besonders viel Aufmerksamkeit.

«Ich weiß nicht, ob ich meine Frau geliebt habe. Wir waren einfach zusammen, zwanzig Jahre lang.»

Dieter wollte zur Gruppe kommen, weil er wieder einmal ausspannen, eine neue Stadt sehen und mit Menschen sprechen wollte, die ihn unabhängig von seiner Berufsrolle als Therapeut kennenlernen. Er ist ein großer, ernsthafter, humorvoller Mann, der etwas schwerfällig wirkt. In dem Jahr, das zwischen seiner Anmeldung und dem Gruppentermin verstrichen ist, hat sich seine Situation verändert. Er will von zu Hause ausziehen, sich nach zwanzigjähriger Ehe von seiner Frau trennen, weil er sich nicht mit ihr einigen kann, ob er auch sexuelle Beziehungen zu anderen Frauen haben darf oder nicht. Seine Kinder kritisieren ihn heftig für seinen Freiheitsdrang. Er selbst schaut ängstlich in die Zukunft. Er möchte sich nicht von seiner Frau trennen, aber er will auch nicht darauf verzichten, andere Frauen kennenzulernen. Jedesmal, wenn er mit seiner Frau länger spricht, kommt es zu einem erbitterten Streit, in dem nur noch Vorwürfe ausgetauscht werden, weil sie ihn nicht mit seinem Freiheitsbedürfnis akzeptiert und er sie nicht mit ihrer Forderung nach Zuverlässigkeit und Festigkeit. Dabei weiß Dieter nicht einmal, ob er seine Frau liebt. Er hat gegenüber der ersten Freundin, die er neben ihr hatte, viel intensivere Gefühle empfunden. Dennoch leidet er unter Magenschmerzen, wenn er an die Trennung denkt. Andrerseits ist er zusammen mit seiner Frau fast immer unglücklich, fühlt sich wütend oder schuldbewußt, kann dem Streit, dessen Unfruchtbarkeit er genau kennt, einfach nicht entgehen.

Mir wird an Dieter nicht nur die Tragik deutlich, die immer mit der Auflösung von Symbiosen verknüpft ist – von jenen Beziehungen, die gar nicht mehr als emotionale Auseinandersetzung mit einem lebendigen Gegenüber erlebt werden, sondern als Versagen eines bisher funktionsfähigen Ganzen. Dieses «Ganze», das durch die Klammer einer lange Zeit gemeinsamen unbewußten Über-Ich-Norm zusammengehalten wird, sucht auch Dieter in dem erbitterten Kampf mit seiner Frau wiederherzustellen, in dem alle zärtlichen und sexuellen Gefühle untergehen. Beiden Partnern gelingt es nicht, den anderen als verschieden von sich zu achten, ihn auch noch zu lieben, wenn er sich verändert. Die Norm kann keine noch so kurze Zeitspanne in den Hintergrund gestellt werden, um eine im Augenblick lebende, emotionale Beziehung herzustellen. Sie bleibt immer im Vordergrund. Solange sie nicht erfüllt ist, gibt es auch keine sexuelle Befriedigung.

«Meine Berufung ist mir deutlicher geworden, und ich habe sie für die nächsten 18 Jahre erneuert.»
Renate arbeitet als Religionspädagogin in einem südamerikanischen Land, in dem nur einer von zehn Menschen jeden Tag genug zu essen hat. Sie bildet Religionslehrer aus, inspiziert Schulen, versucht zwischen den Guerilleros und der Diktatur zu vermitteln – «anders als die jungen Geistlichen sind wir Schwestern immer unpolitisch geblieben». Sie erzählt gerne von ihrer Arbeit, hat aber Angst, sie könnte zuviel sagen. Sie kocht Kaffee für die Gruppe, ist aber betroffen und rechtfertigt sich («ich weiß eben, wie die Kaffeemaschine funktioniert, und andere wissen es vielleicht nicht»), wenn das Gespräch darauf kommt. Sie

ist so beschützend, daß sie den anderen selbst ihr Beschützer-Sein ersparen will. Am dritten Tag wird in der Gruppe über die Sympathien gesprochen, die Ulli für einige der anwesenden Frauen hat. Erst ist auch Renate darunter, aber bald dreht sich das Gespräch mehr und mehr um die erotischen Wünsche, und von Renate ist nicht mehr die Rede. Sie äußert in der Gruppe nichts über ihre Enttäuschung, aber in der Pause sagt sie zu einem Gruppenmitglied, sie sei so wütend über Helga (eine der beiden Rivalinnen um Ullis Gunst), daß sie ihr den Hals hätte umdrehen können. Die angesprochene Frau berichtet nachher, dieser Wutausbruch hätte ihr sehr viel besser gefallen als das bisherige, sanfte Verhalten Renates in der Gruppe. Renate selbst ist entsetzt. Sie hat das überhaupt nicht so gemeint. Sie hat von etwas ganz anderem gesprochen, nämlich von ihren jüngeren Mitschwestern, die oft so unzufrieden sind und unbedingt mehr Hilfe und Aufmerksamkeit von den Ordensoberen erwarten. Man müsse doch selbst dafür sorgen, sich gegenseitig etwas geben, dürfe nicht so anspruchsvoll sein. Sie selbst habe immer einen Spätzlehobel im Gepäck, und dann mache sie ein gutes Essen, Käsespatzen, das sei oft sehr hilfreich gegen diese trüben Stimmungen.

Es läßt sich nicht mehr aufklären, wen Renate nun gemeint hat. Diese Aufklärung ist auch weniger wichtig als der seelische Prozeß: Die Regung von Enttäuschung, Ärger und Unzufriedenheit, weil die Aufmerksamkeit der Gruppe so rasch von ihr wieder abging, wird auf die unzufriedenen und enttäuschten jungen Mitschwestern verlegt. Denen will sie zwar in der ersten Wut den Hals umdrehen – auch eine Art, wie man ein ständig quäkendes, hungriges Baby zum Schweigen bringen kann –, aber dann kocht sie ihnen doch lieber etwas Gutes. Hier wird wieder die Projektion der eigenen, regressiven Anteile deutlich, die dann «draußen» teils bekämpft, teils beschwichtigt werden können. Wohl auch nicht zufällig ist, daß Renate diese Geschichte in der Pause gerade Vera erzählt hat, einer jungen Ärztin, die vor einem Tag in der Gruppe in Tränen ausbrach, weil sie immer daran denken mußte, wie ein Patient von ihr umgekommen war. Vera arbeitet in einem Nervenkrankenhaus, und der Patient war ein junger Mann, sensibel, lebensuntüchtig, von einem übereifrigen Vater unter Druck gesetzt. Sie mochte ihn gern und fand den Vater bedrohlich. Vera kann gerade diesen Patienten nicht vergessen. Er verkörpert ein Stück weit ihre eigenen, regressiven Anteile, ähnlich wie Elisabeths und Doras «Strolche», mit denen beide vergeblich versucht haben, ihre verlorenen regressiven Anteile in sich zurückzuholen.

Jeder Helfer muß seine eigene Hilfsbedürftigkeit, Kindlichkeit, emotionale Unberechenbarkeit unterdrücken. Der Mythos seiner Professionalität behauptet, er könne dies, ohne sein Verhalten außerhalb des Berufs einschneidend zu verändern. Die Psychoanalyse stützt diesen Mythos, indem sie meint, man könne genau zwischen Über-Ich und Ich unterscheiden. Solange der Helfer seine «Stärke» und Progression bewußt erlebt und seine «Schwäche» und Regression zurückstellt, ohne sie zu verdrängen, ist für sein seelisches Gleichgewicht nichts zu befürchten. Hier wird deutlich, daß der Mythos des professionellen Helfers ein individualisierender Mythos ist, der wie alle solche Mythen dazu neigt, seinen Robinson zu überfordern. Wo das Über-Ich durch die Forderungen der beruflichen Rolle ständig stimuliert wird, hat es das Ich schwer, sich zu behaupten, könnte man in der Sprache der analytischen Metapsychologie sagen. Die Hoffnung trügt, durch rationale Einsicht den Machtbereich des bewußten Ichs so zu erweitern, daß die Zwänge und Pressionen des «qualifizierten Berufs» mit seinen Forderungen an Glaubwürdigkeit, persönlicher Überzeugungskraft, «Echtheit», Zuverlässigkeit allesamt noch ohne inneren Druck und Zwang geleistet werden können. So glaube ich auch nicht, daß die Helfer in der hier beschriebenen Selbsterfahrungsgruppe besonders gestört sind. Im Gegenteil: ich vermute, sie sind eher besonders wenig gestört, weil sie den Mut und die Kraft haben, sich der Frage zu stellen, um die es hier geht.

Renates Zusammenfassung ihrer Erlebnisse während der Gruppe drückt auch aus, daß sie es vermeiden konnte, diese Frage an sich heranzulassen. Von meinem Bezugssystem aus gesehen verwendet sie die Gruppe als Bestätigung und Verstärkung der Abwehr regressiver Seiten ihrer Person. Anfangs hat sie mit dem Charme eines kleinen Mädchens (der sich mit ihrer Mütterlichkeit vermischt) bemerkt, daß es auf den Tag genau achtzehn Jahre her ist, seit sie die «ewige Profeß» machte, das Gelübde bis zum Tode. Und am dritten Morgen, vor Beginn der Gruppe, sitzt sie lange in einer Kirche und überlegt, was es für sie bedeutet, gebunden und berufen zu sein. Anstoß ist die Erzählung von Dieter, daß seine Ehe nun, nach zwanzig Jahren, auseinandergeht. Und ganz anders als Dieter, der die Lockerung seiner Ehe mit seinen Gruppenerfahrungen verbindet (seine erste Freundin lernte er vor einigen Jahren in einer Gruppe kennen), beschließt Renate, aus dieser Erfahrung mit gefestigter Berufung hervorzugehen. Sie will nach dem Jahr Bildungsurlaub in die Mission zurückkehren, andere, äußerlich attraktive Arbeitsmöglichkeiten ausschlagen. «Ich habe in der Gruppe neue Kraft für meine Arbeit gefunden, und ich danke euch allen für alles, was ihr mir gesagt habt und woran ich teilnehmen durfte.»

«Mir ist klar, daß es nur egoistisch ist, wenn ich jemandem nachtraure, der sich umgebracht hat. Er muß doch die Verantwortung dafür selber übernehmen, und ich denke, es geht niemanden etwas an, wenn ich mich Ende Oktober umbringe, weil sich mein Leben immer noch nicht verändert hat.»

Bisher ist der Selbstmord in der Gruppe nur als eine Gefahr aufgetaucht, die Patienten oder Klienten betrifft. Das ist üblich so, obwohl die Selbstmordrate in den Helfer-Berufen – etwa bei den Ärzten und Psychologen – über dem Bevölkerungsdurchschnitt liegt. Immerhin hat Vera dargestellt, daß sie eine besonders enge Beziehung zu dem jungen Mann auf ihrer Station in der Psychiatrie hatte, der jüngst, während eines Gesprächs mit seinem Vater (der mehr Leistung sehen wollte), ins Nebenzimmer ging und aus dem Fenster sprang. Sie sieht auch, daß die Erinnerung an diesen Patienten, die Art, wie ihr sein Schicksal nahegeht, etwas mit ihr zu tun hat – mit jenem abgewehrten, regressiven Teil, den die beiden anderen Ärztinnen in der Gruppe, die bisher von sich erzählt haben, in ihren Partnern zugleich suchen und bekämpfen. Elisabeth hat anscheinend besonders Mühe, mit Veras Situation umzugehen. Sie wird unruhig und redet in das betroffene Schweigen der Gruppe und in die Tränen von Vera hinein, daß es doch nur Egoismus sei, um einen toten Patienten zu trauern. Was solle das schließlich! Sie habe auch vor, sich im Herbst umzubringen, wenn sie bis dahin nicht eine bessere Zukunftsperspektive gewonnen habe. Damit ist das bisher in die Partner / Patienten hineinverlegte Problem leibhaftig in der Gruppe: die tödliche Gefahr, die für eine progressive Fassade von den abgespaltenen regressiven Bedürfnissen ausgeht.

Elisabeth reagiert auf die Betroffenheit der Gruppe kämpferisch. Sie wollte nur Vera etwas Hilfreiches sagen, sie wollte gar nicht selber ins Gespräch kommen, es sei schließlich ihre Sache, ob sie weiterleben wolle oder nicht, und sie als Ärztin habe auch keine Schwierigkeiten, das einzuschätzen. Erst als der Druck etwas nachläßt und Elisabeth sich weniger verteidigen und rechtfertigen muß, erzählt sie davon, was ihr die Trennung von Hans bedeutet. Sie muß endgültig darauf verzichten, einmal auszuruhen. Sie sei es doch so müde, immer zu kämpfen, sich immer anzustrengen. Sie sie jetzt bald vierzig, und es sei ihr dritter Beruf. Vor jeder Prüfung habe sie sich ins Bett verkrochen vor Angst und überhaupt nicht mehr aufstehen wollen. Aber sie fängt auch deutlicher an zu sehen, wie sehr sie selbst sich die Entspannung unmöglich macht, wie sie sich ständig dazu drängt, Verantwortung für andere zu übernehmen, und durch ihr tiefes Mißtrauen gegenüber Hans auch verhindert, daß er sie auf *seine* Weise unterstützen und beschützen darf. Die Gruppe hat Elisabeth stark berührt. Während der vier Tage verändert sie sich. Sie erträgt die Nähe mit den bisher fremden Menschen besser, weil sie sicherer wird, daß sie nicht immer etwas für sie tun muß. Sie fährt an einem Abend zu Hans, von dem sie sich getrennt hatte, und versöhnt sich mit ihm.

Epilog

An dieser Stelle breche ich den Bericht über diese Selbsterfahrungsgruppe ab. Ich glaube, daß einige Deformationen, die mit dem helfenden Beruf einhergehen, deutlicher geworden sind: die Abspaltung und Auslagerung der eigenen, kindlich-regressiven Seiten, die Unfähigkeit, emotionale Geborgenheit ohne Normerfüllung und Leistungszwang zu erleben. Die Angst der Helfer, selbst um Hilfe zu bitten, Schwächen einzugestehen, eigene Hilfsbedürftigkeit zu erleben, sich selbst zu verzeihen, was sie ihren Schützlingen nachsehen, kann (selbst)mörderisch sein. Diese Angst wiederholt die Angst einer ganzen (selbst)mörderischen Gesellschaft vor Gefühlen und vor Schwäche. Die Helfer tragen durch die Suche nach Lösungen für die innere Leere, die Gefühl- und Beziehungslosigkeit der Industriewelt ihren Teil zu deren Fortbestehen bei. Gleichzeitig erleben sie aber die Widersprüche und die zerstörerische Gewalt der Mehrwert- und Leistungszwänge. Ihr Versuch, zu lindern und erträglich zu machen, enthält immer auch Hinweise auf das Unerträgliche. Die Hilflosigkeit des Experten, sein technisches Wissen auf sich selbst anzuwenden, läßt ihn dem Widerspruch begegnen, den er im Umgang mit seinen Schützlingen noch verschleiern kann. Doch entstehen durch die Einsicht in solche Zusammenhänge neue Fragen. Wie soll ich denn richtig helfen? Wie muß ein fähiger Helfer aussehen? Kann man keinem Experten trauen? Wie können wir ohne neue Experten mehr Kontrolle über die Experten, die Helfer haben? Warentests für Nächstenliebe oder einen Über-Helfer, der uns in der Entscheidung hilft, zu welchem Helfer wir denn vertrauensvoll gehen können in dieser unübersichtlichen Welt?

Ich finde, daß sich manche dieser Fragen durchaus beantworten lassen. Jedoch sollte keine Antwort auf sie dazu führen, sie nicht immer wieder zu stellen. Antworten, die mir einfallen, sind vorläufig und fragwürdig und um so überzeugender, je mehr wir Experten lernen, unsere eigene Entbehrlichkeit ins Auge zu fassen und die Bedingungen unserer Selbstaufhebung zu erforschen. Es gibt keinen kontrollierten Weg für eine Rückkehr zu mehr Emotionalität und Spontaneität, keine Anleitung für mehr Autonomie, keinen Sachverständigen für Unabhängigkeit von Sachverständigen. Gleichzeitig ist es verteufelt schwierig, sich ohne Sachverstand in der Industriewelt zurechtzufinden, und wir haben es schwer, uns Sachverstand ohne berufliche Sachverständige vorzustellen. Die Feindschaft, die im Helfer häufig zwischen seinen progressiven, technischen Beziehungsidealen und seinen regressiven, kindlichen Gefühlsbedürfnissen herrscht, entspricht der geheimen Feindschaft zwischen ihm und seinem Schützling. «Ich nehme keinem Scheiß-Fachmann mehr was ab» ist eine Folgerung, die zum Beispiel in den Selbsthilfegruppen für psychisch Kranke laut wird. Expertentum, das nicht entmündigt, müssen wir ebensosehr erst finden wie eine Industrie, die nicht die Natur kaputtmacht, und eine Gesellschaft, die für die Menschen, nicht für die Sachen da ist.

LASSEN SICH
INSTITUTIONEN
«MENSCHLICH» MACHEN?*

Wieviel Psychologie verträgt das moderne Krankenhaus? Das heißt doch: die Psychologie ist eine Medizin, die immerhin so potent eingeschätzt wird, daß sie vom Krankenhaus vertragen werden kann oder auch nicht. Aus Gesprächen mit Krankenhauspsychologen weiß ich, daß sich nicht wenige eher ohnmächtig fühlen, als fünftes Rad am Wagen. Sie sollen durch die Institution mitbedingt seelische Probleme so beheben, wie die von den Ärzten verordneten Medikamente Schlaflosigkeit oder Darmträgheit beseitigen. Gleichzeitig wird dadurch, daß sich Ärzte und Pflegepersonal überlastet fühlen, die Möglichkeit erschwert, zusammen mit *allen* Mitarbeitern patientenverträglichere Lösungen zu finden. Eine Kollegin, die ein halbes Jahr in einer inneren Klinik arbeitete und dort vor allem für die Betreuung Krebskranker zuständig war, hat mir berichtet, wie sie oft vor leeren Betten stand oder draußen auf dem Gang warten mußte, weil ihre Termine einfach nicht ernstgenommen wurden. Sie hat schließlich entnervt gekündigt und sich in einer Privatpraxis niedergelassen. Das mag ein Einzelfall unter ungünstigen Bedingungen sein. Aber er steht für den Verlust, den unsere Kliniken jedes Jahr dadurch erleiden, daß gerade *die* Arbeitskräfte sie verlassen, welche unter den Bedingungen dort *leiden*. Wenn es gelänge, sie zu halten und ihre Frustrationen in Innovationen umzusetzen, wäre viel gewonnen. Das betrifft vor allem die zahlreichen Pflegerinnen und Pfleger, die ein, zwei Jahre nach ihrer Ausbildung das Krankenhaus wieder verlassen. Ich weiß nicht, ob es einen anderen Beruf gibt, in dem binnen der ersten beiden Jahre Praxiserfahrung bis zu fünfzig Prozent der Ausgebildeten nicht weitermachen. Aber wann

---

* Festvortrag auf der 2. Fachtagung für klinische Psychologie, Sektion klinische Psychologie im BÖP, Wien, 20.–31. III. 1990. Für die Buchausgabe überarbeitet. Die Tagung war u. a. eine Antwort auf die katastrophalen Mißstände in Wien-Lainz.

hätte man je gehört, daß eine solche Schwester von den Verantwortlichen – etwa vom Chefarzt, vom Verwaltungsdirektor oder Pflegedienstleiter – gefragt wird, was an der Institution anders sein müßte? Wir sprechen heute von der Ärzteschwemme und dem Pflegenotstand. Darüber, daß eine dauerhafte Lösung sich nur finden läßt, wenn Prestige und Geld ein wenig gleichmäßiger verteilt werden, reden wir aber nur wenig. (Vgl. S. 116 f.) Die Verantwortlichen für die Berufsmüdigkeit in der Krankenpflege scheinen mir gegenwärtig in einer ähnlichen Lage, wie 1990 die noch von ihrem eigenen Machtapparat überzeugten Parteibürokraten in der DDR. Schon lange wurde da mit den Füßen abgestimmt, schon lange war deutlich, was den Menschen fehlte. Aber auch sehr lange Zeit konnten solche Beobachtungen unter den Teppich gekehrt werden, redete man von verantwortungslosen, unmoralischen, egoistischen Republikflüchtlingen, denen man, seines Besitzes der Wahrheit sicher, keine Träne nachweinen müsse.

Der Titel formuliert eine Paradoxie. Institutionen sind ein unverzichtbarer Teil der menschlichen Gesellschaft, ein Grundbaustein. Ohne Institutionen kann keine Kultur bestehen, verliert also der Mensch das spezifisch Menschliche. Gibt es auch die gegenläufige Entwicklung, können Institutionen eine Form annehmen, welche – obwohl von Menschen geschaffen – geeignet ist, menschliche Werte zu zerstören? Wir würden wohl nicht zögern, einem nationalsozialistischen Konzentrationslager oder einem Gulag der Stalin-Zeit solche Qualitäten zuzuschreiben: Institutionen, von Menschen aufgebaut, von einer Bürokratie betreut, die große und schöne Worte im Munde führt – gleichzeitig Stätten des Grauens, der Unmenschlichkeit.

Wenn wir uns nun bemühen, ein schönes und gutes Gegenbild zu solchen Stätten zu entwerfen, in denen Menschen erniedrigt, gequält und ermordet werden, denken wir an die Häuser der Heilung, wie sie Tolkien in seinem Roman über den Herrn der Ringe nennt – geräumig und hell, keinem anderen Ziel dienend, als Wunden und Krankheiten zu bessern. Unsere Erwartungen an die Institutionen sind hoch, die den Auftrag haben, Leiden zu lindern. Insgesamt ist die Lage ja so, daß die Industriegesellschaft ihren Bürgern das Versprechen gegeben hat, für ein vorher nicht dagewesenes Maß an seelischer Anpassung, Leistung und Konzentration auch ein vorher unerreichbares Maß an Bequemlichkeit, Sicherheit und Lust zu verschaffen. In ihrer gegenwärtigen Gestalt, die manchmal mit dem Schlagwort der «Konsumgesellschaft» umrissen wird, steigern sich diese Versprechungen in den allgegenwärtigen optischen Medien ins Grenzenlose. Es ist schon fast eine Schande, nicht glücklich zu sein. Wir wechseln das Haarshampoo, die Automarke, den Urlaubsort und vielleicht sogar die politische Partei, wenn sich die Empfindung einstellt, daß sie in diesem Glücksversprechen versagen.

Die medizinischen Institutionen im weitesten Sinn stehen wie ein erratischer Block in diesem glitzernden Strom. Denn nur der gesunde Konsument kann die mehr oder minder überflüssigen Dinge, mit denen er sich umgibt, nach seinem Gutdünken, den Marktprinzipien folgend, auswählen. Der Kranke muß erst wiederhergestellt werden, er ist nicht der autonome (oder scheinbar autonome, in Wahrheit manipulierte) Konsument, sondern in seiner Beweglichkeit beeinträchtigt. Überspitzt gesagt: in unseren medizinischen, aber auch in den psychotherapeutischen Einrichtungen wird nicht ein Produkt an einen Menschen verkauft, sondern ein Mensch an ein Produkt. Dieses macht ihn im guten Fall für kürzere oder längere Zeit von sich abhängig, um ihn dann mit wiederhergestellter Autonomie zu entlassen.

Eine Folge dieser Situation ist, daß die sonst so wirksamen Gesetze des Marktes in diesem Bereich nur sehr verspätet, auf komplizierten politischen Umwegen greifen. Erst wenn mehr oder weniger zufällig die Ehefrau des Landrats in der gynäkologischen Station des Kreiskrankenhauses einem pfuschenden Operateur zum Opfer fällt, entdecken die erstaunten Verantwortlichen, daß hier schon seit Jahren Mißstände herrschen, die bisher anscheinend niemandem aufgefallen sind, der etwas sagen wollte oder konnte. Da dem Kranken «etwas fehlt», wie die Sprache so klar sagt, ist er erst wieder mündig, wenn er gesundet. Während der Zeit seiner Erkrankung fehlen ihm Urteilsfähigkeit und Übersicht, beides leistet für ihn der Arzt. Er spricht *für* den Kranken. Das drückt sich bis in Details der medizinischen Umgangssprache aus – «wie geht es uns denn heute», fragt der Doktor auf der Visite, denn er weiß bereits, was der Kranke sagt, ist nur ein Teil der Wahrheit.

Diese symbiotische Vermischung von Helfer und Patient, in der jeder auf den anderen angewiesen und ohne ihn unvollständig ist, zwingt uns zunächst einmal zu einer Begriffsklärung. Was heißt eigentlich «menschlich»? Wie können wir genauer fassen, was rasch zum Universalwort wird, das alles mögliche, in dieser Verdünnung aber auch fast nichts mehr bedeutet? Wenn wir die Negation der Menschlichkeit nehmen, gelingt eine solche Klärung leichter. Wir sagen: «Das ist unmenschlich», wenn wir meinen, daß es sich um eine Situation handelt, in der die Ganzheit menschlichen Lebens nicht respektiert wird. Dabei gibt es eine Rand- und eine Kernzone auf der situativen Seite, besonders schutzbedürftige und eher belastbare Personen auf der Seite der betroffenen Individuen. Und natürlich hängt es stark von einem kulturellen Konsens ab, was als unmenschlich gilt und was nicht. Folter etwa galt im sechzehnten Jahrhundert als normale Praxis der Gerichte, während sie heute als unmenschlich gebrandmarkt wird. Ob eine Gefängnisstrafe unmenschlich ist, darüber läßt sich streiten; daß es aber unmenschlich ist, den Gefangenen verhungern zu lassen, ihn zu isolieren oder ihn nicht zu behandeln, wenn er erkrankt, darüber besteht Einigkeit. «Unmenschlich» nennen wir oft Bedingungen, welche die geistige und / oder körperliche Integrität auf lange Sicht hin gefährden. In einem Bergwerk, in dem nach zwanzig Jahren die meisten Hauer an einer Staublunge erkranken, herrschen unmenschliche Arbeitsbedingungen. Wo sich diese nicht ganz vermeiden lassen, genießen doch besonders verletztliche Menschen – etwa Kinder oder schwangere Frauen – einen besonderen Schutz. Vielleicht läßt sich an dieser Stelle auch deutlich machen, weshalb es trotz der Trivialität des Wortes «menschlich» sinnvoll bleibt, an dem Diskurs darüber festzuhalten. Es läßt sich nur über Ganzheit reden, wenn man sich nicht scheut, solche Worte zu benutzen, und es ist unentbehrlich, über Ganzheit zu reden, weil sie so bedroht ist, weil gegenwärtig die Belastung unserer Umwelt allmählich ein Maß erreicht, angesichts dessen es leider kein Hirngespinst mehr ist, unmenschliche Lebensbedingungen auf diesem Planeten auszumalen. Wir müssen für jede winzige Einbuße an ganzheitlichen Entwicklungs- und Lebensmöglichkeiten des Menschen sensibel sein, genauso wie es umgekehrt notwendig bleibt, hier genau und ohne Demagogie zu argumentieren, wenn der Menschenschützer nicht in die Rolle des Hirtenjungen der Fabel geraten will, der so oft voreilig und falsch vor den Wölfen warnte, daß ihm schließlich niemand mehr half, als sie wirklich in seine Herde einbrachen.

Anhand dieser Begriffserklärungen können wir die thematische

Frage präzisieren und in zwei Unterfragen teilen: 1. Können Institutionen, vor allem medizinische, die menschliche Ganzheit gefährden? 2. Läßt sich diese Bedrohung ganz oder teilweise beseitigen? Wie bei einem komplexen sozialen Thema zu erwarten, gibt es auf beide Fragen keine einfache Antwort. *Gemeint* ist die medizinische Institution zuallererst so, daß sie die menschliche Gefährdung durch Krankheiten – sicherlich eine der zentralen Bedrohungen unserer Ganzheit – vermindert. Daß ihr dies keineswegs immer gelingt, spricht nicht gegen dieses Ziel. Viele Leiden können nicht geheilt werden. Dann ist es immerhin möglich, Schmerzen zu lindern, verbliebene Funktionen zu erhalten, sogar kompensatorisch zu steigern. Aber es gibt auch Schäden, die durch die Institution des Arztes oder des Krankenhauses selbst bedingt werden. – Die sogenannten «iatrogenen» Krankheiten entstehen nicht durch spontane innere oder äußere Ursachen, sondern durch ungeeignete oder über das Ziel hinausgreifende Heilungsversuche. Je potenter die Medizin, desto häufiger werden auch solche Wirkungen. Neben den Verkehrsunfällen und der verbreiteten Fehlernährung sind Schäden durch das Medizinsystem selbst heute wohl die wichtigste Quelle von Beeinträchtigungen unserer Gesundheit: der Mißbrauch von Medikamenten, vor allem von Schmerz-, Schlaf- und Beruhigungsmitteln, unnötige chirurgische Eingriffe, diagnostische Maßnahmen. Die enorm steigende Zahl der Kunstfehlerprozesse, vor allem in den USA, erweist die auch ökonomisch bedrohliche Seite dieser Entwicklung. Nur noch Chirurgen, die viel und gegen hohes Honorar operieren, können sich dort jährlich 20000 bis 40000 Dollar für ihre Haftpflichtversicherung leisten. Durch solche Mechanismen werden unheilvolle Rückkoppelungen angestoßen. Auch die medizinischen Institutionen geraten in den Bann des Marktmechanismus, aber dieser packt sie nicht am Mittelpunkt, sondern im nachhinein. Der Kunde nimmt es nicht mehr hin, wenn er sich nicht optimal bedient fühlt. Die steil angewachsene Zahl der Dienstleistungsberufe im weitesten Sinn (sie machen inzwischen bereits über die Hälfte des Bruttosozialprodukts aus) hat nicht dazu geführt, daß sich die Menschen auch besser bedient und versorgt *fühlen*. Ihr Unbehagen gerät nicht selten zwischen die Mühlsteine konkurrierender Interpretationen verschiedener Professioneller. Vor den Türen oder in der Empfangshalle der chirurgischen Hochburgen in Houston oder Los Angeles kann man tüchtige junge Anwälte beobachten, die für Patienten bereitstehen, welche – unzufrieden mit ihrer Behandlung – den Arzt auf Schadenersatz verklagen wollen. Wir haben keine Kultur des Leidens mehr, in der unsere Einbußen an Lebensqualität durch Trauerarbeit erledigt werden, sondern entwickeln uns auf eine Kultur der Rache und des Vorwurfs hin, in der vielerlei Erlösungen versprochen und für das Scheitern dieser Versprechungen vielerlei Schuldige angeboten werden. In den USA, dem Vorreiter der westlichen und inzwischen auch der östlichen Welt, sind bereits Eheberater verklagt und zu Schadenersatz verurteilt worden, weil ihre professionelle Hilfe eine Scheidung und die daraus erwachsenen wirtschaftlichen Nachteile nicht aufhalten konnte. Wer den Profit will, muß einen Gewinn an Glück versprechen. Wenn er das nicht kann, soll er für Enttäuschung und Unglück wenigstens bezahlen. Diesen latenten Konflikt der Konsumgesellschaft muß bedenken, wer die Frage der Vermenschlichung medizinischer Institutionen stellt. Auch diese Prozesse können in ein Spannungsfeld konkurrierender Berufsgruppen geraten, auf das traditionsbewußte Ärzte ebenso schlecht vorbereitet sind wie innovationsfreudige Psychologen.

Die oft beklagte «Seelenlosigkeit» moderner Kliniken einfach dadurch beheben zu wollen, daß man möglichst viele Planstellen für Supervisoren oder Psychotherapeuten schafft, scheint mir dem Vorschlag besorgter Politiker vergleichbar, die Bürger sollten Mineralwasser trinken, weil man nicht mehr auf die Qualität des Leitungswassers bauen könne. Als erste Abhilfe mag ein solcher Lösungsversuch annehmbar, ja unverzichtbar sein. Aber keinesfalls darf es dazu kommen, daß solche Mittel die Quelle des Übels verschleiern, daß die Politiker sich von jetzt an nicht mehr darum sorgen, welche Gifte ins Grundwasser sickern, weil sie doch das Problem schon bewältigt zu haben glauben.*

Die Hilflosigkeit von Helfern hat viele Gesichter. Eines davon ist die eben erwähnte Pfuscherei an Folgen, weil die Ursachen nicht erreicht und verändert werden können. Dem praktizierenden Arzt sind solche

---

* Noch ein Beispiel: Wenn eine Chemiefabrik einen Ökologen anstellt und ihm die Kompetenz gibt, ihre Abwässer zu reinigen, ist das eine gute Sache. Aber wenn sie ihn engagiert, um umweltbewußt zu erscheinen, aber die viel kostspieligere Abwasserreinigung zu unterlassen, gerät dieser Ökologe in eine Krise seiner beruflichen Identität.

Belastungen wohlvertraut, wenn ihn beispielsweise ein Trinker auffordert, doch seinen Leberschaden zu behandeln, ohne die geringste Bereitschaft zu signalisieren, seinen Alkoholkonsum einzuschränken, der jede Therapie zunichte machen wird. Ähnlich läßt sich feststellen, daß viele der psychischen Belastungen und potentiellen Schäden durch die Institution Krankenhaus durch die Arbeit von Psychologen oder Sozialpädagogen nur symptomatisch behandelt werden können, solange diese nicht viel früher, in der Arbeit an Konzepten und Strukturen, einbezogen sind und ihr Plädoyer für die Ganzheit und die Subjektivität des Kranken gleichberechtigt einbringen können.

Die Psychologie gehört in das Herz der Institution und in ihr Gehirn, nicht auf ihre Haut. Sie sollte ein strukturstiftender Einfluß sein, kein Kosmetikum, das Probleme überschminkt, die innen entstehen.

Manchem mag es sehr übertrieben, geradezu karikiert scheinen, wenn ich hier die Gesundheitsschäden des Alkoholikers und die Seelenlosigkeit des Krankenhauses nebeneinander stelle. Aber ich will an diesem Vergleich ein wenig festhalten, denn er kann in seiner Überspitzung etwas verdeutlichen. Auch das moderne Krankenhaus ist süchtig geworden und kommt mit seiner Droge nicht mehr zurecht: der technisierten Medizin. Sie ist das Pharmakon der Gegenwart par excellence, und Pharmakon beziehungsweise Pharmakos heißen in ihrer ursprünglichen Bedeutung dreierlei: Gift, Heilmittel und Sündenbock. Die Medizintechnik ist hilfreich und heilsam, aber auch gefährlich; sie bietet sich als Sündenbock an, aber wer nur Schuldige sucht, bricht oft die Analyse einer komplexen Wirklichkeit zu früh ab.

Wer mit Ärzten oder mit Pflegerinnen spricht, die in einem Allgemeinkrankenhaus arbeiten, hört sehr oft die Klage, daß die technische Versorgung der Patienten einfach zu wenig Zeit für eine individuelle Betreuung, für Gespräche, für ein wirkliches Eingehen auf das subjektive Leiden des Kranken läßt. Er gewinnt den Eindruck einer eindeutigen Priorität: Das technisch Notwendige muß gemacht werden, das pflegerisch oder ärztlich (im Gegensatz zum medizinisch) Notwendige kann warten und kommt oft nicht mehr «dran», weil sich bereits die nächste technische Verrichtung in den Vordergrund drängt. Die Eindrücke der Patienten passen zu diesem Bild. Sie fühlen sich einem bürokratischen System ausgeliefert, das ihre Bedürfnisse definiert, ihren gewohnten Rhythmus von Schlafen und Essen nicht beachtet, sie werden gewartet, nicht gepflegt. Objektiv, gesellschaftlich ist das Krankenhaus für die Patienten da. Subjektiv sieht es aber für die Patienten so aus, daß sie ihre meiste Zeit damit verbringen, darauf zu warten, daß dieses System ihnen etwas abverlangt – eine Blutprobe, ein Röntgenbild, eine Temperaturmessung. Stellen wir uns eine komplizierte Maschine vor, die schrittweise auf einem Förderband durch eine Fabrikhalle bewegt wird, damit in unregelmäßigen Abständen heranspringende Arbeiter hier etwas befestigen, dort etwas löten oder schrauben, hier Flüssigkeit abzapfen, dort einfüllen können. Wäre diese Maschine mit Bewußtsein begabt, sie würde sich vielleicht recht ähnlich fühlen wie der Patient in einem modernen Krankenhaus.

Es gibt verschiedene Institutionen, die uns eine historische Perspektive auf die gegenwärtige Situation der medizinischen Klinik erlauben. An ihnen wird sie gemessen, mit ihnen verglichen, ihre Betrachtung erleichtert vielleicht ein wenig das Verständnis, worum es hier geht. Das erste und wohl wichtigste Modell ist die Familie. Jeder von uns war als Kind einmal krank. Wenn er dann nicht von einer guten Mutter gepflegt worden ist, hat er wenigstens eine Phantasie entwickelt, wie solche Pflege aussehen sollte. Die Umwelt, welche sonst gleichgültig ist, Leistung abfordert, Zuwendung von lobenswertem Betragen abhängig macht, wird plötzlich aufmerksam, hält inne in ihrem Anspruch, scheint zu lauschen, was denn dem Kranken guttut, was er braucht. Geschichten werden dem kranken Kind vorgelesen, seine Lieblingsspeise wird angeboten. Sorge und Liebe, die oft in der Alltagshetze verschwinden, sind endlich wieder einmal im Gesicht der Eltern zu lesen. «Nur wenn ich krank war, war meine Mutter für mich da!» Diesen Satz findet man sehr häufig in den Berichten neurotisch erkrankter Menschen über ihre Kindheit. Der Kranke, in seiner Fähigkeit beeinträchtigt, sich selbst Befriedigungen zu verschaffen, steigert seine Ansprüche an Zuwendung, an das Erraten seiner Wünsche. Oft entwickeln allerdings auch schon Kinder eine Reaktionsbildung gegen solche Wünsche. Sie ziehen sich in der Kindheit zurück, wollen nur ihre Ruhe haben, äußern nur die notwendigsten Bedürfnisse und weisen ein gesteigertes Zuwendungsangebot ab.

Gemessen an den ehrwürdigen Traditionen der Krankenpflege in der

Familie ist die Klinik eine junge Errungenschaft, übrigens eine Errungenschaft, die im Gegensatz zu den meisten anderen den armen Bevölkerungsschichten *früher* zuteil wurde als den begüterten. Arztpraxen und Krankenhäuser waren anfänglich vorwiegend für die Mittellosen. Reiche empfingen den Arzt zu Hause, wurden zu Hause gepflegt. Erst die wachsenden technischen Möglichkeiten und das mit ihnen steigende Prestige der Chirurgie führten dazu, daß *alle* Kranken in speziellen Institutionen betreut wurden. Vielleicht liegt es mit an diesen Traditionen, an den Wurzeln der Institution Krankenhaus in der Armenpflege, im Gefängnis- und Kasernenwesen, daß die Umgangsformen dort häufig autoritärer geblieben sind, als in anderen Institutionen. Uns ist es sehr selbstverständlich geworden, daß ein kranker Mensch sich auch in gut geführten Kliniken in aller Regel weit schlechter bedient fühlt als in einem drittklassigen Hotel. Aber ist das deshalb auch richtig? Vor allem, wenn wir bedenken, daß sich der Patient für seinen Tagessatz ein Bett im besten Haus am Platze leisten könnte? Hier wirkt sich die schon erwähnte Tatsache aus, daß der Patient, anders als der Hotelgast, für unfähig gehalten wird, die Situation selbst zu beurteilen und nach seinem Urteil zu entscheiden. Der Gast weiß, daß der Service für ihn da ist und nicht er für den Service. Ein Zimmermädchen, das ihn aus seinem Schlaf reißt, um sein Bett zu machen, würde heftigen Protest auslösen. Der Patient hingegen weiß, daß andere etwas für ihn tun müssen. Selbst wenn er nicht zu schwach und betäubt ist, zu protestieren, steht seine Gegenwehr auf schwankendem Grund. Was ihm mißfällt, kann eine medizinisch notwendige Maßnahme sein. Zwischenmenschliche Beziehungen gedeihen am besten, wo über die wechselseitigen Bedürfnisse offen kommuniziert werden kann. Das ist zwischen gleichberechtigten, voneinander unabhängigen Personen am leichtesten möglich. Jede Abhängigkeit, jeder Machtvorsprung riskiert auch eine Störung in der Kommunikation. Die Eltern können dem Kind weismachen, daß sie besser wissen, was gut für es ist. Es glaubt ihnen, auch wenn sie sich irren, weil sie in anderen Fällen tatsächlich besser wußten, was gut war. Ähnlich hegen Patienten häufig das Mißtrauen, die Ärzte oder Schwestern würden ihnen etwas vormachen, würden als medizinisch nötig tarnen, was doch nur ihren eigenen Bedürfnissen dient. Ich glaube auch nicht, daß sie sich damit immer irren, ebensowenig wie die Ärzte, welche doch auch im Lauf ihrer Berufsausbildung lernen müssen, mit Phänomenen wie Simulation oder mangelhafter Complicance umzugehen.

Wilhelm Busch hat die Höflichkeit einen geschmeidigen Betrug genannt; diese Höflichkeit führt auch meist dazu, daß jeder den anderen in der Rolle beläßt, die erwartet wird: Der Arzt nimmt das Krankheitsangebot des Patienten ernst und verdrängt die Frage, ob er wirklich gebraucht oder nur unter einem Vorwand hinzugezogen wird; der Patient nimmt widerspruchslos sein Rezept und den ärztlichen Rat entgegen und erweckt den Eindruck, er sei folgsam. Wenn Sozialmediziner einmal genauer nachforschen, stellen sie fest, daß fast die Hälfte der verordneten Medikamente nicht eingenommen wird und auf den Müll wandert. In Krankenhäusern führen solche Kommunikationsprobleme zu der Situation, daß ein Patient glaubt, er dürfe die Schwester nur rufen, wenn er Schmerzen hat, während die Schwester annimmt, der Patient heuchle Symptome, um sie herumzuscheuchen.

Die Klinik kann kein Hotel sein, weil es in ihr um Ansprüche geht, die sich nicht den zweckrationalen Gesetzen fügen. Der Gast weiß, was er will, er kann ein äußeres Ding, eine Dienstleistung benennen – Essen, Trinken, ein gutes Bett, warmes Badewasser. Der Kranke hat Schmerzen, er ist verzweifelt, und er weiß nur, daß ihm «etwas fehlt», um sich besser zu fühlen, er kann jedoch dieses etwas oft nicht benennen. Häufig kann es ihm auch nicht gegeben, kann ihm nur das Warten auf den natürlichen Heilungsvorgang erleichtert werden. Das Personal eines Hotels muß deshalb, im Gegensatz zu den helfenden Berufen im Krankenhaus, keine (oder doch viel weniger) Mechanismen entwickeln, um sich vor unangemessenen Ansprüchen zu schützen. Der Gast wird mit dem zufriedengestellt, was man hat und er zu zahlen bereit ist. Genügt es ihm nicht, ist er frei, zu gehen und sich ein bequemeres Hotel zu suchen. Die Klinik hingegen ist letzte Instanz. Sie kann niemandem Hilfe verweigern, zumindest ihrem Ideal nach, und sie kann kindlich-ansprüchliches oder aggressives Verhalten von Patienten nicht einfach mit einem Hausverbot ahnden, allenfalls mit einer psychiatrischen Diagnose und einer Überweisung in eine Nervenklinik. Daher ist es auch in aller Regel kein böser Wille, wenn der Service schlecht ist. Er kann gar nicht so gut sein wie im Hotel, weil die Patienten viel tiefer gehende Bedürfnisse haben und die Klinik immer wieder gewissermaßen zur Endlager- und Entsorgestation dessen wird, was in unserer Konsumgesellschaft eigentlich nicht sein darf: von unheilbarem Schmerz, von Behinderung, Beschädigung, Trauer und Tod.

So entsteht die Gefahr, daß die Klinik gerade da unmenschlich wird, wo sie den Glauben der Gesellschaft übernimmt, alles sei machbar, auch das Glück. Sie versäumt es, Verständnis dafür zu entwickeln, daß der Tod zum Leben gehört wie die Nacht zum Tag. Die Heilbaren werden gesund gemacht, ihre Ängste, ihr Schmerz sind unsinnig, schließlich wird es ihnen bald wieder bessergehen. Die Unheilbaren sind hoffnungslos, ihr Leid, ihr Schmerz ist auch unsinnig, denn sie haben ohnehin keine Chance mehr. Wohlgemerkt: so lassen sich keine Theorien über die Klinik-Wirklichkeit formulieren, nur Hinweise über spezifische Risiken, die durch den Einfluß der technischen Zivilisation auf die medizinischen Institutionen entstehen. In einer Arbeit über die soziale Organisation des Sterbens im Krankenhaus * hat der Berliner Medizinsoziologe Elmar Weingarten festgestellt, daß vielfach für das Sterben im Krankenhaus kein Raum ist, keine Sprache. Der Tod wird versteckt. «Frau Müller hat sich heute nacht verabschiedet», sagt das Pflegepersonal bei der morgendlichen Übergabe, als hätte jemand aus freien Stücken die Szene verlassen. Hier noch ein Beispiel: Ein etwa 70jähriger Mann wird nachts in die Intensivstation einer Uniklinik gebracht. Dort schiebt man ihn auf den einzigen freien Platz in einem Vierbettzimmer. Die erste Infusion läuft schon, ein Pfleger spritzt mehrere Ampullen, der diensthabende Arzt würgt einen Schlauch in den Rachen des Patienten. Er bläst hinein, fragt nach der Pumpe, endlich ist der Ambubeutel angeschlossen. Der Patient röchelt. Der Arzt bittet den als Gast-Pfleger tätigen Medizinsoziologen, das Pumpen zu übernehmen. Sie tauschen Plätze. Während der Arzt den Kranken beobachtet, pumpt der Beobachter. Auf einem kleinen Monitor sieht er eine leuchtende Linie, die immer dann einen Ausschlag zeigt, wenn er pumpt. Ermutigt durch dieses scheinbare Lebenszeichen fährt er fort und nimmt aus den Augenwinkeln wahr, daß der Arzt eine resignierte Geste macht, der Pfleger die Elektroden und Infusionsnadeln abnimmt. Er will unterbrechen, da sagt ihm der Arzt, er solle weiterpumpen, wegen der anderen Patienten. Beim Hinausschieben fällt ihm die Pumpe

* Winau, R. u. Rosemeier, H.-P. (Hg.), Tod und Sterben, Berlin (de Gruyter) 1984, S. 349 f.

fast aus der Hand, wieder ermahnt ihn der Arzt, weiterzumachen, solange die anderen Patienten zusehen können.

Diese Szene zeigt, wie in einer Krankenhausstation die Realität des Todes verleugnet wird. Man kann sich in den Schock des Beobachters einfühlen, der glaubt, er nehme auf dem Monitor das Leben des Patienten wahr, während er doch nur seine eigenen Bemühungen sieht. Aber dieser Schock ist quasi eine Metapher des technischen Umgangs mit der Grenzsituation. Die Beteiligten in der Intensivstation zerlegen den Patienten in einzelne, auf Monitoren abrufbare Vitalfunktionen. Im Versuch, sein Leben zu retten, verlieren sie jede Beziehung zur Person, zur Ganzheit des Kranken. Dieses Schauspiel des Bemühens wird selbst dann noch fortgeführt, wenn seine Absurdität klargeworden ist, denn sein Sinn ist nicht nur die Rettung des Patienten, sondern auch die Verleugnung der Gefühle des Helfers, der sich als Teil einer Institution erlebt, die den gesellschaftlichen Auftrag hat, den Tod zu besiegen. Wie jeder auf öffentliche Geltung bedachte Professionelle (man denke nur an unsere Politiker) wird auch von diesem Arzt sein Scheitern vertuscht, so lange es eben geht, angeblich nicht *seinetwegen*, sondern für die *anderen* Patienten, die sonst Zweifel an der Allmacht der Klinik bekommen und in ihrem Lebensmut geschädigt werden könnten.

Fassen wir zusammen: Die Klinik hat in unserer vom Paradigma der Technik bestimmten Gesellschaft den Platz der Familie für jene Grenzsituation übernommen, in denen es um schwere Krankheit, um Leben und Tod geht. Die Chance, durch radikale Eingriffe in Strukturen und Funktionen unseres Organismus Krankheiten zu heilen, wird dadurch erkauft, daß unsere Kliniken gegenwärtig überfordert scheinen, mit den emotionalen Bedürfnissen sowohl der Helfer wie der Patienten angemessen umzugehen. Nichts scheint mir fragwürdiger, als in dieser Situation durch moralischen Druck und gegen individuelle «Versager» gerichtete Vorwürfe Abhilfe schaffen zu wollen.

Im Lauf der Jahre, die seit den ersten Auflagen meiner Bücher über die seelische Problematik der sozialen Berufe verstrichen sind, habe ich oft miterleben müssen, wie die These vom Helfer-Syndrom und von der Hilflosigkeit der Helfer ihrer Wurzeln in der psychoanalytischen Methode beraubt und zu dümmlichen Sprüchen wie dem entstellt wurde, ich hätte nachgewiesen, daß die Helfer auch nur aus egoistischen Motiven handeln. Das Elend der Psychologie entsteht bekanntlich dadurch, daß in ihr jeder Bescheid weiß und alles, was an Differenzierungen versucht wird, Gefahr läuft, von einem wenig gesunden Menschenverstand zur Regression gebracht und einverleibt zu werden. So bleibt unsereinem oft nur die bange Wahl, sich allgemeinverständlich auszudrücken und vereinnahmt zu werden, oder sich hochspezialisiert zu geben und sich damit der unmittelbaren Wirkungen auf die Personen zu berauben, die doch eigentlich von unseren Forschungen profitieren sollen. Der Begriff der Institution ist in der Soziologie weitergefaßt als im allgemeinen Sprachgebrauch. Wir verstehen nur große Gebilde darunter – etwa die Armee, das Parlament, eine Schule oder ein Krankenhaus. Soziologisch gesehen, ist aber auch die Ehe, die Familie, der wissenschaftliche Kongress, ja selbst ein Festvortrag eine Institution, etwas gesellschaftlich Allgemeines, das über Individuen und Einzelsituationen hinausgreift, diese formt, ihre Wechselwirkungen gestaltet. Die hilflosen Helfer waren eine Beschreibung der Institution des helfenden Berufs und seiner speziellen psychohygienischen Probleme. Ausgang meiner Untersuchungen war ein Staunen, als ich – bisher Journalist und Schriftsteller – im Rahmen meiner psychoanalytischen Ausbildung mit dem Leben unter psychosozialen Helfern konfrontiert wurde. Ich begann damals, viel mit Selbsterfahrungs- und Supervisionsgruppen in verschiedenen medizinischen oder pädagogischen Einrichtungen zu arbeiten. Immer wieder fiel mir auf, wie wenig Helfer in der Lage sind, auf sich selbst anzuwenden, was sie anderen raten. Ich interessierte mich für diese spezifische Form der Hilflosigkeit, für den seelischen Hintergrund des Phänomens, daß ein Arzt, der seinem überarbeiteten Patienten dringend rät, auszuspannen und ihm die Folgen einer Zurückweisung dieser Empfehlung in düsteren Farben malt, doch selbst überarbeitet ist und nicht ausspannen kann. Wie aktuell dieses Problem geblieben ist, zeigte jüngst ein Artikel im Deutschen Ärzteblatt (8. 3. 1990, S. 1) von Claus Rudde, in dem der Autor von zwei Kollegen berichtet, beides Chefärzte in der Chirurgie, beide im Alter zwischen 40 und 46 Jahren an Herzinfarkt gestorben. Rudde setzt hinzu: «Wollen wir den kosten- und gefühlsneutralen, allzeit freundlichen und grenzenlos verfügbaren Wegwerfarzt – vierzig, ex und hopp? Oder nehmen wir uns endlich auch als Menschen mit Grenzen ernst und sagen ‹nein› zu überalterten Anhaltszahlen, zu viel zu vielen zermürbenden Nachtdiensten, zu Überfrachtung mit Verwaltungsaufgaben und Papierkrieg, zu immer größerem Erfolgsdruck? Den oft geäußerten Anspruch, im Patienten den ‹ganzen Menschen› zu sehen, müssen wir zügig auch für die eigene Person einfordern. Wir sind Menschen mit Möglichkeiten, aber auch mit Grenzen und Schwächen. Ob wir unseren Beruf als Menschen oder als Medizinroboter ausüben, liegt wesentlich in unserer Macht.»

Hier wird klar formuliert, daß die Rolle des chirurgischen Chefarztes diesen in seiner leibseelischen Ganzheit bedroht. Aber die Belastungen treffen nicht nur die Spitzen der Institution, sondern ebenso das Pflegepersonal. Ein Berichterstatter, der sich auf die Pfleger und Schwestern konzentriert, versäumt selten zu sagen, daß deren Alltag vor allem auch durch die mangelnde Gesprächsbereitschaft und Fürsorge von seiten der Ärzte belastet ist. So soll in den medizinischen Institutionen anscheinend der Überlastete den Überlasteten tragen. Ich zitiere aus einem Bericht im Spiegel (2/1989): «Diese Überlastung wird zur täglichen Qual, die wir (Pfleger) aber nicht als solche wahrnehmen dürfen. Ansonsten wäre ein Arbeiten mit diesen hilfsbedürftigen Menschen, die diese Qual durch ihre (berechtigten) Ansprüche ja verursachen, nicht möglich. Aggressionen, die ebenfalls unterdrückt werden müssen, sind die Folgen. Und wehe, wenn kein Ventil vorhanden ist, Verdrängungsmechanismen versagen und die Flucht aus dem Beruf aus irgendwelchen Gründen nicht möglich ist. Ich möchte nicht wissen, wie viele latente ‹Todesengel› in den Heimen und Spitälern tätig sind... Wenn der Streß zu groß wird, wird auch die Abneigung zu groß, zu stark... gegen das, was da im Bett liegt. Es soll aufhören, also zwingt man es zum Aufhören. Die Nähe der Medikamente und die Möglichkeit, sie zu benutzen, sind der entscheidende Faktor, ‹es› zu tun. Das ist kein Mord, auch kein Totschlag. Das ist nicht eiskalt. Das ist das völlige Versagen vor einer nicht mehr zu bewältigenden Aufgabe...» Solche Berichte hätte, wer Ohren hatte, schon immer hören können, seit die Technik angefangen hat, den Alltag in unseren Krankenhäusern zu beherrschen, am ausgeprägtesten in der Intensivmedizin. Aber ähnlich wie Atomkraftwerke erst wirklich in Frage gestellt wurden, als eine Katastrophe eintrat, mußte auch ein neuer, internationaler Tatbestand erst in die Medien, ehe die Unmenschlichkeit solcher Arbeitssituationen erkannt wurde: die Tötung Kranker durch das Pflegepersonal.

Solche tragischen Ereignisse lassen sich unter vielen Gesichtspunkten betrachten. Ich werde hier einen auswählen, der für das Thema der Vermenschlichung von Einrichtungen wesentlich ist: die Frage, ob es sich hier vorwiegend oder ausschließlich um ein persönliches, moralisches Versagen handelt, oder ob es eine strukturelle, institutionelle Beteiligung gibt, die auf eine Mitverantwortung der Gesellschaft und damit auch auf politische Handlungsaufträge schließen läßt. Im Fall der Michaela Roeder hat die Staatsanwaltschaft mit hohem Kostenaufwand – unter anderem wurden technische Geräte wie ein 160 000 Mark teurer Gaschromatograph eigens angeschafft, um 28 exhumierte Leichen zu untersuchen – die von der Angeklagten ohnehin zugegebenen Todesursachen nachgewiesen. Die Motive der Krankenschwester wurden jedoch von ihm nur soweit analysiert, daß er ihr eine «lebensfeindliche Haltung», «Befriedigung ihres Selbstwertgefühls» und «Demonstration ihrer Macht» unterstellte. Den psychiatrischen und psychologischen Gutachtern, die ein ganz anderes, viel differenzierteres Bild der Angeklagten zeichneten, unterstellte der Staatsanwalt, sie seien zu ihr in ein quasi therapeutisches Beziehungsverhältnis eingetreten und aus diesem Grund nicht mehr in der Lage, die «eiskalte Mörderin» objektiv zu beurteilen.*

Michaela Roeder ist ein treffendes Beispiel für die Entgleisung, die Dekompensation der Konfliktlage des «Helfersyndroms». Ich greife hier die fünf Themen der Helferdynamik auf.

1. Das *abgelehnte Kind*, eine von dem realistischen und/oder phantasierten Gefühl beherrschte Kindheit, so, wie man ist, mit Schwächen und Emotionen, nicht «gut genug» zu sein. Michaela Roeder hörte in ihrer Kindheit von ihrer Mutter Aussagen wie «Der Tag, an dem du kamst, war der schwärzeste meines Lebens!»

2. Die *Identifizierung mit dem Helfer-Ideal* als Phantasie-Schöpfung jener guten Mutter, die in der Realität fehlte. Michaela Roeder war Klassenbeste in der katholischen Pflegevorschule, wurde von ihren Vorgesetzten immer als gewissenhaft, geschickt, immer bereit, fleißig, freundlich und willig beschrieben.

---

* Auch in dieser Argumentation bestätigt sich der Gegensatz von «alten» und «neuen» Helfern, wie er im ersten Kapitel beschrieben wird. Der Psychologe weiß, daß eine emotional tragfähige Beziehung *notwendig* ist, um einen Menschen zu erkennen und zu beurteilen; der Ankläger entwickelt aus ihr ein Argument gegen diese Erkenntnis. Vgl. den Konflikt zwischen Staatsanwalt und Streetworker auf S. 99 f.

3. Die *narzißtische Unersättlichkeit*. Durch eine solche Identifizierung mit Stärke, Hilfsbereitschaft und Leistung werden Gefühle der Schwäche und Bedürfnisse, selbst kindlich zu sein, abgespalten. Sie können in der beruflichen Arbeit weder ausgedrückt noch (teilweise) befriedigt werden. Daher fällt es dem betroffenen Helfer schwer, *nicht* zu arbeiten, sich zu entspannen, auf Erholung und Freizeit zu achten. Er neigt dazu, sich aufzureiben, bis körperliche und seelische Erschöpfung ihm Einhalt gebietet, oder er psychosomatische Leiden entwickkelt. Auch Michaela Roeder hat in dieser Weise gearbeitet und eine steile Karriere als Schichtleiterin und Stellvertreterin des Oberpflegers gemacht, während ihr Privatleben völlig unausgefüllt und frustrierend blieb.

4. Die *Vermeidung von Gegenseitigkeit*. In normalen zwischenmenschlichen Beziehungen herrscht Geben und Nehmen; Stärke und Schwäche der Partner wechseln ab. In Helfer-Beziehungen muß *ein* Partner immer stark sein, er braucht ein pflegebedürftiges Gegenüber. Oft leidet die Kollegialität daran, daß Helfer keine Schwächen zugeben können, sich selbst und anderen beweisen wollen, daß sie nie einen Fehler machen. Michaela Roeder war in ihrem Kollegenkreis isoliert, wegen ihrer Selbstüberforderung und ihres Ehrgeizes unbeliebt. Sie trat betont forsch auf und fühlte sich hinter dieser Fassade am Ende. In ihren Beziehungen zu Männern erlebte sie sich als Versagerin, suchte diesen Mangel aber zu vertuschen. Von einem verheirateten Geliebten, der sich ihretwegen nicht scheiden lassen wollte, erzählte sie Kolleginnen, er sei tödlich verunglückt. Diese Vermeidung eines Eingestehens eigener Grenzen und Mängel läßt sich bei Helfern auch im Umgang mit Patienten oft beobachten. Statt im Gespräch eine gemeinsame Lösung zu suchen, denkt, fühlt und «löst» der Helfer *für* den Kranken, im Fall Roeder bis zur «Erlösung» durch die tödliche Injektion.

5. Die *indirekte Aggression*. Dauerhafte Harmonie in zwischenmenschlichen Beziehungen ist eine Illusion, die für Helfer oft schwieriger aufzugeben ist als für Personen ohne diesen Abwehrmechanismus. Direkte Aggression, um eigene, «egoistische» Bedürfnisse durchzusetzen oder sich vor unangemessenen Ansprüchen zu schützen, läßt sich mit dem Helfer-Ideal nicht vereinbaren. Die Aggression sucht sich indirekte Auswege, z. B. über eine Verteidigung der Schützlinge: «Für mich kann ich nichts durchsetzen, aber für meine Patienten (Kinder,

Klienten) kann ich kämpfen wie ein Löwe.» Im Fall der Michaela Roeder nahm diese Umweg-Aggression einen besonders bedrohlichen Verlauf. Nach der Trennung von einer idealisierten Chefärztin verlor sie ihren inneren Halt, wurde immer depressiver, litt an Weinkrämpfen und Schlafstörungen. Sie konnte zwischen dem eigenen Leid und dem der Patienten nicht mehr unterscheiden, tötete gewissermaßen Projektionen ihrer selbst, ähnlich wie in einem erweiterten Suizid, wenn eine Mutter ihre Kinder in den Tod mitnimmt, weil sie glaubt, ihnen das Leben nicht mehr zumuten zu können, das in Wahrheit aber nur für sie selbst unerträglich geworden ist.*

Institutionen neigen in hohem Maß dazu, ihre Mängel zu leugnen, so daß die Übertreibung und Pointierung derselben ein heilsames Gegenmittel sein kann.

Ich bin mir bewußt, daß ich mehr Fragen gestellt als beantwortet, mehr Problemfehler skizziert als Lösungen entworfen habe. Das scheint im Rahmen grundsätzlicher Reflexionen auch sinnvoll. Aber eine allgemeine Antwort auf die Frage, ob sich Institutionen menschlich machen lassen, will ich versuchsweise geben. Nein, sie lassen sich nicht menschlich machen in einem technischen Sinn, in der Anwendung bestimmter Normen. Aber es ist möglich, die Rücksicht auf den ganzen Menschen in ihnen zu bewahren, wenn wir uns entschließen können, dafür Zeit, Raum und finanzielle Mittel aufzuwenden – für mehr und besser bezahltes Pflegepersonal, für Supervision, für eine höhere Qualifikation der Pflegeberufe (die dann endlich zu gleichberechtigten Partnern der Ärzte werden), vor allem aber für eine dauernde, kritische Reflexion aller Bürger – nicht nur der medizinischen Experten –, wie wir den technischen Fortschritt steuern können, der – wenn wir ihn einfach laufen lassen – immer mehr dazu führen muß, daß an einem Ort der Welt Schwerstkranke mit einem extremen Aufwand in ein qualvolles Leben gefesselt werden, während an einem anderen Ort Leichtkranke wegen eines Mangels elementarer medizinischer Hilfe sterben müssen. Unsere bisherigen Institutionen können dieses Problem nicht bewältigen. Dazu bedarf es neuer wissenschaftlicher und politischer Anstrengungen.

* Vgl. auch Christiane Gibiec, Tatort Krankenhaus. Der Fall Michaela Roeder. Bonn (Dietz) 1990.

REGISTER

Wolfgang Schmidbauer

Die Angst vor Nähe
208 Seiten. Broschiert

Helfen als Beruf
Die Ware Nächstenliebe
256 Seiten. Broschiert

Die hilflosen Helfer
Über die seelische Problematik der
helfenden Berufe
256 Seiten. Broschiert

Die Ohnmacht des Helden
Unser alltäglicher Narzißmus
288 Seiten mit zahlreichen Abbildungen.
Broschiert

Die subjektive Krankheit
Kritik der Psychosomatik
304 Seiten. Broschiert

Alles oder nichts
Über die Destruktivität von Idealen
439 Seiten. Broschiert und als
rororo sachbuch 8393

Weniger ist manchmal mehr
Zur Psychologie des Konsumverzichts
rororo sachbuch 7874

Jugendlexikon Psychologie
Einfache Antworten auf schwierige Fragen
rororo handbuch 6198

Ist Macht heilbar?
Therapie und Politik
rororo sachbuch 8329

C 916 / 6

Lernprogramme

Georg R. Bach/Laura Torbet
Ich liebe mich – ich hasse mich
Fairness und Offenheit im Umgang
mit sich selbst (7891)

Maren Engelbrecht-Greve/Dietmar Juli
Streßverhalten ändern lernen
Programm zum Abbau psychosomatischer
Krankheitsrisiken (7193)

Wayne W. Dyer
Der wunde Punkt
Die Kunst, nicht unglücklich zu sein.
Zwölf Schritte zur Überwindung der
seelischen Problemzonen (7384)

G. Hennenhofer/K. D. Heil
Angst überwinden
Selbstbefreiung durch Verhaltenstraining
(6939)

Rainer E. Kirsten/Joachim Müller-Schwarz
Gruppentraining
Ein Übungsbuch mit 59 Psycho-Spielen,
Trainingsaufgaben und Tests (6943)

Gerhard Krause
**Positives Denken –
der Weg zum Erfolg**
13 Bausteine für ein erfülltes Leben
(7952)

Eine
Auswahl

Walter F. Kugemann
Lerntechniken für Erwachsene
(7123)

Michael P. Nichols
40 werden
Die zweite Lebenshälfte als Chance zur
Veränderung (8425)

rororo sachbuch

C 2177/2

Lernprogramme

Hans-Peter Nolting
Lernfall Aggression
Wie sie entsteht - wie sie zu verhindern
ist. Ein Überblick mit Praxisschwer-
punkt Alltag und Erziehung (8352)

Friedemann Schulz von Thun
Miteinander reden
Band 1
Störungen und Klärungen.
Allgemeine Psychologie der
Kommunikation (7489)
Miteinander reden
Band 2
Stile, Werte und Persönlichkeits-
entwicklung.
Differentielle Psychologie der
Kommunikation (8496)

L. Schwäbisch/M. Siems
**Anleitung zum sozialen Lernen für
Paare, Gruppen und Erzieher**
Kommunikations- und Verhaltens-
training (6846)

Martin Siems
Dein Körper weiß Antwort
Focusing als Methode der Selbsterfahrung. Eine praktische Anleitung
(7968)

F. Teegen/A. Grundmann/A. Röhrs
Sich ändern lernen
Anleitung zu Selbsterfahrung und
Verhaltensmodifikation (6931)

Eine
Auswahl

C 2177/5 a